2016
商丘统计年鉴

SHANG QIU TONG JI NIAN JIAN

商丘市统计局　编

中国统计出版社
China Statistics Press

图书在版编目（C I P）数据

商丘统计年鉴. 2016 / 商丘市统计局编. -- 北京 : 中国统计出版社, 2016.11
ISBN 978-7-5037-8013-4

Ⅰ. ①商… Ⅱ. ①商… Ⅲ. ①统计资料－商丘－2016－年鉴 Ⅳ. ①C832.613-54

中国版本图书馆 CIP 数据核字（2016）第 242076 号

商丘统计年鉴-2016

作　　者/ 商丘市统计局
责任编辑/ 陈越月
装帧设计/ 商丘市鑫宇印务有限公司
出版发行/ 中国统计出版社
地　　址/ 北京市丰台区西三环南路甲 6 号　邮政编码/100073
电　　话/ 邮购（010）63376909　书店（010）68783171
网　　址/ http://csp.stats.gov.cn
印　　刷/ 商丘市鑫宇印务有限公司
经　　销/ 新华书店
开　　本/ 890mm×1240mm　1/16
字　　数/ 780 千字
印　　张/ 30.5
版　　别/ 2016 年 11 月第 1 版
版　　次/ 2016 年 11 月第 1 次印刷
定　　价/ 260.00 元

如有印装差错，由本社发行部调换。

《商丘统计年鉴—2016》

编辑委员会和编辑部工作人员

编者说明

一、《商丘统计年鉴》是一部全面反映商丘市国民经济和社会发展情况的资料性年刊，是认识和研究商丘市情、交流社会经济信息、制定政策、指导工作的重要资料和历史性工具书。

二、《商丘统计年鉴-2016》由以下两部分内容组成：

㈠特载：《2015 年商丘市国民经济和社会发展统计公报》。

㈡统计资料：内容分为 20 个部分，即 1. 行政区划和土地面积；2. 综合、核算；3. 人口；4. 城镇非私营单位从业人员和工资；5. 固定资产投资；6. 建筑业；7. 农业；8. 工业；9. 人民生活；10. 批发和零售业、住宿和餐饮业；11. 对外经济贸易、旅游；12. 财政、金融、税收和保险；13. 教育、文化、科技；14. 物价；15. 卫生、体育、民政；16. 环境保护；17. 规模以上工业企业科技状况；18. 能源；19. 乡镇经济实力排序； 20. 淮海经济区主要统计指标。各部分后面附有《主要指标解释》。

三、使用本年鉴时应注意以下几点：

㈠由于“特载”中的文件发表较早，文中部分数字与“统计资料”有出入，使用时均以“统计资料”中数字为准。

㈡“统计资料”表中的符号说明：“#”表示其中项，“空格”表示该项统计指标数据不详或无该项数据。

㈢淮海经济区主要统计指标是快报数据，仅供与各市比较时使用。

㈣全省及各省辖市主要指标来自河南省统计局,其它资料来自市统计局年度统计报表、抽样调查资料以及有关市直部门的报表。

四、本年鉴的编辑，得到了市财政局、人行、国税局、地税局、科技局、教育体育局、民政局、环保局、卫生计生委、文广新局、邮政局、交通运输局、商务局、移动公司、联通公司、电信公司等单位的大力支持和帮助，在此谨致谢意。

目录索引

目　录

特　载

统计资料

一、行政区划和土地面积

二、综合、核算

三、人　口

四、城镇非私营单位从业人员和工资

五、固定资产投资

六、建筑业

七、农　业

八、工　业

九、人民生活

十、批发和零售业、住宿和餐饮业

十一、对外经济贸易、旅游

十二、财政、金融、税收和保险

十三、教育、文化、科技

十四、物　价

十五、卫生、体育、民政

十六、环境保护

十七、规模以上工业企业科技状况

十八、能　源

十九、乡镇经济实力排序

二十、淮海经济区主要统计指标

特 载

2015 年商丘市
国民经济和社会发展统计公报

商丘市统计局

2015 年，在市委、市政府的正确领导下，全市上下认真贯彻落实中央、省、市各项决策部署，主动适应经济发展新常态，坚持“持续求进，好中求快”总基调，统筹推进稳增长、促改革、调结构、防风险、惠民生，全市经济呈现出总体平稳、稳中有进、稳中向好的发展态势，速度、结构、质量、效益总体协调，发展动能加快转换，人民生活持续改善，各项社会事业全面进步，实现了“十二五”胜利收官。

一、综合

初步核算，全年全市生产总值 1803.93 亿元，比上年增长 8.7%。分产业看，第一产业增加值 377.01 亿元，增长 4.5%；第二产业增加值 762.14 亿元，增长 8.5%，其中工业增加值 646.92 亿元，增长 8.6%；第三产业增加值 664.78 亿元，增长 11.8%。三次产业结构为 20.9:42.2:36.9。

年末全市总人口 909.47 万人，常住人口 727.39 万人。出生人口 10.11 万人，出生率 11.17‰；死亡人口 5.35 万人，死亡率 5.91‰；自然变动净增人口 4.76 万人，自然增长率 5.26‰。

全年居民消费价格比上年上涨 0.8%。其中，食品类价格上涨 0.8%，烟酒类价格上涨 2.5%，衣着类价格上涨 1.4%，家庭设备用品及维修服务类价格上涨 1.5%，医疗保健和个人用品类价格上涨 3.8%，娱乐教育文化用品及服务类价格上涨 1.4%，交通和通信类价格下降 1.6%，居住类价格下降 0.8%。商品零售价格下降 0.2%。

表 1　2015 年居民消费价格指数

以上年为 100

类　　别	指　数
居民消费价格	100.8
食品	100.8
# 粮食	100.8
肉食及其制品	101.7
菜类	110.7
蛋类	85.9
糖类	102.5
烟酒	102.5
衣着	101.4
家庭设备用品及维修服务	101.5
医疗保健和个人用品	103.8
交通和通信	98.4
娱乐教育文化用品及服务	101.4
居住	99.2

图 1　2015 年各月居民消费价格同比涨跌幅度（%）

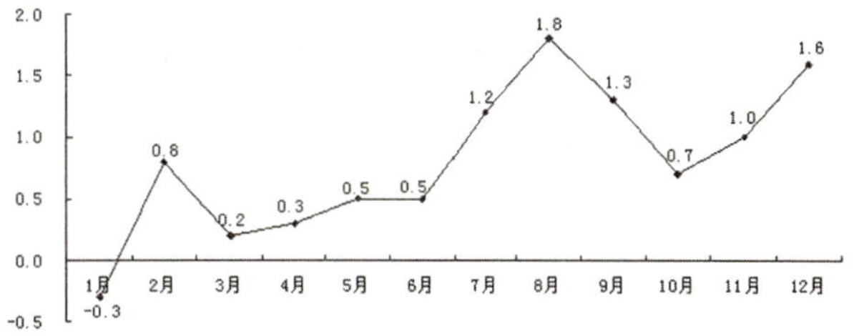

全年城镇新增就业人员 83903 人，城镇下岗失业人员再就业 30168 人，其中就业困难人员再就业 10836 人。年末城镇登记失业率为 3.71%。

全年一般公共预算收入 110.71 亿元，比上年增长 9.9%。其中，税收收入 76.48 亿元，增长 5.1%，税收占一般公共预算收入的比重为 69.1%。一般公共预算支出 382.84 亿元，增长 8.7%。其中，农林水事务支出增长 17.2%，医疗卫生与计划生育支出增长 17.3%，社会保障与就业支出增长 24.0%。

二、农业

全年粮食种植面积 1222.94 万亩，比上年增长 1.1%。其中，小麦种植面积 714.5 万亩，增长 0.1%。油料种植面积 124.18 万亩，下降 2.5%。棉花种植面积 26.41 万亩，下降 30.1%。

全年粮食产量 558.38 万吨，比上年增长 4.4%。油料产量 35.97 万吨，下降 4.1%。棉花产量 1.71 万吨，下降 29.1%。

表 2　2015 年主要农产品产量

产品名称	产量（万吨）	比上年增长（%）
粮食	558.38	4.4
#夏粮	355.17	3.9
秋粮	203.21	5.2
油料	35.97	-4.1
#花生	32.67	-4.3
油菜籽	2.99	-4.9
芝麻	0.31	27.4
棉花	1.71	-29.1
烤烟	1.03	-28.4
蔬菜	786.65	-2.5
水果	149.90	-4.1

全年猪牛羊禽肉类总产量45.47万吨，比上年下降5.5%；禽蛋产量24.87万吨，增长7.4%；奶类产量28.2万吨，下降1.5%。

年末农业机械总动力1027.36万千瓦，比上年增长1.5%；农村用电量18.89亿千瓦小时，增长3.5%。

三、工业和建筑业

全年规模以上工业增加值比上年增长9.3%。其中，轻工业增长5.8%，重工业增长15.0%，轻、重工业比例为1.4: 1。在规模以上工业中，集体企业增加值增长14.6%，股份制企业增长11.6%，外商及港澳台商投资企业增长20.3%。

表3　2015年各种分组的规模以上工业增加值增长速度

指　　标	比上年增长（%）
规模以上工业增加值	9.3
#轻工业	5.8
重工业	15.0
#国有企业	-17.1
集体企业	14.6
股份制企业	11.6
外商和港澳台商投资企业	20.3
其他类型企业	-5.2
#大型企业	7.9
中型企业	2.7
小型企业	19.1
#非公有制企业	11.1

图2　2015年各月规模以上工业增加值累计增长速度（%）

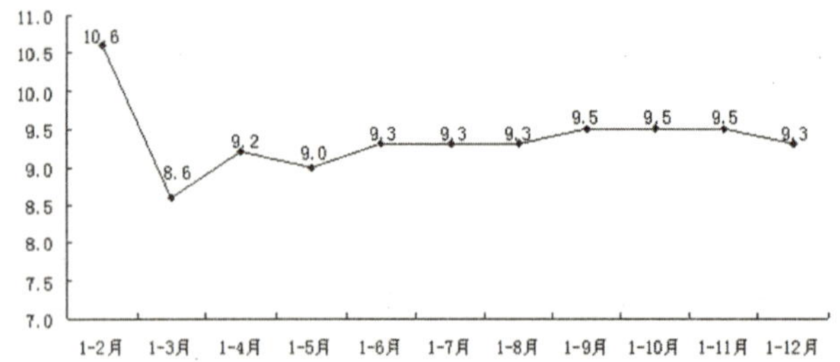

规模以上工业31个行业大类中，增加值居前10位的行业增长速度为：纺织服装、服饰业比上年增长13.5%，农副食品加工业下降5.3%，纺织业增长5.0%，非金属矿物制品业增长7.0%，食品制造业增长3.8%，仪器仪表制造业增长43.2%，皮革、皮毛、羽毛及其制品和制鞋业增长16.7%，化学原料和化学制品制造业增长58.4%，医药制造业增长30.9%，电力、热力生产和供应业下降9.3%。

电子信息、装备制造、汽车及零部件、食品、现代家居、服装服饰等六大高成长性产业增加值占规模以上工业增加值的比重为57.4%。高新技术产业增加值增长21.7%，占规模以上工业增加值的比重为30.5%。煤炭开采和洗选业、化学原料及化学制品制造业、非金属矿物制品业、黑色金属冶炼及压延加工业、有色金属冶炼及压延加工业、电力热力的生产和供应业等六大高载能行业占规模以上工业增加值的比重为20.5%，比上年下降1.2个百分点。

全年规模以上工业企业主营业务收入2143.40亿元，比上年增长12.0%；实现利润117.74亿元，增长2.9%。

主要工业产品产量中，纱产量比上年增长18.9%，软饮料增长19.0%，畜肉制品增长32.3%，方便面增长19.5%，量具增长51.4%。

表4　2015年主要工业产品产量

产品名称	单　位	产　量	比上年增长（%）
纱	万吨	75.47	18.9
服装	万件	40625.62	持平
轻革	万平方米	123.41	-11.9
鞋	万双	1272.55	7.9
小麦粉	万吨	413.56	-12.8
乳制品	万吨	30.05	-29.8
软饮料	万吨	72.98	19.0
鲜、冷藏肉	万吨	31.15	-1.3
畜肉制品	万吨	8.15	32.2
速冻食品	万吨	67.92	-2.4
方便面	万吨	50.68	19.5
钢材	万吨	69.21	-32.2
铝材	万吨	10.82	-15.0
水泥	万吨	441.74	-17.0
平板玻璃	万重量箱	427.28	-35.5
量具	万件	1042.25	51.4

全年产业集聚区规模以上工业增加值407.22亿元，比上年增长14.3%，占全市规模以上工业的比重为82.9%。产业集聚区规模以上工业主营业务收入1767.49亿元，增长19.2%，占全市比重达到82.5%；产业集聚区规模以上工业利润总额100.87亿元，增长7.0%。

全年全市资质内建筑业企业完成建筑业总产值313.36亿元，比上年增长10.1%。

四、固定资产投资

全年全社会固定资产投资1458.54亿元，比上年13.2%。其中，固定资产投资（不含农户）1410.12亿元，增长14.3%。在固定资产投资（不含农户）中，国有控股投资139.86亿元，比上年增长35.8%；民间投资1269.46亿元，增长12.5%。分产业看，第一产业投资5.44亿元，下降0.3%；第二产业投资870.38亿元，增长5.1%；第三产业投资534.29亿元，增长33.4%。

图3　2015年各月固定资产投资累计增长速度（%）

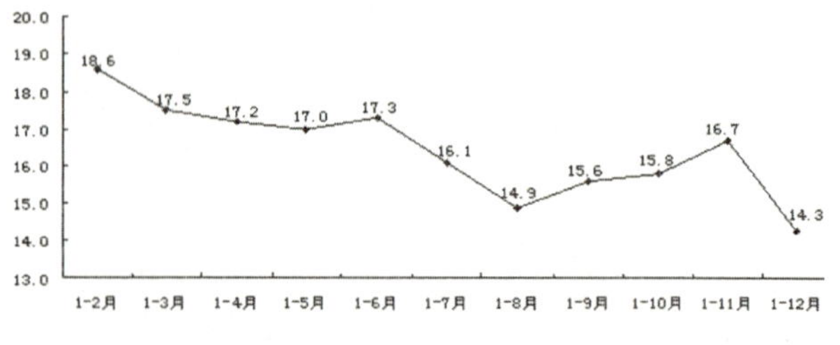

全年房地产开发投资217.84亿元，比上年增长26.4%。其中，住宅投资160.65亿元，增长15.0%。商品房施工面积2045.68万平方米，增长14.8%。其中，住宅1584.67万平方米，增长7.3%。商品房竣工面积341.83万平方米，下降22.1%，其中，住宅227.23万平方米，下降38.3%。

全年亿元及以上固定资产投资在建项目513个，完成投资946.59亿元，比上年下降4.2%。

全年产业集聚区完成固定资产投资1159.95亿元，比上年增长7.5%，占全市固定资产投资的比重达到82.3%。其中，产业集聚区工业投资842.35亿元，增长6.1%。

五、国内贸易

全年社会消费品零售总额666.21亿元，比上年增长13.1%。分城乡看，城镇消费品零售额483.33亿元，增长12.8%；乡村消费品零售额182.88亿元，增长14.1%。分行业看，批发零售贸易业零售额569.02亿元，增长12.8%；住宿餐饮业零售额97.19亿元，增长15.2%。

图4　2015年各月社会消费品零售总额累计增长速度（%）

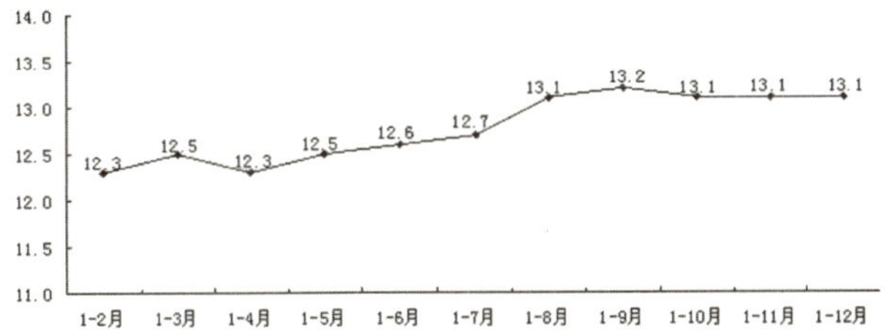

限额以上批发和零售业商品零售额中，粮油、食品类零售额比上年增长56.7%，服装、鞋帽、针纺织品类增长25.1%，日用品类增长13.9%，化妆品类增长24.6%，家具类增长91.7%，家用电器和音像器材类增长23.2%，汽车类增长29.6%。

六、对外贸易

全年进出口总额30067万美元，比上年下降11.7%。其中，出口总额26628万美元，下降6.3%；进口总额3440万美元，下降38.8%。

全年新批设立外商投资企业7个。实际利用外资34346万美元，增长11.2%。

七、交通、邮电和旅游

年末干线公路通车里程1180公里，农村公路通车里程18316公里，高速公路通车里程379公里。全年公路运输完成货物周转量349.27亿吨公里，旅客周转量完成57亿人公里；货运量12602万吨，客运量8262万人次。

全年邮电业务总量76.55亿元，比上年增长27.6%。其中，邮政业务总量5.13亿元，增长5.3%；电信业务总量71.42亿元，增长26.9%。快递业务收入2.26亿元，增长56.9%。年末固定电话用户47.88万户，移动电话用户483.08万户。互联网宽带接入用户76.33万户，无线上网用户276.21万户。

全年共接待国内外游客1077.09万人次，比上年增长11.9%。旅游总收入22.09亿元，增长13.0%。

八、金融和保险业

年末金融机构人民币各项存款余额1978.07亿元，比年初增加219.52亿元。其中，住户存款余额1459.20亿元，比年初增加208.62亿元。人民币各项贷款余额1137.75亿元，比年初增加130.56亿元。其中，住户贷款余额367.70亿元，比年初增加28.80亿元。

全年保险公司保费收入58.19亿元。其中，财产险保费收入12.45亿元，人寿险保费收入45.75亿元。全年赔款及给付15.36亿元。其中，财产险赔款支出7.1亿元，人身险赔付8.26亿元。

九、教育和科学技术

全市有普通高等学校6所，在校生8.42万人。中等职业教育学校38所，在校生5.79万人。普通中学436所，在校生49.65万人。其中，高中32所，在校生16.61万人；初中404所，在校生33.04万人。小学2151所，在校生73.10万人。小学学龄儿童入学率100%。

年末拥有县级以上科学研究与技术开发机构7个。全年共取得省级科技进步奖2项；申请专利1360件，授权专利977件；签订技术合同7份，成交金额1480万元。

十、文化、卫生和体育

年末全市共有艺术表演团体12个，影剧院9个，文化馆8个，公共图书馆8个。广播电台9座，电视台9座，广播人口覆盖率和电视综合人口覆盖率均达到100%。

年末全市共有卫生机构（含村卫生室)6468个。其中，医院、卫生院271个，妇幼保健机构9个，专科疾病防治机构3个，疾病控制机构10个，卫生监督机构10个。卫生技术人员36563人，其中执业医师8097人，执业助理医师5574人，注册护士12176人。医疗卫生机构实有床位32766张。

全年参加省级以上各项各类赛事共获金牌43枚、银牌36枚、铜牌44枚。“全民健身·幸福中原”2015年河南省第十一届中原武术大舞台展示活动（夏邑会场）在“全国武术之乡”夏邑县栗城广场举行。成功承办了2015年河南省围棋段位赛（商丘赛区）暨商丘市迎新春少儿围棋赛、“羽林争霸”2015年红牛杯河南赛区（商丘站）城市羽毛球赛和2015年“棋协杯”河南省象棋锦标赛等。

十一、环境保护

全年规模以上工业综合能源消费量551.71万吨标准煤，比上年下降7.6%。万元规模以上工业增加值能耗下降15.47%，初步核算可完成省下达的万元生产总值能耗下降目标。

全年城市集中饮用水水源地取水水质累计达标率连续九年保持100%。城区空气质量优良天数191天，优良率为52.3%。

十二、人民生活和社会保障

全年全市居民人均可支配收入14025元，比上年增长10.7%。按常住地分，农村居民人均可支配收入8885元，增长 9.7%；城镇居民人均可支配收入 23572 元，增长 8.4%。

年末参加城镇职工基本养老保险人数 36.23 万人。参加城镇 职工基本医疗保险人数 41.6 万人，参加失业保险人数 29.53 万人。

全年共发放城镇居民最低生活保障资金 2.69 亿元，享受最低生活保障 10.16 万人。发放农村低保金 4.55 亿元，农村低保对象 32.82 万人。发放农村五保供养资金 1.21 亿元，供养对象 4.05 万人。

年末各类收养性社会福利院床位 876 张，收养 25 人。全年销售福利彩票 2.32 亿元。

注：

1. 本公报中数据为初步统计数。

2. 公报中生产总值、各产业增加值绝对数按现价计算，增长速度按可比价格计算。

3. 公报中生产总值、一二三产业增加值及全部工业增加值、产业结构、人口、财政、对外贸易、公路运输、邮电、金融、保险、教育、卫生、万元增加值能耗、城乡居民收入包含永城数据，其他指标数据不含永城。

4. 三次产业划分标准根据《三次产业划分规定》（国统字〔2012〕108 号），第一产业是指农、林、牧、渔业（不含农、林、牧、渔服务业）；第二产业是指采矿业（不含开采辅助活动），制造业（不含金属制品、机械和设备修理业），电力、热力、燃气及水生产和供应业，建筑业；第三产业即服务业，是指除第一产业、第二产业以外的其他行业。

5. 规模以上工业企业是指年主营业务收入 2000 万元及以上的全部法人工业企业；限额以上批发零售企业是指年主营业务收入 2000 万元及以上的批发企业和年主营业务收入 500 万元及以上的零售企业。

6. 邮政业务总量因口径调整与上年不可比。

7. 自 2015 年起，按照省统计局统一要求，商丘市按照城乡一体化住户调查改革后的新口径发布全市和分城乡的居民收支数据。反映收入水平的主要指标统一使用“人均可支配收入”，不再对外发布“农村居民人均纯收入”数据。

8. 劳动就业、对外贸易、科技教育、文化体育、财政金融保险、交通邮电、环境保护、社会保障和社会福利、旅游等数据由相应部门提供。

行政区划和土地面积

● 资料整理：朱　丹

1-1 行政区划和土地面积（2015年底）

单位：个、平方公里

县（市、区）	辖乡镇数	#辖镇个数	村民委员会数	辖街道办事处数	辖居民委员会数	土地面积
商丘市	**169**	**90**	**4609**	**27**	**237**	**10704**
梁园区	8	2	195	8	52	692
睢阳区	13	9	325	6	65	964
民权县	17	9	529	2	13	1238
睢县	20	8	545		7	921
宁陵县	14	7	359		5	797
柘城县	20	10	484	2	22	1041
虞城县	25	10	608		13	1544
夏邑县	24	12	729		14	1486
永城市	25	21	732	6	35	2021
示范区	3	2	103	3	11	

注：示范区土地面积包含在梁园区、睢阳区和虞城县里。

1-2 各县（市、区）乡、镇、办事处名称（2015年底）

县（市、区）	乡、镇、街道办事处名称
梁园区	长征街道办事处、前进街道办事处、东风街道办事处、八八街道办事处、白云街道办事处、建设街道办事处、平原街道办事处、解放街道办事处、双八镇、谢集镇、刘口乡、李庄乡、孙福集乡、王楼乡、观堂乡、水池铺乡
睢阳区	古城街道办事处、文化街道办事处、东方街道办事处、新城街道办事处、古宋街道办事处、宋城街道办事处、宋集镇、李口镇、郭村镇、高辛镇、坞墙镇、冯桥镇、路河镇、闫集镇、毛固堆镇、临河店乡、勒马乡、包公庙乡、娄店乡
民权县	南华街道办事处、绿洲街道办事处、北关镇、龙塘镇、人和镇、程庄镇、王庄寨镇、 孙六镇、 白云寺镇、庄子镇、王桥镇、林七乡、伯党回族乡、花园乡、双塔乡、野岗乡、老颜集乡、胡集回族乡、褚庙乡
睢县	城关镇、平岗镇、长岗镇、潮庄镇、西陵寺镇、周堂镇、蓼堤镇、尚屯镇、城郊乡、董店乡、涧岗乡、匡城乡、后台乡、尤吉屯乡、河集乡、孙聚寨乡、白楼乡、 河堤乡、 白庙乡、胡堂乡
宁陵县	城关镇、张弓镇、柳河镇、逻岗镇、石桥镇、黄岗镇、华堡镇、孔集乡、刘楼乡、赵村乡、阳驿乡、城郊乡、乔楼乡、程楼乡
柘城县	长江新城街道办事处、浦东街道办事处、城关镇、慈圣镇、胡襄镇、安平镇、起台镇、陈青集镇、远襄镇、岗王镇、伯岗镇、邵园乡、 张桥乡、马集乡、申桥乡、牛城乡、洪恩乡、 皇集乡、 李原乡、大仵乡、老王集乡、惠济乡
虞城县	城关镇、利民镇、界沟镇、大杨集镇、杜集镇、张集镇、谷熟镇、木兰镇、站集镇、稍岗镇、沙集乡、店集乡、田庙乡、郑集乡、刘集乡、李老家乡、大侯乡、镇里堌乡、 黄冢乡、刘店乡、 城郊乡、闻集乡、芒种桥乡、乔集乡、古王集乡
夏邑县	城关镇、车站镇、会亭镇、杨集镇、李集镇、马头镇、济阳镇、韩道口镇、太平镇、罗庄镇、火店镇、北岭镇、刘店集乡、岐河乡、胡桥乡、中峰乡、孔庄乡、业庙乡、何营乡、骆集乡、王集乡、郭店乡、桑堌乡、曹集乡
永城市	崇法寺街道办事处、日月湖街道办事处、雪枫街道办事处、侯岭街道办事处、演集街道办事处、沱滨街道办事处、芒山镇、高庄镇、酂城镇、裴桥镇、陈集镇、薛湖镇、马桥镇、 十八里镇、 蒋口镇、太丘镇、李寨镇、 茴村镇、苗桥镇、 顺和镇、酂阳镇、龙岗镇、马牧镇、卧龙镇、双桥镇、王集镇、刘河镇、条河乡、陈官庄乡、新桥乡、黄口乡
示范区	中州街道办事处、平安街道办事处、平台街道办事处、张阁镇、贾寨镇、周集乡 虞城县谷熟镇中的2个村委会、1个自然村，芒种桥乡中的7个村委会、1个自然村 睢阳区宋城街道办事处中的5个村委会、2个自然村，新城街道办事处中的2个自然村

1-3 全省及各省辖市土地面积(2015年底)

地　　区	土地面积（平方公里）
全　　省	**167000**
郑 州 市	7446
开 封 市	6444
洛 阳 市	15200
平顶山市	7882
安 阳 市	7413
鹤 壁 市	2182
新 乡 市	8169
焦 作 市	4071
濮 阳 市	4266
许 昌 市	4996
漯 河 市	2617
三门峡市	10496
南 阳 市	26600
商 丘 市	**10704**
信 阳 市	19541
周 口 市	11959
驻马店市	15083
济 源 市	1931

主要指标解释

行政区划 指国家对行政区域的划分。根据有关法规规定，我国的行政区域划分如下：（1）全国分为省、自治区、直辖市；（2）省、自治区分为自治州、县、自治县、市；（3）自治州分为县、自治县、市；（4）自治区、自治州、自治县都是民族自治的地方；（5）县、自治县分为乡、民族乡、镇；（6）直辖市和较大的市分为区、县；(7) 国家在必要时设立的特别行政区。

综合、核算

● 资料整理：代克斌 朱 丹 程 森 张 明 户艳菊

2-1 国民经济主要指标

指　　标	单位	2010年	2011年	2012年	2013年	2014年	2015年
一、人口							
年底总人口	万人	885.35	890.5	894.95	900.02	904.70	909.47
二、从业人员							
年底从业人员	万人	505.64	506.61	512.93	522.39	533.68	561.45
#职工人数	万人	38.46	41.20	42.03	55.58	56.48	70.20
三、地区生产总值	万元	11465217	13083722	13972750	15382197	16976370	18121623
第一产业	万元	2995076	3170035	3232201	3431692	3747786	3769679
第二产业	万元	5326388	6229602	6532029	7199868	7355108	7572383
第三产业	万元	3143753	3684085	4208520	4750637	5873476	6779561
人均生产总值	元	15076	17779	19029	21073	23359	24940
四、全社会固定资产投资额	万元	8456616	8858357	10688447	13107167	15521924	17692938
#固定资产投资	万元	6511311	8263652	10055087	12467850	14938866	17172450
五、工资							
职工工资总额	万元	933229	1107807	1374035	1801279	2219035	2692527
职工平均工资	元	24256	27047	31162	36815	40441	43695
六、人民生活							
城镇居民人均消费支出	元	8734	10361	11936	12604	13739	14592
农民人均生活消费支出	元	2890	3460	3970	4772	5262	6328
城镇居民人均可支配收入	元	14178	16151	18312	20214	22274	23572
农村居民人均可支配收入	元	4674	5637	6426	7217	8025	(新口径)8885
七、城乡居民储蓄存款余额	万元	6672823	7903660	9689057	10985785	12331998	14592002
八、农林牧渔业							
1.农林牧渔业总产值	万元	5309286	5621415	5731420	6085164	6770644	6792809
2.农林牧渔业总产值指数（以上年为100）		104.5	104.0	104.7	104.5	101.3	104.5
3.主要农产品产量							
粮食	万吨	598.68	608.19	629.65	644.16	663.04	692.23
棉花	万吨	8.71	7.82	4.72	3.07	2.47	1.71
油料	万吨	37.07	37.33	41.22	42.15	38.48	36.43
水果	万吨	177.19	180.25	180.73	181.95	182.80	187.43
肉类	万吨	51.00	51.87	54.42	56.09	57.45	54.66

注：1.从2007年起人均生产总值按常住人口计算。

2.从2008年起农林牧渔业总产值指数按可比价计算。

3.从2014年起国民经济核算执行新的行业划分标准，即：“农林牧渔业”中的“农林牧渔服务业”、“工业”中的“开采辅助活动”和“金属制品、机械和设备修理业”二个大类一并调入第三产业。

4.2010年前固定资产投资为城镇固定资产投资口径。

5.2015年起城乡居民收入指标统一使用人均可支配收入，农民人均纯收入改为农村居民人均可支配收入，收支数据与2014年前口径不同。

2-1续　国民经济主要指标

指　　标	单位	2010年	2011年	2012年	2013年	2014年	2015年
九、工业							
1.规模以上工业增加值	亿元	369.60	456.70	480.50	539.50	587.72	685.87
2.规模以上工业增加值指数	%	117.9	120.5	117.1	116.2	111.8	109.3
3.主要工业产品产量							
家用冷冻箱	台	768948	2423631	2226953	3393457	471362	701279
纱	万吨	25.15	36.62	46.87	54.79	62.74	79.87
原煤	万吨	2164.04	2111.50	2027.99	1945.49	1813	1450.48
洗煤	万吨	1710.55	1727.96	1642.87	1666.76	1642	1247.48
水泥	万吨	471.38	334.49	411.99	479.83	704.63	593.74
原铝（电解铝）	万吨	46.02	60.17	55.86	43.47	37.81	40.80
4.规模以上工业效益指标							
主营业务收入	万元	14055101	18817393	20437310	24474820	27705000	30780600
利润总额	万元	1027263	1246637	1155828	1489846	1424600	1420300
十、运输和邮电							
1.公路旅客周转量	万人公里	780054	898959	970152	1058720	832033	570000
2.客运量	万人	780100	899000	970200	1058700	832000	8262
3.货物周转量	万吨公里	6049397	7295302	8371378	9383258	3273913	3492700
4.货运量	万吨	17432	20931	23953	27199	11715	12602
5.邮电业务总量	万元	981200	366700	435146	493500	599873	765500
十一、批发零售业、住宿餐饮业							
社会消费品零售总额	万元	3999717	4713585	5460836	6234175	7191800	8131800
十二、财政和金融							
地方财政收入	万元	745607	1109873	1248854	1330679	1458530	1546519
# 地方公共财政预算收入	万元	430099	564443	701907	858381	1007474	1107127
地方公共财政预算支出	万元	1800016	2290374	2863059	3152591	3520995	3817032
金融机构人民币各项存款余额	万元	9011587	10982379	13538295	15591126	17598779	19780716
金融机构人民币各项贷款余额	万元	6076665	5879897	7009361	8334072	10071910	11377461
十三、教育							
学校教育在校学生数	人	2142287	2212421	2031200	1732197	1737233	1704822
#高等学校	人	77082	77148	76802	75419	77593	84205
中等专业学校	人	27303	37108	33372	32371	35492	31434
普通中学	人	700067	701539	619240	516155	517370	496464
小学	人	1116552	1110757	974043	774692	768364	730969
十四、卫生							
卫生机构床位数	张	21241	22474	24763	29199	30189	32766
卫生技术人员数	人	26086	27058	29235	33009	35080	36563
# 医生	人	10063	9334	10986	12574	14859	15691

注：1.地方财政收入包括地方财政一般预算收入和基金收入。
2.家用冷冻箱为冷柜（含冷冻箱、冷藏箱、展示柜）。
3.电信业务总量按2010年不变价格计算，2001年至2010年按照2000年不变价格计算。
4.2014年公路旅客周转量、货物周转量数据根据2013年数据和高速公路机动联网收费数据、客运站收费记录推算得到。

2-2 国民经济主要比例关系和结构

单位：%

指　　标	2010年	2011年	2012年	2013年	2014年	2015年
一、从业人员比例	100	100	100	100	100	100
第一产业	46.7	45.2	43.8	42.7	42.0	40.9
第二产业	29.7	30.8	31.3	31.7	33.0	29.5
第三产业	23.6	24.0	24.9	25.6	25.0	29.6
二、生产总值比例	100	100	100	100	100	100
第一产业	26.1	24.1	23.1	22.3	22.1	20.8
第二产业	46.5	49.0	46.7	46.8	43.3	41.8
工业	40.5	43.0	40.8	40.6	36.8	35.5
建筑业	5.9	6.0	5.9	6.2	6.5	6.3
第三产业	27.4	26.9	30.2	30.9	34.6	37.4
交通运输、仓储业	3.9	3.8	3.8	3.9	3.4	3.4
批发零售贸易业、餐饮业	7.2	7.6	8.2	8.4	8.0	8.2
三、国内支出总额比例	100	100	100	100	100	100
资本形成	64.6	63.4	66.6		56.1	51.9
固定资本形成	56.4	55.7	58.8		49.1	45.4
存货增加	8.1	7.8	7.9		7.0	6.5
最终消费	35.0	37.1	42.1		42.0	46.8
居民消费	26.2	28.0	31.9		31.7	35.3
农村居民	7.2	7.7	8.8		9.6	13.8
城镇居民	19.0	20.3	23.1		22.1	21.6
政府消费	8.8	9.1	10.2		10.3	11.5
货物和服务净出口	0.4	-0.6	-8.7		1.9	1.2
四、农林牧渔业总产值比例	100	100	100	100	100	100
农业	61.0	66.6	66.3	66.2	66.8	66.1
林业	1.7	1.4	1.4	1.4	1.4	1.4
牧业	33.6	27.7	27.6	27.7	27.2	27.8
渔业	0.7	1.3	1.6	1.6	1.5	1.6
农林牧渔服务业	3.0	3.0	3.1	3.1	3.1	3.1
五、社会消费品零售总额比例	100	100	100	100	100	100
城镇	72.5	73.6	74.0	73.9	73.9	73.7
乡村	27.5	26.4	26.0	26.1	26.1	26.3
六、财政收入相当于生产总值比例	3.75	4.31	5.02	5.58	5.93	6.11
七、文教卫生事业占财政支出的比例	25.2	38.5	37.0	26.7	36.4	32.9

2-3 生产总值

（按当年价格计算）

年份	生产总值（万元）	第一产业	第二产业			第三产业	人均生产总值（元）	附：年平均人口（万人）
				工业	建筑业			
1978	88768	48255	18283	15350	2933	22230	159	558
1979	91257	48048	18697	15315	3382	24512	160	570
1980	104456	54566	22037	17695	4342	27853	180	580
1981	115489	59885	24328	19224	5104	31276	196	588
1982	155422	92833	25013	19605	5408	37576	260	596
1983	200301	131875	27782	21405	6377	40644	330	606
1984	220665	134645	37248	30317	6931	48772	358	616
1985	249738	147105	42322	34754	7568	60311	398	627
1986	286233	161388	48664	40652	8012	76181	447	640
1987	338903	196167	62518	453629	8889	84218	523	656
1988	391436	208284	84084	74510	9574	99068	581	613
1989	452915	251255	84573	74782	9791	117087	654	692
1990	504274	279273	90877	80136	10741	134124	710	710
1991	605677	331871	114872	100016	14856	158934	838	723
1992	711029	368892	161359	134302	27057	180778	973	731
1993	868791	425592	215073	182104	32969	228126	1174	740
1994	1151399	522393	320746	269519	51227	308260	1539	748
1995	1631264	739183	472326	405580	66746	419755	2157	756
1996	2023656	917035	573252	489178	84074	533369	2621	772
1997	2248588	1018664	630246	522388	107858	599678	2875	782
1998	2405946	1074329	678987	559854	119133	652630	3038	792
1999	2601554	1187187	731167	590644	140523	683200	3256	799
2000	2876513	1236569	886908	704941	181967	753036	3600	799
2001	3170005	1339515	992471	780763	211708	838019	3962	805
2002	3415117	1385444	1077912	859332	218580	951761	4273	805
2003	3375707	1036810	1248446	1020475	227971	1090452	4200	809
2004	4508625	1601523	1601938	1307783	294155	1305165	5612	809
2005	5607773	1881285	2209447	1831900	377547	1517041	6879	815
2006	6510140	2073211	2629042	2214323	414719	1807887	7951	819
2007	7656721	2239525	3221472	2759641	461831	2195724	9309	765
2008	9313904	2546247	4160550	3604717	555833	2607107	12092	770
2009	10329436	2707860	4615258	3956596	658662	3006318	12779	781
2010	11465217	2995076	5326388	4644821	681567	3143753	15076	759
2011	13083722	3170035	6229602	5467800	761802	3684085	17779	736
2012	13972750	3232201	6532029	5704719	827310	4208520	19029	732
2013	15382197	3431692	7199868	6243925	955944	4750637	21073	730
2014	16976370	3747786	7355108	6248971	1106249	5873476	23359	727
2015	18121623	3769679	7572383	6428164	1144332	6779561	24940	727

注：1．2001～2005年的各项核算数据是根据第一次经济普查结果进行调整后的数据。

2．2007年以来人均生产总值按常住人口计算。

2-4 生产总值构成

（按当年价格计算）　　单位：%

年　份	生产总值	第一产业	第二产业	工业	建筑业	第三产业
1978	100.0	54.0	20.6	17.3	3.3	25.0
1979	100.0	52.6	20.5	16.8	3.7	26.9
1980	100.0	52.2	21.2	16.9	4.3	26.6
1981	100.0	51.9	21.1	16.6	4.5	27.0
1982	100.0	59.7	16.1	12.6	3.5	24.2
1983	100.0	65.8	13.9	10.7	3.2	20.3
1984	100.0	61.0	16.9	13.7	3.2	22.1
1985	100.0	58.8	17.0	13.9	3.1	24.2
1986	100.0	56.4	17.0	14.2	2.8	26.6
1987	100.0	57.2	18.2	15.6	2.6	24.6
1988	100.0	53.2	21.5	19.0	2.5	25.3
1989	100.0	55.5	18.7	16.5	2.2	25.8
1990	100.0	55.4	18.0	15.9	2.2	26.6
1991	100.0	54.8	19.0	16.5	2.6	26.2
1992	100.0	51.9	22.7	18.9	3.8	25.4
1993	100.0	49.0	24.8	21.0	3.8	26.2
1994	100.0	45.4	27.9	23.4	4.5	26.7
1995	100.0	45.3	29.0	24.9	4.1	25.7
1996	100.0	45.3	28.3	24.2	4.1	26.4
1997	100.0	45.3	28.0	23.2	4.8	26.7
1998	100.0	44.7	28.2	23.3	4.9	27.1
1999	100.0	45.6	28.1	22.7	5.4	26.3
2000	100.0	43.0	30.8	24.5	6.3	26.2
2001	100.0	42.0	31.0	25.0	7.0	26.0
2002	100.0	41.0	32.0	25.0	6.0	28.0
2003	100.0	31.0	37.0	30.0	7.0	32.0
2004	100.0	36.0	36.0	29.0	7.0	29.0
2005	100.0	33.5	39.4	32.7	6.7	27.1
2006	100.0	31.8	40.4	34.0	7.2	27.8
2007	100.0	29.2	42.1	36.0	6.0	28.7
2008	100.0	27.3	44.7	38.7	6.0	28.0
2009	100.0	26.2	44.7	38.3	6.4	29.1
2010	100.0	26.1	46.5	40.5	5.9	27.4
2011	100.0	24.2	47.6	41.8	5.8	28.2
2012	100.0	23.1	46.7	40.8	5.9	30.2
2013	100.0	22.3	46.8	40.6	6.2	30.9
2014	100.0	22.1	43.3	36.8	6.5	34.6
2015	100.0	20.8	41.8	35.5	6.3	37.4

2-5 生产总值指数

（按可比价格计算，以上年为100）

年份	生产总值	第一产业	第二产业			第三产业	人均生产总值
				工业	建筑业		
1978	100.0	100.0	100.0	100.0	100.0	100.0	100.0
1979	103.4	99.6	102.3	101.4	105.6	112.7	101.6
1980	115.7	113.6	117.9	119.5	112.1	118.1	113.6
1981	111.0	109.8	110.4	112.1	104.5	113.8	109.4
1982	113.2	115.0	102.8	102.1	106.0	117.9	111.7
1983	107.6	106.1	111.1	101.1	115.3	108.1	105.9
1984	112.5	112.1	114.1	116.7	103.4	112.1	110.7
1985	110.6	105.3	113.6	112.9	116.9	118.0	108.5
1986	105.8	96.7	114.9	114.5	116.5	114.4	103.6
1987	105.0	106.9	108.5	108.7	107.5	100.1	102.4
1988	110.1	106.7	121.8	124.6	109.6	100.6	107.7
1989	103.7	112.1	98.7	99.2	96.4	95.7	100.9
1990	99.1	101.9	99.0	99.9	94.2	94.3	96.3
1991	114.4	116.1	123.4	121.5	139.1	104.9	112.2
1992	116.6	107.9	137.8	133.0	173.1	119.7	115.3
1993	114.1	107.9	124.5	127.2	109.8	117.0	112.8
1994	110.5	94.0	137.7	138.1	134.7	115.9	109.3
1995	119.7	122.8	119.7	120.0	117.0	114.9	118.5
1996	117.1	118.2	116.3	116.0	118.6	116.2	115.4
1997	110.1	111.6	109.3	107.0	124.6	108.8	108.7
1998	108.4	106.4	110.9	110.2	114.8	108.8	107.0
1999	110.8	112.7	111.0	109.8	117.4	107.5	109.8
2000	109.3	107.3	113.7	111.8	123.3	107.2	109.3
2001	109.7	107.4	112.0	111.3	114.6	110.6	110.0
2002	109.3	104.0	112.9	115.4	103.7	113.3	110.6
2003	99.4	78.8	114.1	117.5	100.4	112.1	98.9
2004	121.9	133.0	117.5	118.6	113.6	116.0	121.9
2005	114.5	110.5	120.0	118.6	126.7	113.0	114.4
2006	113.5	109.0	116.5	118.2	108.2	114.6	113.0
2007	112.9	104.0	116.1	118.2	104.8	117.7	112.7
2008	111.4	105.7	114.6	115.8	107.4	112.2	110.6
2009	111.2	104.2	112.1	110.7	120.7	115.8	110.0
2010	112.0	104.5	113.5	114.3	108.7	113.0	114.1
2011	111.8	104.0	113.8	115.5	102.3	111.6	114.0
2012	110.8	104.7	113.9	114.7	107.1	111.1	111.1
2013	110.5	104.5	113.9	113.6	115.8	109.4	111.1
2014	109.2	104.3	110.8	110.2	115.6	110.0	109.7
2015	108.8	104.5	108.2	108.4	107.2	112.7	108.8

2-6 生产总值指数

（按可比价格计算，以1978年为100）

年份	生产总值	第一产业	第二产业			第三产业	人均生产总值
				工业	建筑业		
1978	100.0	100.0	100.0	100.0	100.0	100.0	100.0
1979	103.4	99.6	102.3	101.4	105.6	112.7	101.6
1980	119.6	113.1	120.6	121.2	118.4	133.1	115.4
1981	132.8	124.2	133.2	135.8	123.7	151.5	126.3
1982	150.3	142.9	136.9	138.7	131.1	178.6	141.0
1983	161.7	151.6	152.1	140.2	151.2	193.0	149.4
1984	182.0	169.9	173.5	163.6	156.3	216.4	165.3
1985	201.3	178.9	197.1	184.7	182.7	255.4	179.4
1986	212.9	173.0	226.5	211.5	212.9	292.1	185.9
1987	223.6	185.0	245.7	229.9	228.9	292.4	190.3
1988	246.2	197.4	299.3	286.5	250.8	294.2	205.0
1989	255.3	221.2	295.4	284.2	241.8	281.5	206.8
1990	253.0	225.4	292.5	283.9	227.8	265.5	199.2
1991	289.4	261.7	360.9	345.0	316.9	278.5	223.5
1992	337.4	282.4	497.3	458.8	548.5	333.3	257.7
1993	385.0	304.7	619.2	583.6	602.2	390.0	290.6
1994	425.4	286.4	852.6	805.9	811.2	452.0	317.7
1995	509.2	351.8	1020.6	967.1	949.1	519.4	376.4
1996	596.3	415.8	1186.9	1121.8	1125.6	603.5	434.4
1997	656.6	464.0	1297.3	1200.4	1402.5	656.6	472.2
1998	711.7	493.7	1438.7	1322.8	1610.1	714.4	505.2
1999	788.6	556.4	1597.0	1452.4	1890.3	768.0	554.8
2000	861.9	597.0	1815.7	1623.8	2330.7	823.3	606.3
2001	945.5	641.2	2033.6	1807.3	2671.0	910.6	667.0
2002	1033.4	666.8	2296.0	2085.7	2769.8	1031.7	737.7
2003	1027.2	525.5	2619.7	2450.6	2780.9	1156.5	729.6
2004	1252.2	698.9	3078.2	2906.5	3159.1	1341.5	889.3
2005	1433.8	772.3	3693.8	3447.1	4002.5	1515.9	1017.4
2006	1627.3	841.8	4303.3	4074.4	4330.8	1737.3	1149.7
2007	1837.3	875.4	4996.1	4816.0	4538.6	2044.7	1295.7
2008	2046.7	925.3	5725.5	5576.9	4874.5	2294.2	1433.0
2009	2275.9	964.2	6418.3	6173.6	5883.5	2656.7	1576.3
2010	2549.0	1007.6	7286.2	7054.4	6395.0	3001.3	1798.6
2011	2849.8	1047.9	8291.7	8147.8	6542.1	3349.5	2050.4
2012	3158.7	1096.7	9441.7	9348.8	7007.5	3721.2	2277.6
2013	3490.4	1146.1	10754.1	10620.2	8114.7	4071.1	2530.4
2014	3811.5	1195.4	11915.5	11703.5	9380.6	4478.2	2775.8
2015	4146.9	1249.2	12892.6	12686.6	10056.0	5046.9	3020.1

2-7 分行业增加值、指数及构成（2015年）

单位:万元

指标名称	现价增加值	指 数（按可比价格计算以上年为100）	构成（%）
地区生产总值	**18121623**	**108.8**	**100.0**
第一产业	3769679	104.5	20.8
农林牧渔服务业	62075	106.2	0.3
第二产业	7572383	108.2	41.8
工业	6428164	108.4	35.5
#金属制品、机械和设备修理业	113	107.1	0.0
建筑业	1144332	107.2	6.3
第三产业	6779561	112.7	37.4
交通运输、仓储和邮政业	692626	103.2	3.8
批发和零售业	1023771	109.9	5.6
批发业	515192	106.9	2.8
零售业	508579	113.1	2.8
住宿和餐饮业	628020	104.5	3.5
住宿业	170440	100.5	0.9
餐饮业	457580	105.8	2.5
金融业	538720	124.0	3.0
房地产业	740549	110.2	4.1
房地产业(K门类)	402071	117.9	2.2
自有房地产经营活动	338478	105.0	1.9
其他服务业	3093687	116.6	17.1
营利性服务业	1249871	124.8	6.9
非营利性服务业	1843816	111.8	10.2

2-8　各县（市、区）生产总值（2015年）

（按现行价格计算）　　单位：万元

指标名称	全　市	梁园区	睢阳区	民权县	睢　县
生产总值	**18121623**	**1916638**	**1927305**	**1843316**	**1446672**
第一产业	3769679	292429	371263	438651	419222
第二产业	7572383	857727	755103	690351	545412
工业	6428164	590804	608858	604247	453986
建筑业	1144332	266923	146245	86104	92658
第三产业	6779561	766482	800939	714314	482038
人均生产总值（元）	24940	22374	22481	25718	21647

2-8续　各县（市、区）生产总值（2015年）

（按现行价格计算）　　单位：万元

指标名称	宁陵县	柘城县	虞城县	夏邑县	永城市
生产总值	**962936**	**1686254**	**2150397**	**1899414**	**4300286**
第一产业	254676	425348	451180	475600	645949
第二产业	384897	596251	872412	732328	2142283
工业	343290	518440	775538	639298	1899203
建筑业	41607	77811	96874	93030	243080
第三产业	323363	664655	826805	691486	1512054
人均生产总值（元）	18950	24488	24498	21732	35295

2-9 各县（市、区）第三产业增加值（2015年）

单位:万元

指标名称	全 市	梁园区	睢阳区	民权县	睢 县
第三产业	**6779561**	**766482**	**800939**	**714314**	**482038**
#交通运输、仓储和邮政业	692626	114838	27756	56532	41499
批发零售业	1023771	119380	214059	77201	76300
住宿餐饮业	628020	66834	60543	62363	74412
金融业	538720	83301	82660	31152	18142
房地产业	740549	52554	65416	88155	59334
营利性服务业	1249871	100443	110683	158001	60248
非营利性服务业	1843816	224628	233615	226721	147534

2-9续 各县（市、区）第三产业增加值（2015年）

单位:万元

指标名称	宁陵县	柘城县	虞城县	夏邑县	永城市
第三产业	**323363**	**664655**	**826805**	**691486**	**1512054**
#交通运输、仓储和邮政业	51166	109906	48670	92663	159905
批发零售业	62131	108093	136177	69604	148887
住宿餐饮业	18127	53449	77790	58959	110506
金融业	19674	26319	50888	34804	145880
房地产业	28280	38854	70144	89015	231670
营利性服务业	36324	136831	138354	135749	440901
非营利性服务业	105880	178798	295528	205602	260860

2-10 各县（市、区）生产总值指数（2015年）

（按可比价计算，以上年为100）

指标名称	全　市	梁园区	睢阳区	民权县	睢　县
生产总值	**108.8**	**108.6**	**108.7**	**109.3**	**108.3**
第一产业	104.5	104.5	104.6	104.5	104.5
第二产业	108.2	107.9	108.6	110.0	108.5
工业	108.4	108.9	108.8	110.1	108.8
建筑业	107.2	106.0	107.6	109.4	107.1
第三产业	112.7	111.1	111.0	111.9	112.0
人均生产总值	108.8	105.3	108.0	109.9	108.2

2-10续 各县（市、区）生产总值指数（2015年）

（按可比价计算，以上年为100）

指标名称	宁陵县	柘城县	虞城县	夏邑县	永城市
生产总值	**108.6**	**108.2**	**109.3**	**109.1**	**108.7**
第一产业	104.3	104.6	104.5	104.5	104.4
第二产业	108.9	106.6	108.7	108.7	107.8
工业	109.0	106.6	108.9	108.6	107.9
建筑业	108.0	106.6	106.8	109.5	105.8
第三产业	111.4	112.7	113.7	113.7	114.4
人均生产总值	109.2	109.2	110.8	109.9	108.9

2-11　各县（市、区）第三产业增加值指数（2015年）

（按可比价计算，以上年为100）

指标名称	全　市	梁园区	睢阳区	民权县	睢　县
第三产业	**112.7**	**111.1**	**111.0**	**111.9**	**112.0**
交通运输、仓储和邮政业	103.2	102.1	102.9	101.7	93.9
批发零售业	109.9	103.7	105.6	110.8	109.3
住宿餐饮业	104.5	107.7	106.6	107.7	113.8
金融业	124.0	118.3	128.5	125.4	151.0
房地产业	110.2	107.6	105.8	110.5	93.7
营利性服务业	124.8	121.6	119.3	115.7	121.4
非营利性服务业	111.8	115.5	111.5	113.5	118.7

2-11续　各县（市、区）第三产业增加值指数（2015年）

（按可比价计算，以上年为100）

指标名称	宁陵县	柘城县	虞城县	夏邑县	永城市
第三产业	**111.4**	**112.7**	**113.7**	**113.7**	**114.4**
交通运输、仓储和邮政业	104.3	102.7	101.1	101.1	113.8
批发零售业	113.9	115.3	112.8	112.5	131.6
住宿餐饮业	107.5	117.0	115.0	107.4	91.8
金融业	125.3	111.9	133.3	132.0	120.3
房地产业	118.3	106.2	115.0	106.1	103.2
营利性服务业	107.0	127.8	117.5	132.0	121.2
非营利性服务业	110.8	107.8	110.3	112.2	113.4

2-12 全省及各省辖市生产总值(2015年)

地区	地区生产总值(亿元)	第一产业增加值	第二产业增加值	第三产业增加值	人均生产总值(元)
全省	**37010.25**	**4209.56**	**18189.36**	**14611.33**	**39131**
郑州市	7315.19	150.96	3625.52	3538.71	77217
开封市	1604.84	285.20	657.84	661.79	35304
洛阳市	3508.75	236.39	1740.66	1531.70	52287
平顶山市	1705.78	167.09	890.21	648.48	34390
安阳市	1884.48	204.58	952.67	727.23	36932
鹤壁市	713.23	61.85	471.41	179.97	44527
新乡市	1982.25	221.70	1004.70	755.85	34688
焦作市	1943.37	136.74	1182.93	623.71	55080
濮阳市	1333.64	157.50	754.49	421.65	36989
许昌市	2170.60	169.84	1280.83	719.93	50150
漯河市	992.85	106.57	624.75	261.53	37997
三门峡市	1260.55	118.47	757.67	384.41	56105
南阳市	2875.02	501.65	1285.06	1088.31	28735
商丘市	**1812.16**	**376.97**	**757.24**	**677.96**	**24940**
信阳市	1877.75	453.86	754.53	669.36	29322
周口市	2082.38	454.02	964.39	663.97	23644
驻马店市	1807.09	402.52	724.25	680.32	26023
济源市	494.41	21.82	330.93	141.65	68054

2-13 分行业法人单位数

单位：个

行业	2011年	2012年	2013年	2014年	2015年
合计	**20956**	**21099**	**29974**	**36232**	**43207**
农、林、牧、渔业	456	458	266	2305	2753
采矿业	9	9	2	2	6
制造业	8040	8149	7031	8567	9467
电力、燃气及水的生产和供应业	92	91	138	165	200
建筑业	324	341	653	795	1246
交通运输、仓储和邮政业	407	402	778	920	1099
信息传输、计算机服务和软件业	55	58	105	157	322
批发和零售业	1854	1892	4344	5203	7703
住宿和餐饮业	219	231	433	470	608
金融业	132	131	101	213	283
房地产业	378	410	777	971	1396
租赁和商务服务业	266	253	857	1066	1641
科学研究、技术服务和地质勘查业	108	99	819	909	1353
水利、环境和公共设施管理业	49	49	162	185	220
居民服务和其他服务业	121	119	351	431	613
教育	1277	1248	3690	3956	4084
卫生、社会保障和社会福利业	422	418	2434	2425	2450
文化、体育和娱乐业	120	122	633	598	774
公共管理和社会组织	6627	6619	6400	6894	6989

注：2013～2015年数据不包含永城市。

2-14 按登记注册类型分组的法人单位数

单位：个

类　　型	2011年	2012年	2013年	2014年	2015年
合　　计	**20956**	**21099**	**29974**	**36232**	**43207**
内资	20922	21066	29947	36204	43172
国有	3095	3077	4237	4620	4652
集体	428	427	1025	1101	1101
股份合作	81	84	125	135	142
联营	24	23	168	168	171
国有联营	5	5	28	28	28
集体联营	9	8	62	59	60
国有与集体联营	2	2	12	13	14
其他联营	8	8	66	68	69
有限责任公司	1055	1159	2437	3511	5520
国有独资公司	6	8	17	18	52
其他有限责任公司	1049	1151	2420	3493	5468
股份有限公司	265	282	459	500	525
私营	10064	10053	11127	13997	17340
私营独资	8243	8201	9382	11767	13953
私营合伙	565	563	486	649	725
私营有限责任公司	967	1005	1067	1321	2272
私营股份有限公司	287	284	192	260	390
其他内资	5910	5961	10369	12172	13721
港澳台商投资	13	13	12	11	17
与港澳台商合资经营	8	8	6	6	6
与港澳台商合作经营			1	1	2
港澳台商独资	5	5	5	4	8
港澳台商投资股份有限公司					1
外商投资	21	20	15	17	18
中外合资经营	7	7	5	4	5
中外合作经营	1	1	1	1	1
外资企业	11	10	7	9	8
外商投资股份有限公司	2	2	1	2	3
其他外商投资			1	1	1

注：2013～2015年数据不包含永城市。

2-15 按机构类型分组的法人单位数（2015年）

单位：个

类型	法人单位数
合计	**43207**
企业	30070
事业单位	5060
机关	881
社会团体	380
民办非企业单位	1043
基金会	2
居委会	194
村委会	4243
其他组织机构	1334

2-16 各县（区）法人单位数（2015年）

单位：个

县（区）	法人单位数
商丘市	**43207**
梁园区	4471
睢阳区	6968
民权县	5172
睢　县	3777
宁陵县	3821
柘城县	4797
虞城县	5806
夏邑县	6867
豫东物流产业集聚区	720
商丘经济开发区	808

2-17 企业“一套表”调查单位数（2015年）

单位：个

项　　目	法人单位数
一、按县（市、区）分组	**2543**
梁园区	366
睢阳区	370
民权县	279
睢　县	264
宁陵县	203
柘城县	258
虞城县	294
夏邑县	323
豫东物流产业集聚区	38
商丘经济开发区	148
二、按行业分组	**2543**
工业	1119
建筑业	198
批零贸易业	453
住宿餐饮业	80
重点服务业	318
房地产业	375

2-18 产业集聚区企业“一套表”调查单位数（2015年）

单位：个

名　　称	法人单位数
合　　计	**1167**
商丘市梁园产业集聚区	146
豫东综合物流集聚区	63
商丘市睢阳产业集聚区	100
民权县产业集聚区	128
睢县产业集聚区	122
宁陵县产业集聚区	109
柘城县产业集聚区	88
虞城县产业集聚区	131
夏邑县产业集聚区	142
商丘经济技术产业集聚区(含商丘经济开发区)	138

2-19 产业集聚区主要经济指标(2015年)

指标名称	计量单位	绝对量	增速（%）
“四上”企业（单位）数	个	1285	36.8
#规模以上工业企业数	个	755	32.9
“四上”企业增加值	万元	6854237	28.5
#规模以上工业企业增加值	万元	5374356	33.1
“四上”企业期末从业人员	人	431070	23.2
固定资产投资项目个数	个	858	7.4
#亿元及以上投资项目个数	个	479	-27.2
固定资产投资项目总额	万元	13067369	8.8
#工业项目投资额	万元	9642250	8.9
企业标准厂房面积	万平方米	3044.5	19.3
#三层以上标准厂房面积	万平方米	1444	25.0

2-20 各产业集聚区主要经济指标(2015年)

单位：万元

名　　称	"四上"企业增加值		规模以上工业增加值		主导产业增加值
	绝对量	增速（%）	绝对量	增速（%）	绝对量
合　　计	**6854237**	**28.5**	**5374356**	**14.3**	**2862130**
商丘经济技术产业集聚区	534380	31.5	280892	19.7	193198
豫东综合物流产业集聚区	229896	79.7	28117	2.7	145188
商丘市梁园产业集聚区	635051	14.8	397085	13.6	232771
商丘市睢阳产业集聚区	466299	18.0	447198	17.4	281109
民权县产业集聚区	700074	15.2	510032	15.0	358654
夏邑县产业集聚区	600455	15.6	514933	15.2	304840
虞城县产业集聚区	679278	15.8	642097	17.5	558432
柘城县产业集聚区	512175	4.2	441200	2.0	262558
宁陵县产业集聚区	483644	28.5	407739	22.5	131292
睢县产业集聚区	554213	9.2	411334	10.3	253752
永城市产业集聚区	1458773	3.1	1302141	12.8	140337

2-20续1 各产业集聚区主要经济指标(2015年)

单位：万元

名称	固定资产投资		主导产业固定资产投资
	绝对量	增速（%）	绝对量
合计	**13067369**	**8.8**	**6466756**
商丘经济技术产业集聚区	1197900	33.0	328810
豫东综合物流产业集聚区	394400	20.2	46044
商丘市梁园产业集聚区	1074000	1.8	200343
商丘市睢阳产业集聚区	1214900	27.2	767580
民权县产业集聚区	1659300	13.5	1104705
夏邑县产业集聚区	1451500	3.5	686400
虞城县产业集聚区	1484400	0.3	1109310
柘城县产业集聚区	965100	-27.8	496494
宁陵县产业集聚区	656900	39.3	232738
睢县产业集聚区	1501200	7.3	971336
永城市产业集聚区	1468000	22.5	522996

2-20续2　各产业集聚区主要经济指标（2015年）

名　　称	“四上”企业从业人员（人）		2014年规上工业R&D经费支出（万元）		规模以上工业总产值能耗（吨标准煤）
	绝对量	增速（%）	绝对量	增速（%）	绝对量
合　　计	**431070**	**23.2**	**61252**	**28.8**	**2806430**
商丘经济技术产业集聚区	38206	90.7	10531	50.9	17327
豫东综合物流产业集聚区	9197	107.8	1615	962.3	6321
商丘市梁园产业集聚区	32777	8.9	6633	14.2	151702
商丘市睢阳产业集聚区	35369	56.0	2837	40.6	46550
民权县产业集聚区	40571	33.0	11960	17.6	29931
夏邑县产业集聚区	56550	32.9	5622	58.2	67595
虞城县产业集聚区	56779	4.4	3249	3.6	18255
柘城县产业集聚区	32535	27.2	3327	29.0	24739
宁陵县产业集聚区	25961	50.4	4634	109.0	36148
睢县产业集聚区	55048	-8.4	5526	55.5	73752
永城市产业集聚区	48077	13.7	5320	-28.2	2334109

2-21　产业集聚区全省排名（2015年）

名　　称	绝对量指数排序		发展指数排序	
	全省位次	比上年增减位次	全省位次	比上年增减位次
商丘经济技术产业集聚区	44	86	18	88
豫东综合物流产业集聚区	115	47	2	16
商丘市梁园产业集聚区	67	—	95	77
商丘市睢阳产业集聚区	49	19	5	40
民权县产业集聚区	61	-11	109	-88
夏邑县产业集聚区	47	-8	57	-9
虞城县产业集聚区	31	-12	86	-81
柘城县产业集聚区	101	-35	156	-56
宁陵县产业集聚区	106	50	1	137
睢县产业集聚区	59	-33	144	-143
永城市产业集聚区	28	-6	104	-6

2-22 商务“两区”主要经济指标(2015年)

单位：万元

名称	增加值		固定资产投资	
	绝对量	增速（%）	绝对量	增速（%）
合　计	**568889**	**198.1**	**1914600**	**222.0**
商丘市商务中心区	22419	-41.3	152000	-41.3
睢县商务中心区	46280	8491.2	165800	8491.2
夏邑县商务中心区	97111	117.1	259300	117.1
梁园区特色商业区	11584	156.1	87900	—
睢阳区特色商业区	12006	113.1	122200	—
民权县特色商业区	27952	102.0	81800	308.9
宁陵县特色商业区	21153	31.6	145300	216.7
柘城县特色商业区	82221	349.3	271400	439.6
虞城县特色商业区	132875	265.6	314100	229.4
永城市商务中心区	115289	250.7	314800	112倍

2-22续 商务“两区”主要经济指标(2015年)

单位：人、个

名　称	从业人员		规上服务业企业个数	
	绝对量	增速（%）	绝对量	增速（%）
合　计	**56523**	**223.1**	**352**	**417.6**
商丘市商务中心区	3229	3.6	4	33.3
睢县商务中心区	7935	594.8	61	1120.0
夏邑县商务中心区	7357	219.9	63	950.0
梁园区特色商业区	995	79.0	5	—
睢阳区特色商业区	907	17.2	4	0.0
民权县特色商业区	1525	22.5	14	7.7
宁陵县特色商业区	1414	19.4	11	83.3
柘城县特色商业区	8307	466.6	62	785.7
虞城县特色商业区	16607	272.4	70	400.0
永城市商务中心区	8247	560.8	58	480.0

2-23 商务“两区”全省排名（2015年）

名称	绝对量指数排序		发展指数排序	
	全省位次	比上年增减位次	全省位次	比上年增减位次
商丘市商务中心区	91	-26	96	16
睢　县商务中心区	26	91	1	136
夏邑县商务中心区	17	46	4	116
梁园区特色商业区	130	36	63	64
睢阳区特色商业区	148	12	116	14
民权县特色商业区	99	39	164	-113
宁陵县特色商业区	70	42	48	54
柘城县特色商业区	16	68	15	47
虞城县特色商业区	8	80	13	40
永城市商务中心区	12	89	11	90

2-24 各县（区）规模以上服务业企业主要经济指标（2015年）

单位：万元

县（区）	企业单位数（个）	流动资产合计	应收帐款	本年折旧	资产总计	负债合计
商丘市	**318**	**1116286**	**104351**	**105036**	**1996760**	**1347515**
梁园区	11	726635	38649	12641	750891	724438
睢阳区	24	36977	4417	29333	309558	121095
民权县	42	19310	2735	2776	55855	12243
睢　县	38	21998	7024	11148	97545	23242
宁陵县	52	157716	5695	4276	225603	159567
柘城县	25	12215	1731	1860	44282	5074
虞城县	39	42531	16826	3868	137077	64654
夏邑县	46	7916	4536	1986	43499	11916
示范区	41	90988	22738	37149	332450	225285

2-24续1 各县（区）规模以上服务业企业主要经济指标（2015年）

单位：万元

县（区）	所有者权益	营业收入	主营业务收入	营业成本	主营业务成本	应交所得税
商丘市	**649245**	**1253903**	**1217593**	**811119**	**957308**	**17814**
梁园区	26453	107185	80034	77367	208440	63
睢阳区	188463	189268	182655	134940	165130	5569
民权县	43612	101142	100696	74805	76268	1093
睢　县	74304	112534	112534	78188	62809	408
宁陵县	66036	92251	92237	65802	84567	346
柘城县	39208	59714	59444	37224	38494	75
虞城县	72423	113396	113396	74194	101716	4418
夏邑县	31583	107210	106670	77914	200852	4520
示范区	107164	371203	369928	190685	19032	1323

2-24续2 各县（区）规模以上服务业企业主要经济指标（2015年）

单位：万元

县（区）	营业税金及附加	主营业税金及附加	销售费用	管理费用	财务费用	营业利润	应交增值税
商丘市	**21746**	**20455**	**84627**	**85400**	**33005**	**232050**	**46677**
梁园区	323	216	988	5137	23034	528	219
睢阳区	1763	1684	12765	17928	1041	17226	9312
民权县	2718	2585	5382	5103	703	13932	2417
睢　县	3324	3324	1816	10927	14	19929	4032
宁陵县	1697	1641	8670	12585	5407	11631	5559
柘城县	1938	1938	66	856	73	20450	1611
虞城县	3353	3353	4579	5300	1269	23717	2934
夏邑县	3449	3449	659	4892	273	20412	1378
示范区	3181	2265	49702	22672	1191	104225	19214

2-24续3 各县（区）规模以上服务业企业主要经济指标（2015年）

单位：万元

县（区）	营业外收入	补贴收入	营业外支出	利润总额	应付职工薪酬	从业人员平均人数
商丘市	**37428**	**7074**	**4287**	**252084**	**168878**	**38908**
梁园区	898	878	23	1343	1763	406
睢阳区	15104	3341	2163	26737	27375	5976
民权县	1431	13	1919	13530	14320	3504
睢　县	1264	1245	10	9341	15108	3234
宁陵县	3		4	11705	10982	2954
柘城县	48	41	13	20450	12993	4154
虞城县	1	1		23718	24860	9561
夏邑县	475	356	125	20641	11214	2915
示范区	18206	1200	29	124621	50264	6204

2-25 分行业规模以上服务业企业主要经济指标（2015年）

单位：万元

行　业	企业单位数（个）	流动资产合计	应收帐款	本年折旧	资产总计	负债合计
总　计	**318**	**1116286**	**104351**	**105036**	**1996760**	**1347515**
道路运输业	106	46081	11603	23061	283376	126111
水上运输业	1	270	168	26	675	252
装卸搬运和运输代理业	6	3676	179	370	8879	3354
仓储业	19	909722	37737	13191	949662	892446
邮政业	1	26026	7046	2300	58802	22107
电信、广播电视和卫星传输服务	8	18344	7657	56339	341468	190292
互联网和相关服务	3	1511	666	82	3627	1465
软件和信息技术服务业	7	5176	1956	91	10760	4005
物业管理	16	5175	993	328	15580	4284
租赁业	14	4223	1009	332	14120	4998
商务服务业	50	53875	24829	3322	150648	49095
研究和试验发展	1	120	15	65	988	100
专业技术服务业	9	1321	152	176	3965	629
科技推广和应用服务业	27	15987	3102	884	37484	8444
生态保护和环境治理业	1	482	73	113	1363	900
公共设施管理业	3	3977	950	1290	37230	8165
居民服务业	5	1083	95	120	4163	663
机动车、电子产品和日用产品修理业	5	1329	515	94	3146	659
其他服务业	4	1104	114	81	1741	372
教育	21	12993	4772	2322	52896	26440
卫生	1	45	3	0	45	45
广播、电视、电影和影视录音制作业	2	154		52	952	7
文化艺术业	4	1892	390	286	11735	1485
娱乐业	2	581	244	53	991	478

2-25续1 分行业规模以上服务业企业主要经济指标（2015年）

单位：万元

行业	所有者权益	营业收入	主营业务收入	营业成本	主营业务成本	应交所得税
总计	**649245**	**1253903**	**1217593**	**811119**	**800362**	**17814**
道路运输业	157265	330670	328865	231512	231209	4858
水上运输业	423	1869	1869	1308	1308	2
装卸搬运和运输代理业	5524	10188	10188	8095	8095	95
仓储业	57215	207099	178630	163471	159751	464
邮政业	36695	72968	72968	57116	57116	44
电信、广播电视和卫星传输服务	151176	342831	338363	169061	164009	5290
互联网和相关服务	2161	3053	3053	1894	1894	213
软件和信息技术服务业	6754	6479	6479	3556	3556	155
物业管理	11297	20559	20559	12939	12939	457
租赁业	9122	14217	14217	8949	8949	448
商务服务业	101553	90594	90147	46062	44809	4493
研究和试验发展	888	542	542	456	456	17
专业技术服务业	3336	11574	11574	8285	8285	180
科技推广和应用服务业	29040	45451	45451	35392	35392	496
生态保护和环境治理业	462	1288	1288	1191	1191	19
公共设施管理业	29065	17970	17970	6145	6145	5
居民服务业	3501	6585	6585	4603	4603	90
机动车、电子产品和日用产品修理业	2486	5756	5486	3700	3700	113
其他服务业	1369	4453	4453	2871	2871	8
教育	26455	47157	47157	35233	35233	233
卫生		86	86	26	26	
广播、电视、电影和影视录音制作业	945	2610	2610	2042	2042	3
文化艺术业	10250	5037	4184	3407	2978	50
娱乐业	513	1752	1752	1232	1232	63

2-25续2　分行业规模以上服务业企业主要经济指标（2015年）

单位：万元

行　业	营业税金及附加	主营业税金及附加	销售费用	管理费用	财务费用	营业利润	应交增值税
总　计	**21746**	**20455**	**84627**	**85400**	**33005**	**232050**	**46677**
道路运输业	10742	10545	9237	23812	823	54419	10339
水上运输业	19	19	4	4	2	532	21
装卸搬运和运输代理业	490	490	132	242	12	1218	303
仓储业	499	493	2316	9684	27453	7168	792
邮政业	85	85		7543	58	8166	92
电信、广播电视和卫星传输服务	1147	286	55280	13540	613	97297	27100
互联网和相关服务	136	136	134	137	9	875	100
软件和信息技术服务业	204	169	590	537	96	1506	372
物业管理	541	541	451	1835	150	5541	379
租赁业	554	528	752	824	78	3534	229
商务服务业	4326	4192	8340	12891	1872	24859	3184
研究和试验发展	30	26	30	30	30	739	15
专业技术服务业	311	282	121	1639	262	1231	75
科技推广和应用服务业	543	543	660	1310	223	7370	773
生态保护和环境治理业	11	11		86	64	-64	44
公共设施管理业	525	525	2822	2676	125	6867	
居民服务业	84	84	1249	1025	51	845	564
机动车、电子产品和日用产品修理业	189	189	144	507	224	1107	156
其他服务业	204	204	113	155	128	1031	0
教育	818	818	480	4967	346	5572	1177
卫生			35	23	3		
广播、电视、电影和影视录音制作业	77	76	547	471	327	318	247
文化艺术业	68	68	557	592	45	1032	260
娱乐业	47	47	11	14	1	447	33

2-25续3 分行业规模以上服务业企业主要经济指标（2015年）

单位：万元

行　业	营业外收入	补贴收入	营业外支出	利润总额	应付职工薪酬	从业人员平均人数（人）
总　计	**37428**	**7074**	**4287**	**252084**	**168878**	**38908**
道路运输业	1556	99	106	46736	58156	16568
水上运输业				532	53	25
装卸搬运和运输代理业				1218	1271	397
仓储业	6915	6796	14	9254	4600	965
邮政业				8166	23769	1700
电信、广播电视和卫星传输服务	28573		2085	123835	31008	2783
互联网和相关服务				875	553	289
软件和信息技术服务业				1501	1039	316
物业管理				6957	2144	768
租赁业				3653	2419	1048
商务服务业			1783	24561	11454	3547
研究和试验发展	127		127	739	218	62
专业技术服务业				1059	1631	426
科技推广和应用服务业	210	157	53	7627	6009	1576
生态保护和环境治理业	20		22	-67	189	62
公共设施管理业				4588	1927	596
居民服务业				845	1039	398
机动车、电子产品和日用产品修理业				1107	637	315
其他服务业				888	1074	278
教育	1	1		5939	17779	6126
卫生					41	20
广播、电视、电影和影视录音制作业	22	22		318	296	104
文化艺术业	6		99	866	848	285
娱乐业				447	256	82

主要指标解释

国内生产总值（GDP）是按市场价格计算的生产活动的最终成果。在实际核算中，国内生产总值有三种计算方法，即生产法、收入法和支出法。三种方法分别从不同的方面反映国内生产总值及其构成。

可比价格 指计算各种总量指标所采用的扣除了价格变动因素的价格，可进行不同时期总量指标的对比。按可比价格计算总量指标有两种方法：一种是直接用产品产量乘某一年的不变价格计算；另一种是用价格指数进行缩减。

不变价格 指以同类产品某年的平均价格作为固定价格，用于计算各年的产品价值。按不变价格计算的产品价值消除了价格变动因素，不同时期对比可以反映生产的发展速度。新中国成立后，随着工农业产品价格水平的变化，国家统计局先后五次制定了全国统一的工业产品不变价格和农业产品不变价格。从1952年到1957年使用1952年工（农）业产品不变价格，从1957年到1970年使用1957年不变价格，从1971年到1980年使用1970年不变价格，从1981年到1990年使用1980年不变价格，从1991年开始使用1990年不变价格。

平均增长速度 我国计算平均增长速度有两种方法：一种是习惯上经常使用的“水平法”，又称几何平均法，是以间隔期最后一年的水平同基期水平对比来计算平均每年增长（或下降）速度；另一种是“累计法”，又称代数平均法或方程法，是以间隔期内各年水平的总和同基期水平对比来计算平均每年增长（或下降）速度。在一般正常情况下，两种方法计算的平均每年增长速度比较接近；但在经济发展不平衡、出现大起大落时，两种方法计算的结果差别较大。本《年鉴》内所列的平均增长速度，除固定资产投资用“累计法”计算外，其余均用“水平法”计算。从某年到某年平均增长速度的年份，均不包括基期年在内。如建国四十三年的平均增长速度是以1949年为基期计算的，则写为1950–1992年平均增长速度，其余类推。

国民经济行业分类 自2003年定期报表开始使用新的《国民经济行业分类》（GB/T4754–2002）。该分类是由国家统计局组织修订，经国家质量监督检验检疫总局批准，于2002年5月10日发布实施。这次修订是在1994年分类标准的基础上，参照联合国《全部经济活动的国际标准产业分类》（ISIC/Rev.3）进行的。修订后的《国民经济行业分类》（GB/T4754–2002）共有门类20个，大类95个，中类396个，小类913个。新增门类4个，大类增加3个，中类增加28个，小类增加67个。

企业（单位）登记注册类型 是以在工商行政管理机关登记注册的各类企业为划分对象，以工商行政管理部门对企业登记注册的类型为依据，将企业登记注册类型分为内资企业、港澳台商投资企业和外商投资企业三大类。内资企业包括国有企业、集体企业、股份合作企业、联营企业、有限责任公司、股份有限公司、私营公司和其他企业；港澳台商投资企业和外商投资企业分别包括合资经营企业、合作经营企业、独资经营企业和股份有限公司。对不在工商行政管理部门进行登记注册的行政机关、事业单位和社会团体，主要按其经费来源和管理方式进行划分。

国有企业 指企业全部资产归国家所有，并按《中华人民共和国企业法人登记管理条例》规定登记注册的非公司制的经济组织。不包括有限责任公司中的国有独资公司。

集体企业 指企业资产归集体所有，并按《中华人民共和国企业法人登记管理条例》规定登记注册的经济组织。

股份合作企业 指以合作制为基础，由企业职工共同出资入股，吸收一定比例的社会资产投资组建，实行自主经营，自负盈亏，共同劳动，民主管理，按劳分配与按股分红相结合的一种集体经济组织。

联营企业 指两个及两个以上相同或不同所有制性质的企业法人或事业单位法人，按自愿、平等、互利的原则，共同投资组成的经济组织。联营企业包括国有联营企业、集体联营企业、国有与集体联营企业和其他联营企业。

有限责任公司 指根据《中华人民共和国公司登记管理条例》规定登记注册，由两个以上、五十个以下的股东共同出资，每个股东以其所认缴的出资额对公司承担有限责任，公司以其全部资产对其债务承担责任的经济组织。有限责任公司包括国有独资公司以及其他有限责任公司。

股份有限公司 指根据《中华人民共和国公司登记管理条例》规定登记注册，其全部注册资本由等额股份构成并通过发行股票筹集资本，股东以其认购的股份对公司承担有限责任，公司以其全部资产对其债务承担责任的经济组织。

私营企业 指由自然人投资设立或由自然人控股，以雇佣劳动为基础的营利性经济组织。包括按照《公司法》、《合伙企业法》、《私营企业暂行条例》规定登记注册的私营有限责任公司、私营股份有限公司、私营合伙企业和私营独资企业。

其他内资企业 指上述企业之外的其他内资经济组织。

与港澳台商合资经营企业 指港澳台地区投资者与内地企业依照《中华人民共和国中外合资经营企业法》及有关法律的规定，按合同规定的比例投资设立、分享利润和分担风险的企业。

与港澳台商合作经营企业 指港澳台地区投资者与内地企业依照《中华人民共和国中外合作经营企业法》及有关法律的规定，依照合作合同的约定进行投资或提供条件设立、分配利润和分担风险的企业。

港澳台商独资经营企业 指依照《中华人民共和国外资企业法》及有关法律的规定，在内地由港澳台地区投资者全额投资设立的企业。

港澳台商投资股份有限公司 指根据国家有关规定，经外经贸部依法批准设立，其中港、澳、台商的股本占公司注册资本的比例达25%以上的股份有限公司。凡其中港、澳、台商的股本占公司注册资本的比例小于25%的，属于内资企业中的股份有限公司。

中外合资经营企业 指外国企业或外国人与中国内地企业依照《中华人民共和国中外合资经营企业法》及有关法律的规定，按合同规定的比例投资设立、分享利润和分担风险的企业。

中外合作经营企业 指外国企业或外国人与中国内地企业依照《中华人民共和国中外合作经营企业法》及有关法律的规定，依照合作合同的约定进行投资或提供条件设立、分配利润和分担风险的企业。

外资企业 指依照《中华人民共和国外资企业法》及有关法律的规定，在中国内地由外国投资者全额投资设立的企业。

外商投资股份有限公司 指根据国家有关规定，经外经贸部依法批准设立，其中外资的股本占公司注册资本的比例达25%以上的股份有限公司。凡其中外资股本占公司注册资本的比例小于25%的，属于内资企业中的股份有限公司。

行政机关、事业单位和社会团体 参照企业登记注册类型，主要按其经费来源和管理方式划分。具体规定如下：

⑴行政机关：包括国家机关和政党机关，原则上均列为“国有”。但有特殊规定的，如供销社等，则列为“集体”。

⑵事业单位：包括经国家机构编制部门和有关业务主管部门批准成立的各类事业单位，不包括实行企业化管理的事业单位。事业单位的划分办法如下：

①由国家财政预算拨款或列入财政预算外资金管理以及经费主要来源于国有主管部门或国有上级单位的事业单位，列为“国有”。

②经费主要来源于集体单位的事业单位，列为“集体”。

③公民个人（或个人合伙）开办的事业单位，列为“私营”。

④上述以外的其他事业单位，如果其经费来源不明确，按管理方式进行归类。

⑶社会团体：包括经民政部门批准成立以及未纳入社会团体管理条例范围的工会、妇联等各类社会团体。社会团体的划分办法如下：

①未纳入民政部社会团体管理条例范围的工会、妇联、共青团、青联、工商联、科协、侨联等社会团体，国家拨款设立的基金会或基金管理组织以及经费主要来源于国有业务主管部门或国有上级单位的社会团体，列为“国有”。

②经费主要来源于集体单位的社会团体，列为“集体”。

③公民个人（或个人合伙）开办的社会团体，划为“私营”。

④上述以外的其他社会团体，如果其经费来源不明确，改按管理方式进行归类。

法人单位 指具备：

⑴依法成立、有自己的名称、组织机构和场所、能够独立承担民事责任；

⑵独立拥有和使用（或授权使用）资产、承担负债、有权与其它单位签订合同；

⑶会计上独立核算、能够编制资产负债表。法人单位包括企业法人、事业单位法人、机关法人、会团体法人和其他法人。

产业活动单位 是法人单位的附属单位。产业活动单位应具备下列条件：

⑴在一个场所从事一种或主要从事一种社会经济活动；

⑵相对独立组织生产经营和业务活动；

⑶能够掌握收入和支出等业务核算资料。

人　口

● 资料整理：谢　岚

3-1 总人口及人口自然变动情况

单位：万人

年份	总人口	按性别分		常住人口	按城乡分		城镇化率（%）	出生人口数	出生率（‰）	死亡率（‰）	自然增长率（‰）
		男	女		城镇	乡村					
2000	796	410	386					11.25	14.17	5.89	8.28
2001	803	414	389					10.90	13.66	5.80	7.86
2002	807	421	386					8.47	10.49	5.08	5.41
2003	811	420	391					7.96	9.82	5.39	4.43
2004	814	417	397				23.7	6.98	9.58	5.54	4.04
2005	817	417	400	761	199	562	26.1	7.64	9.35	5.28	4.07
2006	821	416	405	765	215	550	28.1	7.89	9.62	5.11	4.51
2007	824	416	408	764	230	534	30.1	8.06	9.78	5.18	4.6
2008	828	426	402	777	245	532	31.5	8.32	10.04	5.2	4.84
2009	832	436	396	781	261	520	33.4	8.37	10.05	5.2	4.85
2010	886	460	426	735	219	516	29.8	9.75	11.00	5.53	5.47
2011	891	468	422	736	232	504	31.5	9.45	10.61	5.62	4.99
2012	895	449	447	732	245	487	33.5	9.32	10.41	5.42	4.99
2013	900	451	449	728	255	473	35.0	9.35	10.45	5.70	4.75
2014	905	455	450	726	265	461	36.5	9.88	10.92	5.73	5.19
2015	909	458	451	727	278	449	38.23	10.11	11.17	5.35	5.91

注：1. 2000年、2010年数据为当年人口普查数据，其余年份为年度人口抽样调查测算数据。
2. 从2004年开始人口与城镇化抽样调查工作，2004年前无城镇化率、常住人口数据。
3. 以上数据包含永城市。

3-2 各县(市、区)总人口(2015年底)

县(市、区)	总人口(万人)	按性别分	
		男	女
商丘市	**909.47**	**458.40**	**451.07**
梁园区	62.34	31.59	30.75
睢阳区	85.23	43.57	41.66
示范区	24.24	12.33	11.92
民权县	91.60	45.58	46.02
睢　县	87.60	44.23	43.37
宁陵县	65.45	33.14	32.31
柘城县	102.89	51.72	51.16
虞城县	113.96	56.61	57.34
夏邑县	121.21	61.61	59.60
永城市	154.94	78.03	76.91

注：此表数据为2015年人口与城镇化抽样调查年底数据。

3-3 各县(市、区)常住人口(2015年底)

县(市、区)	常住人口(万人)	按性别分		按城乡分	
		男	女	城镇人口	乡村人口
商丘市	**727.39**	**366.63**	**360.76**	**278.10**	**449.29**
梁园区	62.98	31.91	31.07	30.46	32.52
睢阳区	86.01	43.97	42.04	37.29	48.72
示范区	25.17	12.80	12.37	14.02	11.15
民权县	71.28	35.47	35.81	23.26	48.02
睢　县	66.85	33.75	33.10	22.29	44.56
宁陵县	50.55	25.60	24.95	15.66	34.89
柘城县	68.21	34.29	33.92	22.25	45.96
虞城县	86.71	43.08	43.63	29.39	57.32
夏邑县	87.05	44.25	42.80	30.91	56.14
永城市	122.58	61.73	60.85	52.59	69.99

注：此表数据为2015年人口与城镇化抽样调查测算数据。

3-4 各县(市、区）人口变动情况（2015年底）

县(市、区)	出生率(‰)	出生人口(万人)	死亡率(‰)	死亡人口(万人)	自然增长率(‰)
商丘市	**11.17**	**10.11**	**5.91**	**5.34**	**5.26**
梁园区	10.97	0.68	5.75	0.36	5.22
睢阳区	11.08	0.94	5.87	0.50	5.21
示范区	10.80	0.26	5.64	0.13	5.16
民权县	11.01	1.00	5.89	0.54	5.12
睢　县	10.96	0.96	5.78	0.50	5.18
宁陵县	10.88	0.71	5.75	0.37	5.13
柘城县	10.88	1.11	5.75	0.59	5.13
虞城县	11.10	1.27	5.85	0.66	5.25
夏邑县	10.97	1.32	5.84	0.70	5.13
永城市	12.07	1.86	6.38	0.98	5.69

注：此表数据为2015年人口与城镇化抽样调查测算数据。

3-5 各县（市、区）常住人口年龄结构（2015年底）

县(市、区)	常住人口数（万人）				占常住人口比重（%）		
	合计	0-14岁	15-64岁	65岁及以上	0-14岁	15-64岁	65岁及以上
商丘市	**727.39**	**152.53**	**501.32**	**73.54**	**20.97**	**68.92**	**10.11**
梁园区	62.98	11.41	46.38	5.19	18.12	73.64	8.24
睢阳区	86.01	14.20	64.78	7.03	16.51	75.32	8.17
示范区	25.17	3.61	19.85	1.71	14.38	78.86	6.78
民权县	71.28	15.88	48.44	6.96	22.28	67.96	9.76
睢　县	66.85	14.70	45.34	6.81	21.99	67.83	10.18
宁陵县	50.55	10.73	34.76	5.06	21.23	68.76	10.01
柘城县	68.21	14.67	44.52	9.02	21.51	65.27	13.23
虞城县	86.71	19.80	58.64	8.26	22.84	67.63	9.53
夏邑县	87.05	18.79	58.33	9.92	21.59	67.01	11.40
永城市	122.58	29.28	79.49	13.80	23.89	64.85	11.26

注：此表数据为2015年人口与城镇化抽样调查测算数据。

3-6 全省及各省辖市户数、人口数(2015年底)

地 区	总户数（万户）	总人口（万人）	常住人口（万人）
全 省	**3209**	**10722**	**9480**
郑州市	216	770	957
开封市	170	517	454
洛阳市	215	700	674
平顶山市	157	544	496
安阳市	181	582	512
鹤壁市	49	163	161
新乡市	177	607	572
焦作市	101	371	353
濮阳市	123	392	361
许昌市	152	490	434
漯河市	80	279	263
三门峡市	74	229	225
南阳市	384	1183	1002
商丘市	**282**	**909**	**727**
信阳市	246	870	640
周口市	330	1142	881
驻马店市	255	905	696
济源市	20	70	73

主要指标解释

常住人口 指实际居住在某地区一定时间（半年以上）的人口。包括：居住在本乡镇街道、户口在本乡镇街道或户口待定的人；居住在本乡镇街道、离开户口所在的乡镇街道半年以上的人；户口在本乡镇街道、外出不满半年或在境外工作学习的人。

出生率（又称粗出生率） 指在一定时期内（通常为一年）平均每千人所出生的人数的比率，一般用千分率表示。计算公式为：

出生率 = 年出生人数 / 年平均人数 ×1000‰

死亡率（又称粗死亡率） 指在一定时期内（通常为一年）一定地区的死亡人数与同期平均人数（或期中人数）之比，一般用千分率表示。计算公式为：

死亡率 = 年死亡人数 / 年平均人数 ×1000‰

人口自然增长率 指在一定时期内（通常为一年）人口自然增加数（出生人数减死亡人数）与该时期内平均人数（或期中人数）之比，一般用千分率表示。计算公式为：

人口自然增长率 =（本年出生人数 - 本年死亡人数）/ 年平均人数 ×1000‰ = 人口出生率 - 人口死亡率

城镇非私营单位从业人员和工资

● 资料整理：陈 亮 刘梦倩

4-1 全市及市区从业人员

单位:人

年 份	从业人员	城镇职工人数	国有单位	城镇集体单位	其他类型单位	第一产业	第二产业	第三产业
一、全市								
2003	4842500	379487	248264	83198	48025	3225000	800100	817400
2004	4812300	379910	251217	73772	54921	3066300	846400	899500
2005	4907300	382431	250345	74328	57758	3040100	907000	960200
2006	4949500	376294	237108	75305	63881	3062600	923800	963100
2007	4939889	369411	235527	70874	63010	2787314	1121330	1031245
2008	5011882	370405	229151	58907	82347	2789960	1150665	1071257
2009	5028914	376119	242761	23269	110089	2637929	1256959	1040831
2010	5056353	384553	252215	27398	104940	2359770	1502876	1193707
2011	5066112	411954	257498	31072	131307	2290590	1561949	1213573
2012	5129300	420290	257562	31732	130996	2244873	1607393	1277034
2013	5223922	555845	246393	20311	289141	2232865	1652901	1338156
2014	5336801	564789	233779	17946	313064	2270307	1740981	1325513
2015	5614469	702036	210172	18507	371773	2295050	1658812	1660607
二、市区								
2003	740000	126189	88258	20939	16992	530000	80000	130000
2004	752600	123397	87422	18006	17969	480300	116700	155600
2005	772094	123986	90701	15813	17472	530001	95479	146614
2006	767230	123471	89107	16196	18168	549600	104000	156200
2007	777351	124897	90275	15942	18680	447612	166905	162834
2008	792620	124073	81723	4061	38289	449024	171035	172561
2009	799952	132057	74226	3049	54782	441217	180491	178244
2010	851906	134910	75700	3094	56116	437461	186310	228135
2011	889119	148165	78280	4510	65375	408030	205039	276050
2012	890964	142487	77196	4763	60528	394929	211158	284877
2013	911773	178291	55837	3374	119080	390405	216090	305278
2014	932753	178341	49916	1445	128628	388605	228870	315278
2015	1210520	198021	41938	2100	153983	23320	413965	773235

4-2 城镇非私营单位在岗职工工资

年 份	在岗职工工资总额(千元)	国有单位	集体单位	其他单位	在岗职工平均工资(元)
2000	2066540	1429163	428513	208864	5097
2001	2178274	1508348	452759	217167	5611
2002	2297495	4562542	406874	328079	6164
2003	2595980	1746706	446584	402690	6921
2004	3274658	2019357	512356	742945	8739
2005	3847619	2262330	590284	995005	10197
2006	4616190	2617988	726028	1272174	12350
2007	6178759	3602944	1023281	1552534	16879
2008	6945564	4010267	1061781	1873516	18770
2009	8091828	5080345	386070	2625413	21652
2010	9332292	5979550	483648	2869094	24256
2011	11078068	6424997	647038	4006033	27047
2012	12688524	7301057	757614	4629853	31162
2013	18012788	8791049	651592	8570147	36815
2014	22190347	9448330	653253	12088764	40441
2015	26925271	9092075	854736	13101453	43695

4-3 城镇非私营单位从业人员数（2015年）

单位：人

项目	单位从业人员年末人数	#女性	其中：非全日制	在岗职工	劳务派遣人员	其他从业人员	单位从业人员平均人数	在岗职工
全部合计（不含永城）	**600452**	**246426**	**5369**	**555020**	**16697**	**28735**	**576738**	**532215**
一、按执行会计标准类型分组								
1. 企业	401124	161834	5288	362741	16584	21799	380545	343095
2. 事业	140087	65916		134482	82	5523	138221	132462
3. 机关	55898	17182	9	54540	31	1327	54716	53490
4. 民间非营利组织	411	275		411			397	397
5. 其他	2932	1219	72	2846		86	2859	2771
二、按国民经济行业分组								
（一）农、林、牧、渔业	620	261		614		6	596	590
1. 农业	119	53		119			108	108
2. 林业	12	7		12			12	12
3. 畜牧业	128	43		128			128	128
4. 渔业	2			2			2	2
5. 农、林、牧、渔服务业	359	158		353		6	346	340
（三）制造业	191324	101461	553	184311	2356	4657	184657	177193
1. 农副食品加工业	14856	7331	83	14351	40	465	14277	13828
2. 食品制造业	16598	9423	50	15819	405	374	15604	14768
3. 酒、饮料和精制茶制造业	7925	3389	75	7463	352	110	7752	7285
4. 纺织业	15372	9837	110	15004	100	268	14959	14605
5. 纺织服装、服饰业	42209	28657	5	40621	563	1025	40653	39090
6. 皮革、毛皮、羽毛及其制品和制鞋业	12963	8166	12	12844	53	66	12447	12304
7. 木材加工和木、竹、藤、棕、草制品业	3128	1128	12	3038	25	65	3072	2984
8. 家具制造业	442	129		442			440	440
9. 造纸和纸制品业	4794	1696		4791		3	4667	4664
10. 印刷和记录媒介复制业	1349	726	2	1279	35	35	1266	1196
11. 文教、工美、体育和娱乐用品制造业	2433	1466		2313	7	113	2300	2164
12. 化学原料和化学制品制造业	4369	960	1	4250	35	84	4007	3878

4-3续1 城镇非私营单位从业人员数（2015年）

单位：人

项　　目	单位从业人员年末人　数	#女性	#单位负责人	在岗职工	劳务派遣人员	其他从业人员	单位从业人员平均人　数	在岗职工
13. 医药制造业	8370	4802	3	8265	42	63	8033	7923
14. 橡胶和塑料制品业	6239	2614	175	6003	26	210	6042	5779
15. 非金属矿物制品业	11255	4447		10924	129	202	11000	10745
16. 黑色金属冶炼和压延加工业	2134	717		2124		10	2118	2093
17. 有色金属冶炼和压延加工业	427	128		427			421	421
18. 金属制品业	2488	762		2485		3	2424	2403
19. 通用设备制造业	3697	1171		3307	64	326	3381	2991
20. 专用设备制造业	2216	610	15	2126	9	81	2044	1948
21. 汽车制造业	2733	1119	2	2641	22	70	2592	2498
22. 铁路、船舶、航空航天和其他运输设备制造业	4270	1557		4213	17	40	4067	4005
23. 电气机械和器材制造业	8863	3445	8	7514	396	953	8957	7166
24. 计算机、通信和其他电子设备制造业	6427	4407		6412	10	5	6465	6450
25. 仪器仪表制造业	4755	2344		4664	15	76	4708	4625
26. 其他制造业	291	98		291			248	248
27. 废弃资源综合利用业	721	332		700	11	10	713	692
（四）电力、热力、燃气及水生产和供应业	7716	2594		7584	131	1	7769	7636
1. 电力、热力生产和供应业	5284	1499		5152	131	1	5354	5221
2. 燃气生产和供应业	335	133		335			335	335
3. 水的生产和供应业	2097	962		2097			2080	2080
（五）建筑业	90541	12461	1742	72496	9650	8395	84601	67159
1. 房屋建筑业	65208	8890	1219	50742	8135	6331	60597	46501
2. 土木工程建筑业	19395	3030	336	17028	741	1626	18689	16548
3. 建筑安装业	889	113	13	479	312	98	827	404
4. 建筑装饰和其他建筑业	5049	428	174	4247	462	340	4488	3706
（六）批发和零售业	39868	17031	2134	35344	1647	2877	35524	31729
1. 批发业	17595	6552	1285	15416	560	1619	15877	14043
2. 零售业	22273	10479	849	19928	1087	1258	19647	17686

4-3续2 城镇非私营单位从业人员数（2015年）

单位：人

项目	单位从业人员年末人数	#女性	#单位负责人	在岗职工	劳务派遣人员	其他从业人员	单位从业人员平均人数	在岗职工
（七）交通运输、仓储和邮政业	21196	7271	20	19370	1415	411	20459	18536
1.道路运输业	15709	4823	20	15289	54	366	15030	14642
2.水上运输业	25	4		25			24	24
3.装卸搬运和运输代理业	342	53		336		6	293	287
4.仓储业	2224	766		2185		39	2201	2059
5.邮政业	2896	1625		1535	1361		2911	1524
（八）住宿和餐饮业	4749	2899	530	4095	6	648	4380	3824
1.住宿业	2871	1743	449	2342		529	2669	2215
2.餐饮业	1878	1156	81	1753	6	119	1711	1609
（九）信息传输、软件和信息技术服务业	5702	2458		4689	946	67	5529	4262
1.电信、广播电视和卫星传输服务	4912	2134		3996	909	7	4952	3776
2.互联网和相关服务	433	176		346	32	55	257	176
3.软件和信息技术服务业	357	148		347	5	5	320	310
（十）金融业	9037	4353		8568	61	408	8944	8479
1.货币金融服务	5248	1943		5210	30	8	5198	5162
2.资本市场服务	4	1		4			4	4
3.保险业	3776	2406		3345	31	400	3733	3304
4.其他金融业	9	3		9			9	9
（十一）房地产业	20127	5983	363	16239	371	3517	19481	15439
（1）房地产开发经营	18490	5305	363	14612	366	3512	18060	14028
（2）物业管理	862	340		852	5	5	762	752
（3）房地产中介服务	286	95		286			245	245
（十二）租赁和商务服务业	4669	1891	18	4646		23	3907	3855
1.租赁业	932	228	3	929		3	618	615
2.商务服务业	3737	1663	15	3717		20	3289	3240
（十三）科学研究和技术服务业	2977	1084		2900		72	2554	2481
1.研究和试验发展	302	136		302			300	300
2.专业技术服务业	1168	430		1168			1065	1065

4-3续3　城镇非私营单位从业人员数（2015年）

单位：人

项　目	单位从业人员年末人数	#女性	其中：非全日制	在岗职工	劳务派遣人员	其他从业人员	单位从业人员平均人数	在岗职工
3.科技推广和应用服务业	1507	518		1430	5	72	1189	1116
（十四）水利、环境和公共设施管理业	6153	2212		4805		1348	5062	4226
1.水利管理业	1437	399		1237		200	1299	1102
2.生态保护和环境治理业	425	96		425			397	397
3.公共设施管理业	4291	1717		3143		1148	3366	2727
（十五）居民服务、修理和其他服务业	1036	331		1035		1	858	857
1.居民服务业	530	183		529		1	452	451
2.机动车、电子产品和日用产品修理业	320	68		320			239	239
3.其他服务业	186	80		186			167	167
（十六）教育	87486	42829		84513	74	2899	86978	83686
（1）初等教育	18711	10669		18542		169	18655	18474
（2）中等教育	62830	29121		60181	19	2630	62478	59528
（3）高等教育	2192	1122		2143		49	2189	2137
（十七）卫生和社会工作	37770	20272		35385		2385	37004	34741
1.卫生	37413	20065		35029		2384	36647	34385
2.社会工作	357	207		356		1	357	356
（十八）文化、体育和娱乐业	2205	871		2173	4	28	2081	2052
1.新闻和出版业	209	89		209			208	208
2.广播、电视、电影和影视录音制作业	398	165		398			364	364
3.文化艺术业	1215	445		1183	4	28	1131	1102
4.体育	15	2		15			15	15
5.娱乐业	368	170		368			363	363
（十九）公共管理、社会保障和社会组织	67276	20164	9	66253	31	992	66354	65470
（1）中国共产党机关	992	253		989		3	968	965
（2）国家机构	63858	18850	9	62838	31	989	62988	62111
（3）人民政协、民主党派	408	101		408			405	405
（4）社会保障	782	322		782			771	771
（5）群众团体、社会团体和其他成员组织	1236	638		1236			1222	1218

4-4　城镇非私营单位从业人员工资总额和平均工资（2015年）

单位：千元、元

项　　目	单位从业人员工资总　额	在岗职工工资总　额	劳务派遣人员工资总额	其他从业人员工资总额	在岗职工平均工资（含劳务派遣）
全部合计（不含永城）	**24630535**	**23048264**	**608377**	**973894**	**43083**
一、按执行会计标准类型分组					
1. 企业	15602380	14238760	606396	757224	41255
2. 事业	6670154	6495393	1105	173656	49014
3. 机关	2225818	2183852	876	41090	40806
4. 民间非营利组织	14254	14254			35904
5. 其他	117929	116005		1924	41804
二、按国民经济行业分组					
（一）农、林、牧、渔业	27940	27748	144	48	47275
1. 农业	4602	4602			42611
2. 林业	291	291			24250
3. 畜牧业	5433	5433			42445
4. 渔业	92	92			46000
5. 农、林、牧、渔服务业	17522	17330	144	48	51394
（三）制造业	7206069	6942150	95113	168806	39173
1. 农副食品加工业	509514	491035	1477	17002	35522
2. 食品制造业	646793	617940	14368	14485	41607
3. 酒、饮料和精制茶制造业	337732	316764	17914	3054	43817
5. 纺织业	518599	504848	2955	10796	34523
6. 纺织服装、服饰业	1696602	1621599	25168	49835	41512
7. 皮革、毛皮、羽毛及其制品和制鞋业	478344	473269	1750	3325	38423
8. 木材加工和木、竹、藤、棕、草制品业	135425	131683	1269	2473	44199
9. 家具制造业	14070	14070			31977
10. 造纸和纸制品业	176671	176578		93	37860
11. 印刷和记录媒介复制业	41654	39807	860	987	33036
12. 文教、工美、体育和娱乐用品制造业	80047	76441	203	3403	35304
14. 化学原料和化学制品制造业	167881	164444	1333	2104	42258

4-4续1 城镇非私营单位从业人员工资总额和平均工资（2015年）

单位：千元、元

项 目	单位从业人员工资总额	在岗职工工资总额	劳务派遣人员工资总额	其他从业人员工资总额	在岗职工平均工资（含劳务派遣）
15.医药制造业	308284	303445	1486	3353	38255
17.橡胶和塑料制品业	262434	250909	1500	10025	43451
18.非金属矿物制品业	430363	417121	6047	7195	38980
19.黑色金属冶炼和压延加工业	99342	98622		720	47120
20.有色金属冶炼和压延加工业	23653	23653			56183
21.金属制品业	81521	81042	240	239	33685
22.通用设备制造业	119464	106145	2071	11248	35411
23.专用设备制造业	70482	67990	533	1959	34979
24.汽车制造业	98492	96241	384	1867	38328
25.铁路、船舶、航空航天和其他运输设备制造业	165646	161612	779	3255	40326
26.电气机械和器材制造业	313385	282095	13155	18135	38905
27.计算机、通信和其他电子设备制造业	230212	229212	600	400	35575
28.仪器仪表制造业	163656	160924	431	2301	34760
29.其他制造业	8683	8683			35012
30.废弃资源综合利用业	27120	25978	590	552	37792
（四）电力、热力、燃气及水生产和供应业	430528	419329	11147	52	55417
1.电力、热力生产和供应业	349928	338729	11147	52	65361
2.燃气生产和供应业	11685	11685			34881
3.水的生产和供应业	68915	68915			33132
（五）建筑业	3631863	3001303	335142	295418	43549
1.房屋建筑业	2649437	2128074	280642	240721	44266
2.土木工程建筑业	776649	707801	28920	39928	42445
3.建筑安装业	31841	21609	4435	5797	37636
4.建筑装饰和其他建筑业	173936	143819	21145	8972	39750
（六）批发和零售业	1314564	1209102	46114	59348	37664
1.批发业	658367	602715	20382	35270	42660
2.零售业	656197	606387	25732	24078	33765

4-4续2　城镇非私营单位从业人员工资总额和平均工资（2015年）

单位：千元、元

项　　目	单位从业人员工资总　额	在岗职工工资总　额	劳务派遣人员工资总额	其他从业人员工资总额	在岗职工平均工资（含劳务派遣）
（七）交通运输、仓储和邮政业	843475	768466	42978	32031	40584
1. 道路运输业	593381	572966	2626	17789	39135
2. 水上运输业	532	532			22167
3. 装卸搬运和运输代理业	10961	10735		226	37404
4. 仓储业	132459	118141	302	14016	57385
5. 邮政业	106142	66092	40050		36462
（八）住宿和餐饮业	156738	141053	150	15535	36858
1. 住宿业	100070	86990		13080	39273
2. 餐饮业	56668	54063	150	2455	33548
（九）信息传输、软件和信息技术服务业	318490	259308	57480	1702	58244
1. 电信、广播电视和卫星传输服务	297219	240634	56314	271	60404
2. 互联网和相关服务	9892	7537	1056	1299	41313
3. 软件和信息技术服务业	11379	11137	110	132	35705
（十）金融业	552880	532781	2581	17518	62703
1. 货币金融服务	279714	278239	1281	194	53857
2. 资本市场服务	173	173			43250
3. 保险业	272610	253986	1300	17324	76548
4. 其他金融业	383	383			42556
（十一）房地产业	792802	623382	14282	155138	40310
（1）房地产开发经营	746938	577755	14165	155018	41097
（2）物业管理	24141	23904	117	120	31732
（3）房地产中介服务	9833	9833			40135
（十二）租赁和商务服务业	151514	149106	1336	1072	38734
1. 租赁业	21600	21528		72	35005
2. 商务服务业	129914	127578	1336	1000	39435
（十三）科学研究和技术服务业	87894	85422	150	2322	34422
1. 研究和试验发展	9043	9043			30143
2. 专业技术服务业	38558	38558			36205

4-4续3 城镇非私营单位从业人员工资总额和平均工资（2015年）

单位：千元、元

项 目	单位从业人员工资总额	在岗职工工资总额	劳务派遣人员工资总额	其他从业人员工资总额	在岗职工平均工资（含劳务派遣）
3. 科技推广和应用服务业	40293	37821	150	2322	33872
（十四）水利、环境和公共设施管理业	152722	139045		13677	32902
1. 水利管理业	39333	35132		4201	31880
2. 生态保护和环境治理业	12208	12208			30751
3. 公共设施管理业	101181	91705		9476	33629
（十五）居民服务、修理和其他服务业	26863	26839		24	31317
1. 居民服务业	14416	14392		24	31911
2. 机动车、电子产品和日用产品修理业	6464	6464			27046
3. 其他服务业	5983	5983			35826
（十六）教育	4328019	4217363	844	109812	50361
（1）初等教育	878731	872624		6107	47235
（2）中等教育	3195755	3096555		99200	52002
（3）高等教育	99618	97086		2532	45431
（十七）卫生和社会工作	1883780	1812892		70888	52149
1. 卫生	1865811	1794925		70886	52166
2. 社会工作	17969	17967		2	50469
（十八）文化、体育和娱乐业	73816	73288	40	488	35717
1. 新闻和出版业	11246	11246			54067
2. 广播、电视、电影和影视录音制作业	12544	12544			34462
3. 文化艺术业	38408	37880	40	488	34379
4. 体育	400	400			26667
5. 娱乐业	11218	11218			30904
（十九）公共管理、社会保障和社会组织	2650578	2619687	876	30015	40009
（1）中国共产党机关	40255	40175		80	41632
（2）国家机构	2508581	2477770	876	29935	39890
（3）人民政协、民主党派	19617	19617			48437
（4）社会保障	30302	30302			39302
（5）群众团体、社会团体和其他成员组织	51823	51823			42408

4-5 城镇国有单位从业人员数（2015年）

单位：人

项目	单位从业人员年末人数	#女性	其中：非全日制	在岗职工	劳务派遣人员	其他从业人员	单位从业人员平均人数	在岗职工
国有单位合计（不含永城）	**210172**	**87692**	**81**	**199836**	**1594**	**8742**	**205792**	**195863**
一、按隶属关系分组								
1. 中央	3027	1099		2987	33	7	3004	2965
2. 省、自治区、直辖市	4840	1860		4778		62	4815	4753
3. 地区	16616	7828	72	14881	1406	329	16502	14642
4. 县及县以下	182298	75489	9	173817	155	8326	178116	170170
5. 其他	3391	1416		3373		18	3355	3333
二、按执行会计标准类型分组								
1. 企业	22361	8750		19071	1481	1809	21037	18174
其中：地方	19871	7787		16590	1479	1802	18564	15709
2. 事业	130988	61517		125384	82	5522	129121	123363
其中：地方	130905	61500		125306	77	5522	129038	123285
3. 机关	55536	16998	9	54178	31	1327	54354	53128
其中：地方	55082	16879	9	53750	5	1327	53906	52706
4. 民间非营利组织	45	24		45			43	43
5. 其他	1242	403	72	1158		84	1237	1155
三、按国民经济行业分组								
（一）农、林、牧、渔业	450	202		444		6	448	442
1. 农业	55	22		55			53	53
2. 林业	12	7		12			12	12
3. 畜牧业	128	43		128			128	128
4. 农、林、牧、渔服务业	255	130		249		6	255	249
（三）制造业	1744	571		1737		7	1743	1737
1. 非金属矿物制品业	1453	530		1446		7	1453	1447
2. 电气机械和器材制造业	273	36		273			272	272
3. 废弃资源综合利用业	18	5		18			18	18

4-5续1　城镇国有单位从业人员数（2015年）

单位：人

项　　目	单位从业人员年末人数	#女性	#单位负责人	在岗职工	劳务派遣人员	其他从业人员	单位从业人员平均人数	在岗职工
（四）电力、热力、燃气及水生产和供应业	3294	996		3294			3341	3341
1.电力、热力生产和供应业	2568	708		2568			2626	2626
2.水的生产和供应业	726	288		726			715	715
（五）建筑业	415	103	72	333		82	410	330
1.房屋建筑业	126	17		126			125	125
2.土木工程建筑业	75	25		75			75	75
3.建筑装饰和其他建筑业	214	61	72	132		82	210	130
（六）批发和零售业	4832	1667		4381	53	398	4248	3801
1.批发业	3685	1150		3375	45	265	3114	2808
2.零售业	1147	517		1006	8	133	1134	993
（七）交通运输、仓储和邮政业	7919	3722		6293	1361	265	7630	5928
1.道路运输业	3838	1607		3583		255	3538	3338
2.仓储业	1301	551		1291		10	1297	1182
3.邮政业	2780	1564		1419	1361		2795	1408
（八）住宿和餐饮业	4	3		4			2	2
住宿业	4	3		4			2	2
（九）信息传输、软件和信息技术服务业	819	278		692	65	62	805	688
1.电信、广播电视和卫星传输服务	653	205		613	33	7	645	609
2.互联网和相关服务	166	73		79	32	55	160	79
（十）金融业	3722	1568		3308	10	404	3685	3273
1.货币金融服务	2903	1078		2885	10	8	2874	2856
2.保险业	819	490		423		396	811	417
（十一）房地产业	536	255		536			461	461
（1）房地产开发经营	17	4		17			17	17
（2）房地产中介服务	30	8		30			30	30
（十二）租赁和商务服务业	169	53		169			166	166
商务服务业	169	53		169			166	166

4-5续2　城镇国有单位从业人员数（2015年）

单位：人

项　目	单位从业人员年末人　数	#女性	#单位负责人	在岗职工	劳务派遣人员	其他从业人员	单位从业人员平均人　数	在岗职工
（十三）科学研究和技术服务业	1643	537		1643			1337	1337
1. 研究和试验发展	174	59		174			172	172
2. 专业技术服务业	658	212		658			619	619
3. 科技推广和应用服务业	811	266		811			546	546
（十四）水利、环境和公共设施管理业	5440	1810		4092		1348	4453	3623
1. 水利管理业	1437	399		1237		200	1299	1102
2. 生态保护和环境治理业	363	86		363			335	335
3. 公共设施管理业	3640	1325		2492		1148	2819	2186
（十五）居民服务、修理和其他服务业	258	84		258			254	254
1. 居民服务业	258	84		258			254	254
（十六）教育	74913	36159		71942	74	2897	74502	71212
（1）初等教育	16223	9064		16054		169	16177	15996
（2）中等教育	53969	24585		51320	19	2630	53621	50671
（3）高等教育	2165	1103		2116		49	2161	2109
（十七）卫生和社会工作	35944	19152		33679		2265	35195	33052
1. 卫生	35602	18952		33338		2264	34853	32711
2. 社会工作	342	200		341		1	342	341
（十八）文化、体育和娱乐业	1550	624		1534		16	1506	1490
1. 新闻和出版业	163	64		163			162	162
2. 广播、电视、电影和影视录音制作业	275	102		275			268	268
3. 文化艺术业	824	307		808		16	788	772
4. 体育	15	2		15			15	15
5. 娱乐业	273	149		273			273	273
（十九）公共管理、社会保障和社会组织	66520	19908	9	65497	31	992	65606	64726
（1）中国共产党机关	989	252		986		3	965	962
（2）国家机构	63138	18618	9	62118	31	989	62270	61393
（3）人民政协、民主党派	408	101		408			405	405
（4）社会保障	782	322		782			771	771
（5）群众团体、社会团体和其他成员组织	1203	615		1203			1195	1195

4-6 城镇国有单位工资总额和平均工资（2015年）

单位：千元、元

项目	单位从业人员工资总额	在岗职工工资总额	劳务派遣人员工资总额	其他从业人员工资总额	在岗职工平均工资(含劳务派遣)
国有单位合计（不含永城）	**9417582**	**9092075**	**45798**	**279709**	**46275**
一、按隶属关系分组					
1.中央	125959	124837	893	229	41938
2.省、自治区、直辖市	211339	210297		1042	44245
3.地区	710785	646528	41009	23248	42768
4.县及县以下	8192100	7933914	3896	254290	46608
5.其他	177399	176499		900	52955
二、按执行会计标准类型分组					
1.企业	985496	878578	43817	63101	46941
其中：地方	886802	780128	43802	62872	47950
2.事业	6173672	5998935	1105	173632	48605
其中：地方	6169679	5995040	1007	173632	48605
3.机关	2205320	2163354	876	41090	40699
其中：地方	2182048	2140862	96	41090	40603
4.民间非营利组织	1510	1510			35116
5.其他	51584	49698		1886	43029
三、按国民经济行业分组					
（一）农、林、牧、渔业	20689	20497	144	48	46699
1.农业	1888	1888			35623
2.林业	291	291			24250
3.畜牧业	5433	5433			42445
4.农、林、牧、渔服务业	13077	12885	144	48	52325
（三）制造业	53497	53268		229	30667
1.非金属矿物制品业	46245	46016		229	31801
2.电气机械和器材制造业	6552	6552			24088
3.废弃资源综合利用业	700	700			38889

4-6续1　城镇国有单位工资总额和平均工资（2015年）

单位：千元、元

项　　目	单位从业人员工资总　额	在岗职工工资总　额	劳务派遣人员工资总额	其他从业人员工资总额	在岗职工平均工资（含劳务派遣）
（四）电力、热力、燃气及水生产和供应业	189996	189996			56868
1. 电力、热力生产和供应业	163326	163326			62196
2. 水的生产和供应业	26670	26670			37301
（五）建筑业	14196	12373		1823	37494
1. 房屋建筑业	7360	7360			58880
2. 土木工程建筑业	1999	1999			26653
3. 建筑装饰和其他建筑业	4837	3014		1823	23185
（六）批发和零售业	154061	140016	1455	12590	36689
1. 批发业	119910	110337	959	8614	38983
2. 零售业	34151	29679	496	3976	30145
（七）交通运输、仓储和邮政业	371260	305644	40050	25566	47258
1. 道路运输业	167090	154850		12240	46390
2. 仓储业	102718	89392		13326	75628
3. 邮政业	101452	61402	40050		36298
（八）住宿和餐饮业	72	72			36000
住宿业	72	72			36000
（九）信息传输、软件和信息技术服务业	32384	28517	2297	1570	42797
1. 电信、广播电视和卫星传输服务	27264	25752	1241	271	44323
2. 互联网和相关服务	5120	2765	1056	1299	34423
（十）金融业	197931	180481	132	17318	55015
1. 货币金融服务	155572	155246	132	194	54214
2. 保险业	42359	25235		17124	60516
（十一）房地产业	14017	14017			30406
（1）房地产开发经营	862	862			50706
（2）房地产中介服务	1265	1265			42167
（十二）租赁和商务服务业	6252	6252			37663
商务服务业	6252	6252			37663

4-6续2 城镇国有单位工资总额和平均工资（2015年）

单位：千元、元

项　　目	单位从业人员工资总额	在岗职工工资总额	劳务派遣人员工资总额	其他从业人员工资总额	在岗职工平均工资(含劳务派遣)
（十三）科学研究和技术服务业	44002	44002			32911
1. 研究和试验发展	5205	5205			30262
2. 专业技术服务业	22416	22416			36213
3. 科技推广和应用服务业	16381	16381			30002
（十四）水利、环境和公共设施管理业	127681	114236		13445	31531
1. 水利管理业	39333	35132		4201	31880
2. 生态保护和环境治理业	10315	10315			30791
3. 公共设施管理业	78033	68789		9244	31468
（十五）居民服务、修理和其他服务业	8218	8218			32354
居民服务业	8218	8218			32354
（十六）教育	3717363	3606745	844	109774	50607
（1）初等教育	776035	769928		6107	48133
（2）中等教育	2731093	2631893		99200	51921
（3）高等教育	98164	95632		2532	45345
（十七）卫生和社会工作	1794605	1727417		67188	52227
1. 卫生	1777250	1710064		67186	52241
2. 社会工作	17355	17353		2	50889
（十八）文化、体育和娱乐业	56211	56068		143	37630
1. 新闻和出版业	9897	9897			61093
2. 广播、电视、电影和影视录音制作业	8753	8753			32660
3. 文化艺术业	28198	28055		143	36341
4. 体育	400	400			26667
5. 娱乐业	8963	8963			32832
（十九）公共管理、社会保障和社会组织	2615147	2584256	876	30015	39924
（1）中国共产党机关	40128	40048		80	41630
（2）国家机构	2474598	2443787	876	29935	39803
（3）人民政协、民主党派	19617	19617			48437
（4）社会保障	30302	30302			39302
（5）群众团体、社会团体和其他成员组织	50502	50502			42261

4-7 城镇集体单位从业人员数（2015年）

单位：人

项目	单位从业人员年末人数	#女性	在岗职工	劳务派遣人员	其他从业人员	单位从业人员平均人数	在岗职工
集体单位合计（不含永城）	**18507**	**7470**	**17791**	**162**	**554**	**18025**	**17286**
一、按执行会计标准类型分组							
1. 企业	11733	4144	11017	162	554	11253	10514
2. 事业	6146	3036	6146			6144	6144
3. 机关	352	177	352			352	352
4. 民间非营利组织	7	2	7			7	7
5. 其他	269	111	269			269	269
三、按国民经济行业分组							
（三）制造业	1831	1065	1713	8	110	1712	1580
1. 农副食品加工业	184	75	182	2		184	182
2. 食品制造业	562	438	562			550	550
7. 皮革、毛皮、羽毛及其制品和制鞋业	1		1			1	1
11. 印刷和记录媒介复制业	140	56	140			135	135
12. 文教、工美、体育和娱乐用品制造业	630	420	520		110	530	406
14. 化学原料和化学制品制造业	38	6	32	6		38	32
18. 非金属矿物制品业	31	14	31			30	30
19. 黑色金属冶炼和压延加工业	41	2	41			40	40
27. 计算机、通信和其他电子设备制造业	204	54	204			204	204
（五）建筑业	3193	185	2787	113	293	2908	2493
1. 房屋建筑业	2579	65	2223	113	243	2301	1936
2. 土木工程建筑业	614	120	564		50	607	557
（六）批发和零售业	3434	1451	3417	4	13	3394	3377
1. 批发业	1478	635	1474	4		1463	1459
2. 零售业	1956	816	1943		13	1931	1918

4-7续　城镇集体单位从业人员数（2015年）

单位：人

项　　目	单位从业人员年末人数	#女性	在岗职工	劳务派遣人员	其他从业人员	单位从业人员平均人数	在岗职工
（七）交通运输、仓储和邮政业	292	76	243	37	12	292	243
1.道路运输业	219	50	170	37	12	219	170
2.仓储业	73	26	73			73	73
（八）住宿和餐饮业	61	48	55		6	61	55
1.住宿业	46	37	40		6	46	40
2.餐饮业	15	11	15			15	15
（九）信息传输、软件和信息技术服务业	472	214	472			462	462
1.电信、广播电视和卫星传输服务	470	212	470			460	460
2.软件和信息技术服务业	2	2	2			2	2
（十）金融业	1910	706	1910			1891	1891
货币金融服务	1910	706	1910			1891	1891
（十一）房地产业	49	9	49			48	48
房地产中介服务	49	9	49			48	48
（十二）租赁和商务服务业	83	15	83			83	83
租赁业	83	15	83			83	83
（十三）科学研究和技术服务业	66	33	66			66	66
研究和试验发展	66	33	66			66	66
（十四）水利、环境和公共设施管理业	55	8	55			55	55
公共设施管理业	55	8	55			55	55
（十六）教育	5907	2961	5907			5909	5909
（1）初等教育	927	454	927			927	927
（2）中等教育	4975	2506	4975			4977	4977
（十七）卫生和社会工作	1040	679	920		120	1033	913
卫生	1040	679	920		120	1033	913
（十八）文化、体育和娱乐业	3		3			3	3
新闻和出版业	3		3			3	3
（十九）公共管理、社会保障和社会组织	111	20	111			108	108
国家机构	111	20	111			108	108

4-8 城镇集体单位从业人员工资总额和平均工资（2015年）

单位：千元、元

项目	单位从业人员工资总额	在岗职工工资总额	劳务派遣人员工资总额	其他从业人员工资总额	在岗职工平均工资（含劳务派遣）
集体单位合计（不含永城）	**883265**	**854736**	**8395**	**20134**	**49404**
一、按执行会计标准类型分组					
1. 企业	525092	496563	8395	20134	47197
2. 事业	327843	327843			53360
3. 机关	20162	20162			57278
4. 民间非营利组织	297	297			42429
5. 其他	9871	9871			36695
三、按国民经济行业分组					
（一）制造业	84760	81376	149	3235	51338
1. 农副食品加工业	4226	4202	24		22967
2. 食品制造业	47894	47894			87080
3. 皮革、毛皮、羽毛及其制品和制鞋业	23	23			23000
4. 印刷和记录媒介复制业	4340	4340			32148
5. 文教、工美、体育和娱乐用品制造业	18576	15341		3235	37786
6. 化学原料和化学制品制造业	1070	945	125		28158
7. 非金属矿物制品业	793	793			26433
8. 黑色金属冶炼和压延加工业	1732	1732			43300
9. 计算机、通信和其他电子设备制造业	6106	6106			29931
（二）建筑业	156137	137578	6386	12173	54760
1. 房屋建筑业	129350	112591	6386	10373	57421
2. 土木工程建筑业	26787	24987		1800	44860
（三）批发和零售业	127427	126848	285	294	37602
1. 批发业	71932	71647	285		49167
2. 零售业	55495	55201		294	28781
（四）交通运输、仓储和邮政业	11340	9241	1575	524	38629
1. 道路运输业	8630	6531	1575	524	39159

4-8续 城镇集体单位从业人员工资总额和平均工资（2015年）

单位：千元、元

项目	单位从业人员工资总额	在岗职工工资总额	劳务派遣人员工资总额	其他从业人员工资总额	在岗职工平均工资（含劳务派遣）
2. 仓储业	2710	2710			37123
（五）住宿和餐饮业	2195	1987		208	36127
1. 住宿业	1817	1609		208	40225
2. 餐饮业	378	378			25200
（六）信息传输、软件和信息技术服务业	16471	16471			35652
1. 电信、广播电视和卫星传输服务	16380	16380			35609
2. 软件和信息技术服务业	91	91			45500
（七）金融业	100403	100403			53095
货币金融服务	100403	100403			53095
（八）房地产业	2388	2388			49750
房地产中介服务	2388	2388			49750
（九）租赁和商务服务业	2191	2191			26398
租赁业	2191	2191			26398
（十）科学研究和技术服务业	1656	1656			25091
研究和试验发展	1656	1656			25091
（十一）水利、环境和公共设施管理业	3010	3010			54727
公共设施管理业	3010	3010			54727
（十二）教育	318053	318053			53825
（1）初等教育	48044	48044			51827
（2）中等教育	269693	269693			54188
（十三）卫生和社会工作	52323	48623		3700	53256
卫生	52323	48623		3700	53256
（十四）文化、体育和娱乐业	128	128			42667
新闻和出版业	128	128			42667
（十五）公共管理、社会保障和社会组织	4783	4783			44287
国家机构	4783	4783			44287

4-9 城镇其他单位从业人员数（2015年）

单位：人

项目	单位从业人员年末人数	#女性	其中：非全日制	在岗职工	劳务派遣人员	其他从业人员	单位从业人员平均人数	在岗职工
其他单位合计（不含永城）	**371773**	**151264**	**5268**	**337393**	**14941**	**19439**	**352921**	**319066**
一、按登记注册类型分组								
（一）内资	351354	139678	5173	318216	13830	19308	332974	300338
1.股份合作	5872	2825		5872			5873	5873
2.联营	820	178		819		1	805	804
国有联营企业	664	132		664			664	664
集体联营企业	101	20		101			99	99
3.有限责任公司	269435	106597	4665	243533	9777	16125	253604	228033
国有独资	6670	1695	8	5565	64	1041	6305	4793
4.股份有限公司	53757	18985	398	47423	3687	2647	51686	45560
5.其他	21470	11093	110	20569	366	535	21006	20068
（二）港、澳、台商投资	16992	9838	95	16028	844	120	16637	15718
（三）外商投资	3427	1748		3149	267	11	3310	3010
二、按执行会计标准类型分组								
1.企业	367030	148940	5268	332653	14941	19436	348255	314407
2.事业	2953	1363		2952		1	2956	2955
3.机关	10	7		10			10	10
4.民间非营利组织	359	249		359			347	347
5.其他	1421	705		1419		2	1353	1347
三、按国民经济行业分组								
（一）农、林、牧、渔业	170	59		170			148	148
1.农业	64	31		64			55	55
4.渔业	2			2			2	2
5.农、林、牧、渔服务业	104	28		104			91	91
（三）制造业	187749	99825	553	180861	2348	4540	181202	173876
1.农副食品加工业	14672	7256	83	14169	38	465	14093	13646
2.食品制造业	16036	8985	50	15257	405	374	15054	14218
3.酒、饮料和精制茶制造业	7925	3389	75	7463	352	110	7752	7285
4.纺织业	15372	9837	110	15004	100	268	14959	14605
5.纺织服装、服饰业	42209	28657	5	40621	563	1025	40653	39090

4-9续1　城镇其他单位从业人员数（2015年）

单位：人

项　　目	单位从业人员年末人数	#女性	#单位负责人	在岗职工	劳务派遣人员	其他从业人员	单位从业人员平均人数	在岗职工
6.皮革、毛皮、羽毛及其制品和制鞋业	12962	8166	12	12843	53	66	12446	12303
7.木材加工和木、竹、藤、棕、草制品业	3128	1128	12	3038	25	65	3072	2984
8.家具制造业	442	129		442			440	440
9.造纸和纸制品业	4794	1696		4791		3	4667	4664
10.印刷和记录媒介复制业	1209	670	2	1139	35	35	1131	1061
11.文教、工美、体育和娱乐用品制造业	1803	1046		1793	7	3	1770	1758
12.化学原料和化学制品制造业	4331	954	1	4218	29	84	3969	3846
13.医药制造业	8370	4802	3	8265	42	63	8033	7923
14.橡胶和塑料制品业	6239	2614	175	6003	26	210	6042	5779
15.非金属矿物制品业	9771	3903		9447	129	195	9517	9268
16.黑色金属冶炼和压延加工业	2093	715		2083		10	2078	2053
17.有色金属冶炼和压延加工业	427	128		427			421	421
18.金属制品业	2488	762		2485		3	2424	2403
19.通用设备制造业	3697	1171		3307	64	326	3381	2991
20.专用设备制造业	2216	610	15	2126	9	81	2044	1948
21.汽车制造业	2733	1119	2	2641	22	70	2592	2498
22.铁路、船舶、航空航天和其他运输设备制造业	4270	1557		4213	17	40	4067	4005
23.电气机械和器材制造业	8590	3409	8	7241	396	953	8685	6894
24.计算机、通信和其他电子设备制造业	6223	4353		6208	10	5	6261	6246
25.仪器仪表制造业	4755	2344		4664	15	76	4708	4625
26.其他制造业	291	98		291			248	248
27.废弃资源综合利用业	703	327		682	11	10	695	674
（四）电力、热力、燃气及水生产和供应业	4422	1598		4290	131	1	4428	4295
1.电力、热力生产和供应业	2716	791		2584	131	1	2728	2595
2.燃气生产和供应业	335	133		335			335	335
3.水的生产和供应业	1371	674		1371			1365	1365
（五）建筑业	86933	12173	1658	69376	9537	8020	81283	64336
1.房屋建筑业	62503	8808	1219	48393	8022	6088	58171	44440

4-9续2　城镇其他单位从业人员数（2015年）

单位：人

项　　目	单位从业人员年末人　数	＃女性	#单位负责人	在岗职工	劳务派遣人员	其他从业人员	单位从业人员平均人　数	在岗职工
2. 土木工程建筑业	18706	2885	324	16389	741	1576	18007	15916
3. 建筑安装业	889	113	13	479	312	98	827	404
4. 建筑装饰和其他建筑业	4835	367	102	4115	462	258	4278	3576
（六）批发和零售业	31602	13913	2134	27546	1590	2466	27882	24551
1. 批发业	12432	4767	1285	10567	511	1354	11300	9776
2. 零售业	19170	9146	849	16979	1079	1112	16582	14775
（七）交通运输、仓储和邮政业	12985	3473	12	12834	17	134	12537	12365
1. 道路运输业	11652	3166	12	11536	17	99	11273	11134
2. 水上运输业	25	4		25			24	24
3. 装卸搬运和运输代理业	342	53		336		6	293	287
4. 仓储业	850	189		821		29	831	804
5. 邮政业	116	61		116			116	116
（八）住宿和餐饮业	4684	2848	530	4036	6	642	4317	3767
1. 住宿业	2821	1703	449	2298		523	2621	2173
2. 餐饮业	1863	1145	81	1738	6	119	1696	1594
（九）信息传输、软件和信息技术服务业	4411	1966		3525	881	5	4262	3112
1. 电信、广播电视和卫星传输服务	3789	1717		2913	876		3847	2707
2. 互联网和相关服务	267	103		267			97	97
3. 软件和信息技术服务业	355	146		345	5	5	318	308
（十）金融业	3405	2079		3350	51	4	3368	3315
1. 货币金融服务	435	159		415	20		433	415
2. 资本市场服务	4	1		4			4	4
3. 保险业	2957	1916		2922	31	4	2922	2887
4. 其他金融业	9	3		9			9	9
（十一）房地产业	19542	5719	363	15654	371	3517	18972	14930
（1）房地产开发经营	18473	5301	363	14595	366	3512	18043	14011
（2）物业管理	862	340		852	5	5	762	752
（3）房地产中介服务	207	78		207			167	167

4-9续3　城镇其他单位从业人员数（2015年）

单位：人

项　　目	单位从业人员年末人数	#女性	#单位负责人	在岗职工	劳务派遣人员	其他从业人员	单位从业人员平均人数	在岗职工
（十二）租赁和商务服务业	4417	1823	18	4394		23	3658	3606
1. 租赁业	849	213	3	846		3	535	532
2. 商务服务业	3568	1610	15	3548		20	3123	3074
（十三）科学研究和技术服务业	1268	514		1191	5	72	1151	1078
1. 研究和试验发展	62	44		62			62	62
2. 专业技术服务业	510	218		510			446	446
3. 科技推广和应用服务业	696	252		619	5	72	643	570
（十四）水利、环境和公共设施管理业	658	394		658			554	548
1. 生态保护和环境治理业	62	10		62			62	62
2. 公共设施管理业	596	384		596			492	486
（十五）居民服务、修理和其他服务业	778	247		777		1	604	603
1. 居民服务业	272	99		271		1	198	197
2. 机动车、电子产品和日用产品修理业	320	68		320			239	239
3. 其他服务业	186	80		186			167	167
（十六）教育	6666	3709		6664		2	6567	6565
（1）初等教育	1561	1151		1561			1551	1551
（2）中等教育	3886	2030		3886			3880	3880
（3）高等教育	27	19		27			28	28
（十七）卫生和社会工作	786	441		786			776	776
1. 卫生	771	434		771			761	761
2. 社会工作	15	7		15			15	15
（十八）文化、体育和娱乐业	652	247		636	4	12	572	559
1. 新闻和出版业	43	25		43			43	43
2. 广播、电视、电影和影视录音制作业	123	63		123			96	96
3. 文化艺术业	391	138		375	4	12	343	330
4. 娱乐业	95	21		95			90	90
（十九）公共管理、社会保障和社会组织	645	236		645			640	636
（1）中国共产党机关	3	1		3			3	3
（2）国家机构	609	212		609			610	610
（3）群众团体、社会团体和其他成员组织	33	23		33			27	23

4-10　城镇其他单位从业人员工资总额和平均工资（2015年）

单位：千元、元

项　目	单位从业人员工资总额	在岗职工工资总额	劳务派遣人员工资总额	其他从业人员工资总额	在岗职工平均工资（含劳务派遣）
其他单位合计（不含永城）	**14329688**	**13101453**	**554184**	**674051**	**40866**
一、按登记注册类型分组					
（一）内资	13452582	12282344	498466	671772	40668
1. 股份合作	345450	345450			58820
2. 联营	50502	50478		24	62784
国有联营企业	44636	44636			67223
集体联营企业	4003	4003			40434
3. 有限责任公司	10206920	9270456	365103	571361	40527
国有独资	230947	211585	2397	16965	44011
4. 股份有限公司	1857175	1664113	116722	76340	36072
5. 其他	992535	951847	16641	24047	47317
（二）港、澳、台商投资	733590	692112	40017	1461	44131
（三）外商投资	143516	126997	15701	818	43281
二、按执行会计标准类型分组					
1. 企业	14091792	12863619	554184	673989	40723
2. 事业	168639	168615		24	57061
3. 机关	336	336			33600
4. 民间非营利组织	12447	12447			35870
5. 其他	56474	56436		38	41774
三、按国民经济行业分组					
（一）农、林、牧、渔业	7251	7251			48993
1. 农业	2714	2714			49345
2. 渔业	92	92			46000
3. 农、林、牧、渔服务业	4445	4445			48846
（三）制造业	7067812	6807506	94964	165342	39147
1. 农副食品加工业	505288	486833	1453	17002	35691
2. 食品制造业	598899	570046	14368	14485	39900
3. 酒、饮料和精制茶制造业	337732	316764	17914	3054	43817
4. 纺织业	518599	504848	2955	10796	34523
5. 纺织服装、服饰业	1696602	1621599	25168	49835	41512

4-10续1 城镇其他单位从业人员工资总额和平均工资（2015年）

单位：千元、元

项目	单位从业人员工资总额	在岗职工工资总额	劳务派遣人员工资总额	其他从业人员工资总额	在岗职工平均工资（含劳务派遣）
6. 皮革、毛皮、羽毛及其制品和制鞋业	478321	473246	1750	3325	38424
7. 木材加工和木、竹、藤、棕、草制品业	135425	131683	1269	2473	44199
8. 家具制造业	14070	14070			31977
9. 造纸和纸制品业	176671	176578		93	37860
10. 印刷和记录媒介复制业	37314	35467	860	987	33145
11. 文教、工美、体育和娱乐用品制造业	61471	61100	203	168	34733
12. 化学原料和化学制品制造业	166811	163499	1208	2104	42396
13. 医药制造业	308284	303445	1486	3353	38255
14. 橡胶和塑料制品业	262434	250909	1500	10025	43451
15. 非金属矿物制品业	383325	370312	6047	6966	40128
16. 黑色金属冶炼和压延加工业	97610	96890		720	47194
17. 有色金属冶炼和压延加工业	23653	23653			56183
18. 金属制品业	81521	81042	240	239	33685
19. 通用设备制造业	119464	106145	2071	11248	35411
20. 专用设备制造业	70482	67990	533	1959	34979
21. 汽车制造业	98492	96241	384	1867	38328
22. 铁路、船舶、航空航天和其他运输设备制造业	165646	161612	779	3255	40326
23. 电气机械和器材制造业	306833	275543	13155	18135	39456
24. 计算机、通信和其他电子设备制造业	224106	223106	600	400	35759
25. 仪器仪表制造业	163656	160924	431	2301	34760
26. 其他制造业	8683	8683			35012
27. 废弃资源综合利用业	26420	25278	590	552	37764
（四）电力、热力、燃气及水生产和供应业	240532	229333	11147	52	54321
1. 电力、热力生产和供应业	186602	175403	11147	52	68409
2. 燃气生产和供应业	11685	11685			34881
3. 水的生产和供应业	42245	42245			30949
（五）建筑业	3461530	2851352	328756	281422	43176
1. 房屋建筑业	2512727	2008123	274256	230348	43709

4-10续2　城镇其他单位从业人员工资总额和平均工资（2015年）

单位：千元、元

项　　目	单位从业人员工资总额	在岗职工工资总额	劳务派遣人员工资总额	其他从业人员工资总额	在岗职工平均工资（含劳务派遣）
2. 土木工程建筑业	747863	680815	28920	38128	42436
3. 建筑安装业	31841	21609	4435	5797	37636
4. 建筑装饰和其他建筑业	169099	140805	21145	7149	40286
（六）批发和零售业	1033076	942238	44374	46464	37816
1. 批发业	466525	420731	19138	26656	42756
2. 零售业	566551	521507	25236	19808	34600
（七）交通运输、仓储和邮政业	460875	453581	1353	5941	36691
1. 道路运输业	417661	411585	1051	5025	36965
2. 水上运输业	532	532			22167
3. 装卸搬运和运输代理业	10961	10735		226	37404
4. 仓储业	27031	26039	302	690	32560
5. 邮政业	4690	4690			40431
（八）住宿和餐饮业	154471	138994	150	15327	36869
1. 住宿业	98181	85309		12872	39259
2. 餐饮业	56290	53685	150	2455	33626
（九）信息传输、软件和信息技术服务业	269635	214320	55183	132	63308
1. 电信、广播电视和卫星传输服务	253575	198502	55073		65915
2. 互联网和相关服务	4772	4772			49196
3. 软件和信息技术服务业	11288	11046	110	132	35642
（十）金融业	254546	251897	2449	200	75608
1. 货币金融服务	23739	22590	1149		54824
2. 资本市场服务	173	173			43250
3. 保险业	230251	228751	1300	200	78839
4. 其他金融业	383	383			42556
（十一）房地产业	776397	606977	14282	155138	40579
（1）房地产开发经营	746076	576893	14165	155018	41086
（2）物业管理	24141	23904	117	120	31732
（3）房地产中介服务	6180	6180			37006

4-10续3　城镇其他单位从业人员工资总额和平均工资（2015年）

单位：千元、元

项　　目	单位从业人员工资总额	在岗职工工资总额	劳务派遣人员工资总额	其他从业人员工资总额	在岗职工平均工资（含劳务派遣）
（十二）租赁和商务服务业	143071	140663	1336	1072	39064
1.租赁业	19409	19337		72	36348
2.商务服务业	123662	121326	1336	1000	39530
（十三）科学研究和技术服务业	42236	39764	150	2322	36855
1.研究和试验发展	2182	2182			35194
2.专业技术服务业	16142	16142			36193
3.科技推广和应用服务业	23912	21440	150	2322	37548
（十四）水利、环境和公共设施管理业	22031	21799		232	39779
1.生态保护和环境治理业	1893	1893			30532
2.公共设施管理业	20138	19906		232	40959
（十五）居民服务、修理和其他服务业	18645	18621		24	30881
1.居民服务业	6198	6174		24	31340
2.机动车、电子产品和日用产品修理业	6464	6464			27046
3.其他服务业	5983	5983			35826
（十六）教育	292603	292565		38	44564
（1）初等教育	54652	54652			35237
（2）中等教育	194969	194969			50250
（3）高等教育	1454	1454			51929
（十七）卫生和社会工作	36852	36852			47490
1.卫生	36238	36238			47619
2.社会工作	614	614			40933
（十八）文化、体育和娱乐业	17477	17092	40	345	30593
1.新闻和出版业	1221	1221			28395
2.广播、电视、电影和影视录音制作业	3791	3791			39490
3.文化艺术业	10210	9825	40	345	29804
4.娱乐业	2255	2255			25056
（十九）公共管理、社会保障和社会组织	30648	30648			47888
（1）中国共产党机关	127	127			42333
（2）国家机构	29200	29200			47869
（3）群众团体、社会团体和其他成员组织	1321	1321			48926

4-11 各县(市、区)城镇非私营单位从业人员和工资（2015年）

单位：人

县（市、区）	单位从业人员年末人数	在岗职工	劳务派遣人员	其他从业人员	从业人员平均人数
商丘市	**702036**	**641896**	**28289**	**31851**	**673462**
梁园区	102626	91102	6417	5107	97954
睢阳区	84356	77877	3256	3223	82472
民权县	56914	52167	1547	3200	56337
睢　县	80701	74415	4157	2129	76873
宁陵县	40781	39826	309	646	39946
柘城县	59233	56334		2899	57811
虞城县	89458	77555	840	11063	81934
夏邑县	75344	74820	125	399	72423
永城市	101584	86876	11592	3116	96724

4-11续 各县(市、区)城镇非私营单位从业人员和工资（2015年）

单位:千元、元

县（市、区）	单位从业人员工资总额	在岗职工工资总额	劳务派遣工资总额	其他从业人员工资总额	在岗职工平均工资（含劳务派遣）
商丘市	**29121188**	**26925271**	**1172147**	**1023770**	**43695**
梁园区	3700546	3375300	181218	144028	38139
睢阳区	3790972	3522761	146943	121268	46220
民权县	2755027	2594656	55064	105307	50162
睢　县	3657035	3364724	182286	110025	47512
宁陵县	1679026	1646323	8945	23758	42118
柘城县	2627299	2554390		72909	46470
虞城县	3154664	2752740	27081	374843	38735
夏邑县	2832655	2807383	5268	20004	39048
永城市	4490653	3877007	563770	49876	47277

4-12　全省及各省辖市从业人员和工资(2015年底)

地　区	就业人员（万人）	城镇单位就业人数（万人）	城镇单位就业人员平均工资（元）
全　　省	**6636**	**1126**	**45403**
郑 州 市	557	199	52376
开 封 市	330	49	43077
洛 阳 市	446	75	45819
平顶山市	323	56	44470
安 阳 市	367	59	40825
鹤 壁 市	100	23	39187
新 乡 市	355	69	40545
焦 作 市	246	50	41768
濮 阳 市	263	41	43103
许 昌 市	274	45	43655
漯 河 市	177	33	41207
三门峡市	139	27	43870
南 阳 市	708	96	42507
商 丘 市	**561**	**70**	**43241**
信 阳 市	514	63	40975
周 口 市	690	70	42566
驻马店市	589	71	39641
济 源 市	47	13	43554

主要指标解释

从业人员期末人数 指期末最后一日24时在本单位中工作，并取得工资或其他形式劳动报酬的人员数。该指标为时点指标，不包括最后一日当天及以前已经与单位解除劳动合同关系的人员。

在岗职工 指在本单位工作且与本单位签订劳动合同，并由单位支付各项工资和社会保险、住房公积金的人员，以及上述人员中由于学习、病伤、产假等原因暂未工作仍由单位支付工资的人员。在岗职工还包括：

（1）应订立劳动合同而未订立劳动合同人员(如使用的农村户籍人员)；

（2）处于试用期人员；

（3）编制外招用的人员；

（4)派往外单位工作,但工资仍由本单位发放的人员(如挂职锻炼、外派工作等情况)。

劳务派遣人员 根据《中华人民共和国劳动合同法》规定，指与劳务派遣单位签订劳动合同，并被劳务派遣单位派遣到实际用工单位工作，且劳务派遣单位与实际用工单位签订《劳务派遣协议》的人员。

其他从业人员 指本单位中不能归到在岗职工、劳务派遣人员中的人员。此类人员是实际参加本单位生产或工作并从本单位取得劳动报酬的人员。具体包括：非全日制人员、聘用的正式离退休人员、兼职人员和第二职业者等，以及在本单位中工作的外籍和港澳台方人员。

从业人员工资总额 指根据《关于工资总额组成的规定》(1990年1月1日国家统计局发布的一号令)进行修订，本单位在报告期内(季度或年度)直接支付给本单位全部从业人员的劳动报酬总额。包括计时工资、计件工资、奖金、津贴和补贴、加班加点工资、特殊情况下支付的工资。

工资总额是税前工资，包括单位从个人工资中直接为其代扣或代缴的房费、水费、电费、住房公积金和社会保险基金个人缴纳部分等。

在岗职工工资总额 指本单位在报告期内直接支付给本单位全部在岗职工的劳动报酬总额。在岗职工工资总额从构成角度分解为四部分：基本工资、绩效工资、工资性津贴和补贴、其他工资。工资总额不包括人员的病假、事假等情况扣款，单位在填报在岗职工工资总额四项构成时，应根据实际情况调整对应项目；如不能确定调整项，可扣减基本工资项。

劳务派遣人员工资总额 指实际用工单位(派遣人员的使用方)在一定时期内为使用劳务派遣人员而付出的劳动报酬总额，包括用工单位负担的基本工资、加班工资、绩效工资以及各种津贴、补贴等，但不包含因使用派遣人员而支付的管理费用和其他用工成本。

其他从业人员工资总额 指本单位在报告期内直接支付给本单位其他从业人员的全部劳动报酬。

固定资产投资

● 资料整理：高 枫

5-1 各县(市、区)全社会固定资产投资

单位:万元

年 份	商丘市	梁园区	睢阳区	民权县	睢 县	宁陵县	柘城县	虞城县	夏邑县	永城市
1988	**66604**	9763	10088	3813	5558	1514	4712	14973	8038	8145
1989	**67797**	12584	8989	1304	7484	3203	3949	13256	5090	11938
1990	**77719**	13331	9977	1834	6831	1271	3448	10200	4687	11142
1991	**110821**	23987	12380	4185	6994	2696	6170	14213	9196	20321
1992	**167337**	23207	21605	4144	11661	8158	9605	23049	13146	47959
1993	**181958**	30462	24083	10433	18295	6251	9377	11314	16448	50876
1994	**208544**	47905	33108	10257	19299	8787	13319	18214	17759	57177
1995	**306359**	62615	34536	13995	24896	11533	12694	19178	21762	97823
1996	**326863**	51638	46856	16871	29342	15302	16477	20488	24288	116060
1997	**412248**	65613	38923	22155	30490	21275	11819	31094	35471	146378
1998	**539985**	105839	57480	34523	37928	32543	18180	34828	55811	161633
1999	**657502**	184079	68447	44894	44004	41049	30926	41144	73569	127540
2000	**779224**	90993	82950	54854	60664	42970	39443	48523	100599	154697
2001	**911278**	101108	129071	94955	81904	73622	38957	82710	146040	150162
2002	**1039742**	128170	167040	81037	93612	80064	42304	91405	156466	167299
2003	**1219319**	197273	161955	86059	106237	44377	38788	72102	88926	346159
2004	**1583544**	291513	233767	103041	138858	43287	49389	101371	110196	373147
2005	**2321334**	427701	405961	171305	215531	68569	133281	169164	170732	474945
2006	**3009031**	466301	453166	216116	253501	139902	165733	264927	229380	557615
2007	**4007340**	448267	569297	426047	372635	194903	326453	442250	293424	777390
2008	**5338151**	512305	673225	565891	560954	300029	440922	596802	512665	925199
2009	**6931744**	630242	803334	785783	702683	427301	604767	769488	721656	1115430
2010	**8456616**	780296	980035	968596	850155	524514	748542	940621	883566	1328214
2010新口径	**7075011**	661684	747109	768880	735378	449839	647520	811643	761797	1112160
2011	**8858357**	819500	929949	950126	905406	555791	864170	975879	987693	1386365
2012	**10688447**	1005267	1120126	1119608	1085961	688751	1053228	1150988	1165234	1725690
2013	**13107167**	1227649	1366200	1366642	1314761	835978	1280109	1386305	1425057	2177885
2014	**15521924**	1485259	1650880	1645801	1592566	697460	1535583	1665298	1713651	2634764
2015	**17692938**	1304734	1880096	1876546	1777770	935923	1377746	1884528	1949425	3107532

5-2 各县（区）固定资产投资（2015年）

单位：万元

县（区）	固定资产投资	其中:房地产开发投资
商 丘 市	**14101150**	**2178466**
梁 园 区	1263478	211692
睢 阳 区	1837073	260607
民 权 县	1817514	188609
睢　县	1705478	278672
宁 陵 县	893297	99313
柘 城 县	1301018	248640
虞 城 县	1811559	153889
夏 邑 县	1873095	299616
豫东综合物流产业集聚区	427293	159966
开 发 区	1171345	277462

5-3 各县（区）全社会固定资产投资总额（2015年）

单位：万元

县（区）	全社会固定资产投资总额	固定资产投资	#工业投资	#房地产开发投资	民间投资	农村农户投资
商丘市	**14585406**	**14101150**	**8703828**	**2178466**	**12694585**	**484256**
梁园区	1304734	1263478	765577	211692	1236358	41256
睢阳区	1880096	1837073	1132081	260607	1813164	43023
民权县	1876546	1817514	1422775	188609	1817514	59032
睢　县	1777770	1705478	1117136	278672	1609378	72292
宁陵县	935923	893297	502696	99313	804844	42626
柘城县	1377746	1301018	666139	248640	1054346	76728
虞城县	1884528	1811559	1326010	153889	1599629	72969
夏邑县	1949425	1873095	1259374	299616	1631313	76330
豫东综合物流产业集聚区	427293	427293	42500	159966	296552	
开发区	1171345	1171345	469540	277462	831487	

5-4 各种分组的全社会固定资产投资（2015年）

单位：万元

项目	全社会总计	固定资产投资	农村农户投资
投资总额	**14585406**	**14101150**	**484256**
按控股情况分			
国有控股	1398615	1398615	
集体控股	213610	213610	
港澳台控股	3550	3550	
外商控股	4400	4400	
私人及其他控股	12480484	12480484	
本年资金来源小计	14127678	14127678	
国家预算内资金	173158	173158	
国内贷款	1724960	1724960	
债券	0	0	
利用外资	7101	7101	
自筹资金	11805004	11343705	461299
其他资金	901710	878754	22956
按隶属关系分			
中央	3200	3200	
地方	14097950	14097950	
按构成分			
建筑安装工程	7989345	7699709	289636
设备工器具购置	5299231	5105268	193963
其他费用	1296830	1296173	657
按建设性质分			
新建	10209216	10209216	
扩建	1208679	1208679	
改建	480251	480251	
本年新增固定资产	8951118	8951118	
房屋施工面积			
施工面积	30830888	30830200	688
#住宅	16993054	16992382	672
竣工面积	6382884	6382196	688
#住宅	2282955	2282283	672

5-5　分产业全社会固定资产投资（2015年）

单位：万元

产　业	全社会固定资产投资	固定资产投资	农村农户投资
总　计	**14585406**	**14101150**	**484256**
第一产业	54397	54397	
农林牧渔业	193107	54397	138710
第二产业	8703828	8703828	
工业	8703828	8703828	
轻工业	5051840	5051840	
重工业	3651988	3651988	
能源工业	154412	154412	
建筑业	349		349
第三产业	5342925	5342925	
批发和零售业	573901	573187	714
交通运输、仓储和邮政业	497931	482962	14969
住宿和餐饮业	103686	103686	
信息传输、软件业和信息技术服务业	22700	22700	
金融业	2200	2200	
房地产业	2916978	2639851	277127
租赁和商务服务业	110939	110939	
科学研究和技术服务	26020	26020	
水利、环境和公共设施管理业	1049907	1049907	
居民服务、修理和其他服务业	29150	28820	330
教育	53919	53919	
卫生和社会工作	112819	112819	
文化、体育和娱乐业	103460	103460	
公共管理、社会保障和社会组织	32460	32455	5

5-6 各县（区）按三次产业分全社会固定资产投资（2015年）

单位：万元

县（区）	投资总额	第一产业	农户	第二产业	农户	第三产业	农户
商丘市	**14585406**	**188715**	**138710**	**8756229**	**52401**	**5638662**	**291345**
梁园区	1304734	1565	1565	765577		537592	39691
睢阳区	1880096	18566	18566	1132081		729448	24456
民权县	1876546	25480	6980	1474827	52052	376239	
睢　县	1777770	1230	1230	1117136		659404	71062
宁陵县	935923	68731	42626	502696		364496	
柘城县	1377746	12997	10897	666139		698610	65831
虞城县	1884528			1326010		558518	72969
夏邑县	1949425	60145	56845	1259723	349	629557	19136
豫东综合物流产业集聚区	427293			42500		384793	
开发区	1171345			469540		701805	

5-7 各县（区）固定资产投资实际到位资金（2015年）

单位：万元

县（区）	本年资金来源小计	国家预算资金	国内贷款	利用外资	自筹资金	其他资金来源
商丘市	**14127678**	**173158**	**1724960**	**7101**	**11343705**	**878754**
梁园区	1243177	0	98695	3401	1104642	36439
睢阳区	1849709	0	29949	0	1810259	9501
民权县	1823313	0	297505	0	1503538	22270
睢　县	1713940	0	112021	0	1597117	4802
宁陵县	893297	300	229100	0	663897	0
柘城县	1284898	24960	95420	3700	1160818	0
虞城县	1801156	21010	467270	0	813406	499470
夏邑县	1886996	126888	377500		1302254	80354
豫东综合物流产业集聚区	423782				406974	16808
开发区	1207410		17500		980800	209110

5-8　各县（区）按登记注册

县（区）	总　计	内资	国有	集体	股份合作	联营
商丘市	**14101150**	**14057664**	**1317115**	**81100**	**39000**	**19600**
梁园区	1263478	1259437	23570			
睢阳区	1837073	1837073	23909			
民权县	1817514	1791514		2000		
睢　县	1705478	1705478	96100	13300		
宁陵县	893297	893297	88453			
柘城县	1301018	1301018	246672			
虞城县	1811559	1811559	130430			
夏邑县	1873095	1873095	241782		4000	
豫东综合物流产业集聚区	427293	422893	126341	11400		19600
开发区	1171345	1162300	339858	54400	35000	

类型分固定资产投资（2015年）

单位：万元

有限责任公司	股份有限公司	私营	其他	港澳台商投资	外商投资
4644374	**820282**	**4323449**	**2812744**	**3550**	**39445**
426712	117439	23000	668716	3550	
191371	13526	177549	1430718		
410320	164417	501467	713310		26000
215248	37763	1343067			
49979	76168	678697			
432168	8200	613978			
1673005		8124			
859069	283839	484405			
119480	109130	36942			4400
267022	9800	456220			9045

5-9　各县（区）按构成分固定资产投资及房屋面积（2015年）

单位：万元

县（区）	本年完成投资	建筑工程	安装工程	设备工器具购置	其他费用	本年施工房屋面积	其中：住　宅	本年竣工房屋面积	其中：住　宅
商丘市	**14101150**	**7611888**	**87821**	**5105268**	**1296173**	**30830200**	**16992382**	**6382196**	**2282283**
梁园区	1263478	872579	14905	353079	22915	3609881	2529140	331319	27003
睢阳区	1837073	1308974	5323	480320	42456	2503988	2197677	140418	136380
民权县	1817514	601592	195	966445	249282	3280662	2525961	495437	329869
睢　县	1705478	915338	27292	748412	14436	4400064	3150225	220691	145473
宁陵县	893297	467449	9862	362503	53483	3237828	439224	2708098	353311
柘城县	1301018	689071	2673	504617	104657	5423169	1772685	0	0
虞城县	1811559	838072	19000	672120	282367	3920250	1986111	697606	79508
夏邑县	1873095	1003422	4035	528833	336805	2803743	1395951	1183403	1027803
豫东综合物流产业集聚区	427293	279669	349	105309	41966	795935	238924	542874	135775
开发区	1171345	635722	4187	383630	147806	854680	756484	62350	47161

5-10　各种分组的固定资产投资（2015年）

单位：万元

指标名称	总计	指标名称	总计
投资总额	14101150	国家预算内资金	173158
按登记注册类型分		国内贷款	1724960
国有经济	1317115	债券	0
集体经济	120100	利用外资	7101
城乡个人		自筹资金	11343705
联营经济	19600	其他资金来源	852226
股份制经济	5464656	按构成分	
港澳台投资经济	3550	建筑安装工程	7699709
外商投资经济	39445	设备工器具购置	5105268
私营经济	4323449	其他费用	1296173
其他经济	2812744	房屋建筑面积	
按隶属关系分		施工面积	30830200
中央	3200	其中：住宅	16992382
地方	14097950	竣工面积	6382196
按资金来源分		其中：住宅	2282283

5-11　分产业固定资产投资（2015年）

单位：万元

指标名称	总计	指标名称	总计
总计	14101150	住宿和餐饮业	103686
第一产业	54397	信息传输、软件业和信息技术服务业	22700
农林牧渔业	54397	金融业	2200
第二产业	8703828	房地产业	2639851
工业	8703828	租赁和商务服务业	110939
轻工业	5051840	科学研究和技术服务	26020
重工业	3651988	水利、环境和公共设施管理业	1049907
能源工业	154412	居民服务、修理和其他服务业	28820
建筑业		教育	53919
第三产业	5342925	卫生和社会工作	112819
批发和零售业	573187	文化、体育和娱乐业	103460
交通运输、仓储和邮政业	482962	公共管理、社会保障和社会组织	32455

5-12 按行业和注册类型

指标名称	投资额	中央	地方	内资	港澳台商投资
总　计	14101150	3200	14097950	14057664	3550
农、林、牧、渔业	54397		54397	54397	
农业	25325		25325	25325	
畜牧业	24680		24680	24680	
农、林、牧、渔服务业	4392		4392	4392	
工业	8703828		8703828	8668418	
采矿业	6000		6000	6000	
煤炭开采和洗选业	6000		6000	6000	
制造业	8462319		8462319	8426909	
农副食品加工业	514670		514670	514670	
食品制造业	347039		347039	347039	
酒、饮料和精制茶制造业	158938		158938	158938	
纺织业	431935		431935	431935	
纺织服装、服饰业	1872132		1872132	1872132	
皮革、毛皮、羽毛及其制品和制鞋业	414134		414134	414134	
木材加工及木、竹、藤、棕、草制品业	214474		214474	214474	
家具制造业	51130		51130	51130	
造纸及纸制品业	47600		47600	47600	
印刷和记录媒介复制业	106560		106560	106560	
文教、工美、体育和娱乐用品制造业	12484		12484	12484	
化学原料及化学制品制造业	381080		381080	381080	
医药制造业	224828		224828	224828	
化学纤维制造业	115500		115500	115500	
橡胶和塑料制品业	267235		267235	267235	
非金属矿物制品业	743805		743805	743805	
黑色金属冶炼和压延加工业	37600		37600	37600	
金属制品业	123740		123740	123740	
通用设备制造业	383350		383350	383350	
专业设备制造业	224810		224810	220410	
汽车制造业	353228		353228	353228	
铁路、船舶、航空航天和其他运输设备制造业	130520		130520	104520	
电气机械及器材制造业	477535		477535	477535	
计算机、通信和其他电子设备制造业	421634		421634	416624	
仪器仪表制造业	389300		389300	389300	
其他制造业	9058		9058	9058	

分固定资产投资（2015年）

单位：万元

外商投资	国有控股	集体控股	私人控股	港澳台控股	外商控股	其他控股
39445	**1398615**	**213610**	**10103862**	**3550**	**4400**	**2376622**
	5435		33462			15500
	1800		23525			
			9180			15500
	3635		757			
35410	107537	39000	7091702		4400	1461189
			6000			
			6000			
35410	45649	39000	6962652		4400	1410618
			359210			155460
			302889			44150
			140188			18750
			328935			103000
	9649		1666683			195800
			410180			3954
			204454			10020
			43130			8000
			42800			4800
			100240			6320
			12484			
			310490			70590
			183338			41490
			115500			
			252345			14890
			661585			82220
			12600			25000
			94740			29000
			252860			130490
4400	28000		192410		4400	
		4000	307428			41800
26000			64920			65600
			362345			115190
5010		35000	331040			55594
			200800			188500
			9058			

5-12续　按行业和注册类型

指标名称	投资额	中央	地方	内资	港澳台商投资
废弃资源综合利用业	8000		8000	8000	
金属制品、机械和设备修理业					
电力、燃气及水的生产和供应业	235509		235509	235509	
电力、热力生产和供应业	99362		99362	99362	
燃气生产和供应业	49050		49050	49050	
水的生产和供应业	87097		87097	87097	
建筑业					
房屋建筑业					
批发和零售业	573187		573187	569637	3550
批发业	197984		197984	197984	
交通运输、仓储和邮政业	482962		482962	482962	
铁路运输	100		100	100	
道路运输业	219927		219927	219927	
仓储业	111535		111535	111535	
邮政业	11000		11000	11000	
住宿和餐饮业	103686		103686	103686	
住宿业	63586		63586	63586	
信息传输、软件和信息技术服务业	22700		22700	22700	
电信、广播电视和卫星传输服务业	14200		14200	14200	
互联网和相关服务	3500		3500	3500	
金融业	2200		2200	2200	
货币金融服务	2200		2200	2200	
房地产业	2639851		2639851	2635325	
租赁和商务服务业	110939		110939	110939	
商务服务业	110939		110939	110939	
科学研究和技术服务业	26020		26020	26020	
研究和试验发展	2000		2000	2000	
专业技术服务业	4020		4020	4020	
水利、环境和公共设施管理业	1049907		1049907	1049907	
水利管理业	16000		16000	16000	
生态保护和环境治理业	29497		29497	29497	
公共设施管理业	1004410		1004410	1004410	
居民服务业、修理和其他服务业	28820		28820	28820	
教育	53919		53919	53919	
卫生和社会工作	112819		112819	112819	
卫生	101319		101319	101319	
文化、体育和娱乐业	103460	3200	100260	103460	
广播、电视、电影和影视录音制作业	8000		8000	8000	
文化艺术业	90460	3200	87260	90460	
公共管理、社会保障和社会组织	32455		32455	32455	
国家机构	30005		30005	30005	

分固定资产投资（2015年）

单位：万元

外商投资	国有控股	集体控股	私人控股	港澳台控股	外商控股	其他控股
	8000					
	61888		123050			50571
	24862		62500			12000
			49050			
	37026		11500			38571
	4000	2000	457444	3550		106193
	4000		184144			9840
	134223	14000	298884			35855
	100					
	118993		95149			5785
	9130		96405			6000
	6000		5000			
			95186			8500
			63586			
	4400		14800			3500
	4400		9800			
						3500
			2200			
			2200			
4035	259134	147210	1764303			468713
	17200		93739			
	17200		93739			
			26020			
			2000			
			4020			
	708138		142577			199192
						16000
	300		29197			
	707838		113380			183192
			15200			13620
	24074		29845			
	71819	11400	21000			8600
	71819	8800	12100			8600
	30200		17500			55760
			8000			
	25200		9500			55760
	32455					
	30005					

5-13 各县（区）按三次产业分

县（区）	投资总额	第一产业	第二产业
商丘市	**14101150**	**50005**	**8703828**
梁园区	1263478		765577
睢阳区	1837073		1132081
民权县	1817514	18500	1422775
睢　县	1705478		1117136
宁陵县	893297	26105	502696
柘城县	1301018	2100	666139
虞城县	1811559		1326010
夏邑县	1873095	3300	1259374
豫东综合物流产业集聚区	427293		42500
开发区	1171345		469540

固定资产投资（2015年）

单位：万元

第三产业	建设总规模	在建总规模	在建净规模
5347317	**34841487**	**19934477**	**11511187**
497901	3760377	2383939	1632608
704992	3933085	1367827	351157
376239	3994516	2837816	1529294
588342	5008846	2932338	1599729
364496	1530830	633624	318090
632779	3785703	3128191	1950587
485549	3651074	1802094	1058403
610421	4549353	2318304	1125871
384793	1919145	1331000	1101766
701805	2708558	1199344	843682

5-14 分行业固定资产投资

指标名称	建设总规模	在建总规模	在建净规模	投资总额
总　计	**34841487**	**19934477**	**11511187**	**14101150**
农、林、牧、渔业	151790	119897	75737	54397
农业	80897	80897	52252	25325
畜牧业	48800	22000	6495	24680
农、林、牧、渔服务业	22093	17000	16990	4392
工业	17270513	7949724	3996237	8703828
采矿业	7000	0	0	6000
煤炭开采和洗选业	7000	0	0	6000
制造业	16925234	7714409	3915318	8462319
农副食品加工业	853600	224100	125406	514670
食品制造业	488748	139000	48965	347039
酒、饮料和精制茶制造业	313988	232372	126322	158938
纺织业	757900	242000	95365	431935
纺织服装、服饰业	3821460	1423090	866832	1872132
皮革、毛皮、羽毛及其制品和制鞋业	1047980	393130	157685	414134
木材加工及木、竹、藤、棕、草制品业	390780	224400	59200	214474
家具制造业	88500	24000	23990	51130
造纸及纸制品业	129800	90000	29000	47600
印刷和记录媒介复制业	204650	122800	76410	106560
文教、工美、体育和娱乐用品制造业	80000	0	0	12484
化学原料及化学制品制造业	610481	394591	179399	381080
医药制造业	497000	250800	148321	224828
化学纤维制造业	222000	150000	19500	115500
橡胶和塑料制品业	339963	123000	34688	267235
非金属矿物制品业	1680546	1082796	575614	743805
黑色金属冶炼和压延加工业	108500	39000	37900	37600
金属制品业	198750	34800	22300	123740
通用设备制造业	608630	191900	137390	383350
专业设备制造业	348600	153600	40990	224810
汽车制造业	531787	396787	149067	353228
铁路、船舶、航空航天和其他运输设备制造业	328600	213100	183080	130520
电气机械及器材制造业	925363	320043	118509	477535
计算机、通信和其他电子设备制造业	1594250	930300	496790	421634
仪器仪表制造业	698300	278500	130800	389300
其他制造业	42058	40300	31795	9058

和在建总投资（2015年）

单位：万元

建筑工程	安装工程	设备工器具购置	其他费用	#新 建	#扩 建	#改建和技术改造
7611888	**87821**	**5105268**	**1296173**	**10209216**	**1208679**	**480251**
35448	553	12740	5656	50497		3900
21775	0	500	3050	21425		3900
10916	40	12240	1484	24680		
2757	513	0	1122	4392		
3575400	70421	4403664	654343	7133899	1172669	372722
3000	20	2980	0	6000		
3000	20	2980	0	6000		
3461379	69381	4306232	625327	6893900	1172669	371212
192724	2196	287580	32170	296150	218520	
137120	4634	187573	17712	316039	17000	5000
70250	320	70768	17600	146620		4800
187879	1176	220530	22350	214935	217000	
1050957	12713	698752	109710	1627738	234794	9600
177629	5528	212517	18460	363404	50730	
85548	2191	113550	13185	163454	46000	
19362	590	29400	1778	51130		
15000	1320	29480	1800	47600		
75300	250	25150	5860	106560		
3000	30	9454	0	12484		
190304	2674	182604	5498	375880		5200
107360	1097	110071	6300	138464	71600	14764
39500	150	70850	5000	115500		
88967	1183	164120	12965	257235	10000	
196276	1076	497138	49315	478407	8400	256998
14500	8100	14000	1000	37600		
44507	270	42440	36523	99590	24150	
124880	9030	213530	35910	345850	23000	11500
75354	441	131015	18000	224810		
123462	765	171165	57836	318028	25900	9300
48258	450	53030	28782	130520		
109686	1130	332924	33795	289990	187545	
147756	9317	245561	19000	376554	38030	7050
133600	2710	182570	70420	342300		47000
2200	0	2500	4358	9058		

5-14续　分行业固定资产投资

指标名称	建设总规模	在建总规模	在建净规模	投资总额
废弃资源综合利用业	13000			8000
电力、燃气及水的生产和供应业	338279	235315	80919	235509
电力、热力生产和供应业	156420	117258	50258	99362
燃气生产和供应业	51000	48000	1000	49050
水的生产和供应业	130859	70057	29661	87097
建筑业				
房屋建筑业				
批发和零售业	1050635	455300	219368	573187
批发业	366685	216000	90178	197984
交通运输、仓储和邮政业	1386225	780809	561965	482962
铁路运输	215155	215155	215055	100
道路运输业	657440	346354	230765	219927
仓储业	167130	32300	6495	111535
邮政业	95000	95000	84000	11000
住宿和餐饮业	247395	146895	61695	103686
住宿业	167895	75895	22295	63586
信息传输、软件和信息技术服务业	22700			22700
电信、广播电视和卫星传输服务业	14200			14200
互联网和相关服务	3500			3500
金融业	2200			2200
货币金融服务	2200			2200
房地产业	11757148	8793295	5426658	2639851
租赁和商务服务业	357900	308600	223961	110939
商务服务业	357900	308600	223961	110939
科学研究和技术服务业	29320	12300	3300	26020
研究和试验发展	2000			2000
专业技术服务业	4020			4020
水利、环境和公共设施管理业	1933670	1037494	763433	1049907
水利管理业	16000			16000
生态保护和环境治理业	33442	4245	3945	29497
公共设施管理业	1884228	1033249	759488	1004410
居民服务业、修理和其他服务业	57000			28820
教育	127214	55000	32590	53919
卫生和社会工作	214509	113300	57390	112819
卫生	203009	113300	57390	101319
文化、体育和娱乐业	182063	131363	78603	103460
广播、电视、电影和影视录音制作业	8000			8000
文化艺术业	103580	60880	13120	90460
公共管理、社会保障和社会组织	51205	30500	10250	32455
国家机构	48755	30500	10250	30005

和在建总投资（2015年）

单位：万元

建筑工程	安装工程	设备工器具购置	其他费用	#新　建	#扩　建	#改建和技术改造
	40	7960		8000		
111021	1020	94452	29016	233999		1510
52570	950	30632	15210	97852		1510
9000	40	29010	11000	49050		
49451	30	34810	2806	87097		
266718	3203	249129	54137	551687	14000	7500
77103	1513	102179	17189	190484		7500
248750	2288	201312	30612	443323	9000	30639
100				100		
118369	1020	80543	19995	180288	9000	30639
62008	801	42441	6285	111535		
11000				11000		
72156	280	9100	22150	103686		
42156	80	3300	18050	63586		
8004	150	12490	2056	22700		
5450	100	7050	1600	14200		
960		2540		3500		
1400	7	200	593	2200		
1400	7	200	593	2200		
2210214	7263	58504	363870	461385		
96664	80	7515	6680	108739		2200
96664	80	7515	6680	108739		2200
4673	50	20740	557	26020		
710	20	1050	220	2000		
1913	30	1740	337	4020		
855368	1376	72247	120916	987487	10	62410
16000				16000		
23797		5700		29497		
815571	1376	66547	120916	941990	10	62410
6502	600	21718		28820		
38428	320	9630	5541	45919	8000	
76394	1090	20139	15196	107819	5000	
68988	1010	17199	14122	96319	5000	
86470	90	4090	12810	103460		
2910	50	3090	1950	8000		
82560	40	1000	6860	90460		
29299	50	2050	1056	31575		880
27995		1210	800	29125		880

5-15 各县（区）分行业固定资产投资（2015年）

（不含房地产开发投资）

单位：万元

县（区）	农、林、牧、渔业	采矿业	制造业	电力、热力、燃气及水生产和供应业	建筑业	批发和零售业	交通运输、仓储和邮政业	住宿和餐饮业	信息传输、软件和信息技术服务业	金融业
商丘市	**54397**	**6000**	**8462319**	**235509**		**573187**	**482962**	**103686**	**22700**	**2200**
梁园区	10		720187	45390		109753	5925		3500	
睢阳区	747		1115400	16681		92220	44805	986		
民权县	18500		1422775			55600	49750			
睢　县			1117136			98070	64700			
宁陵县	26105		500646	2050		58200	50710	4800	14800	2200
柘城县	5735		653587	12552		38400	32819	57200		
虞城县			1258510	67500		46650	65400	12700	4400	
夏邑县	3300	6000	1177058	76316		23800	36000	28000		
豫东综合物流产业集聚区			42500			13144	131853			
开发区			454520	15020		37350	1000			

5-15续　各县（区）分行业固定资产投资（2015年）

（不含房地产开发投资）

单位：万元

县（区）	房地产业	租赁和商务服务业	科学研究和技术服务业	水利、环境和公共设施管理业	居民服务、修理和其他服务业	教育	卫生和社会工作	文化、体育和娱乐业	公共管理、社会保障和社会组织	国际组织
商丘市	**461385**	**110939**	**26020**	**1049907**	**28820**	**53919**	**112819**	**103460**	**32455**	
梁园区	133891	11100		4080	13620	4330				
睢阳区	20000	15000		205942		125	8600	55960		
民权县		12000	20000	42280				8000		
睢　县	58500	25000		44500	15200		2200		1500	
宁陵县		7000	6020	32370		23014	51119	12500	2450	
柘城县	5000			172130		26450	23000		25505	
虞城县		9300		193210						
夏邑县	71700	31539		74266			16500	26000	3000	
豫东综合物流产业集聚区				68430			11400			
开发区	172294			212699				1000		

5-16　各县（区）按建设性质分的固定资产投资（2015年）

单位：万元

县（区）	投资总额	新建	扩建工程	改建
商丘市	**14101150**	**10209216**	**1208679**	**480251**
梁园区	1263478	1029238	1010	
睢阳区	1837073	1566156	8900	1410
民权县	1817514	1213390	415515	
睢　县	1705478	1274382	152424	
宁陵县	893297	790984		
柘城县	1301018	655656	68830	327892
虞城县	1811559	1610670		47000
夏邑县	1873095	938169	562000	73310
豫东综合物流产业集聚区	427293	236688		30639
开发区	1171345	893883		

5-17　各县（区）按构成分的固定资产投资（2015年）

单位：万元

县（区）	本年完成投资	建筑工程	安装工程	设备工器具购置	其他费用
商丘市	**14101150**	**7611888**	**87821**	**5105268**	**1296173**
梁园区	1263478	872579	14905	353079	22915
睢阳区	1837073	1308974	5323	480320	42456
民权县	1817514	601592	195	966445	249282
睢　县	1705478	915338	27292	748412	14436
宁陵县	893297	467449	9862	362503	53483
柘城县	1301018	689071	2673	504617	104657
虞城县	1811559	838072	19000	672120	282367
夏邑县	1873095	1003422	4035	528833	336805
豫东综合物流产业集聚区	427293	279669	349	105309	41966
开发区	1171345	635722	4187	383630	147806

5-18 分行业固定资产投资实际到位资金（2015年）

单位：万元

指标名称	本年资金来源小计	国家预算内资金	国内贷款	债券	利用外资	自筹资金	其他资金来源
总　　计	**14127678**	**173158**	**1724960**	**0**	**7101**	**11343705**	**878754**
农、林、牧、渔业	54408	5435	8700	0	0	40273	0
农业	25330	1800	5400	0	0	18130	0
林业							
畜牧业	24685	0	3300	0	0	21385	0
渔业							
农、林、牧、渔服务业	4393	3635	0	0	0	758	0
工业	8700831	19109	1285179	0	3700	6997243	395600
采矿业	6000	0	0	0	0	6000	0
煤炭开采和洗选业	6000	0	0	0	0	6000	0
石油和天然气开采业							
黑色金属矿采选业							
有色金属矿采选业							
非金属矿采选业							
开采辅助活动							
其他采矿业							
制造业	8459315	0	1250179	0	3700	6833836	371600
农副食品加工业	514730	0	95000	0	0	390730	29000
食品制造业	347063	0	45300	0	0	301763	0
酒、饮料和精制茶制造业	158945	0	12600	0	0	146345	0
烟草制造业							
纺织业	431957	0	97000	0	0	306957	28000
纺织服装、服饰业	1872177	0	221809	0	0	1568868	81500
皮革、毛皮、羽毛及其制品和制鞋业	414156	0	69300	0	0	334856	10000
木材加工及木、竹、藤、棕、草制品业	214494	0	29500	0	0	184994	0
家具制造业	51131	0	13500	0	0	37631	0
造纸及纸制品业	47600	0	10000	0	0	37600	0
印刷和记录媒介复制业	106577	0	17000	0	0	84577	5000
文教、工美、体育和娱乐用品制造业	12485	0	0	0	0	12485	0
石油加工、炼焦及核燃料加工业							
化学原料及化学制品制造业	381094	0	32100	0	0	348994	0
医药制造业	224838	0	22950	0	0	199588	2300
化学纤维制造业	115502	0	37000	0	0	63002	15500
橡胶和塑料制品业	267275	0	47500	0	0	219775	0
非金属矿物制品业	740313	0	68520	0	0	667793	4000
黑色金属冶炼和压延加工业	37600	0	14100	0	0	23500	0
有色金属冶炼及压延加工业							
金属制品业	123770	0	38500	0	0	83270	2000
通用设备制造业	383399	0	66800	0	3700	301099	11800
专业设备制造业	224820	0	13000	0	0	208820	3000
汽车制造业	353255	0	68500	0	0	281255	3500
铁路、船舶、航空航天和其他运输设备制造业	130525	0	26400	0	0	70625	33500
电气机械及器材制造业	477602	0	79500	0	0	361802	36300
计算机、通信和其他电子设备制造业	421642	0	8000	0	0	413642	0
仪器仪表制造业	389301	0	115800	0	0	167301	106200
其他制造业	9063	0	500	0	0	8563	0

5-18续　分行业固定资产投资实际到位资金（2015年）

单位：万元

指标名称	本年资金来源小计	国家预算内资金	国内贷款	债券	利用外资	自筹资金	其他资金来源
废弃资源综合利用业	8001	0	0	0	0	8001	0
金属制品、机械和设备修理业							
电力、燃气及水的生产和供应业	235516	19109	35000	0	0	157407	24000
电力、热力生产和供应业	99366	1802	22500	0	0	60064	15000
燃气生产和供应业	49050	0	10500	0	0	29550	9000
水的生产和供应业	87100	17307	2000	0	0	67793	0
建筑业							
房屋建筑业							
批发和零售业	573226	0	75050	0	3401	478604	16171
批发业	197999	0	13900	0	0	180098	4001
交通运输、仓储和邮政业	482984	2000	55650	0	0	417134	8200
铁路运输	101	0	50	0	0	51	0
道路运输业	219934	2000	22000	0	0	194934	1000
仓储业	111538	0	12900	0	0	91508	7130
邮政业	11000	0	0	0	0	11000	0
住宿和餐饮业	103688	0	19000	0	0	72688	12000
住宿业	63587	0	13000	0	0	50587	0
信息传输、软件和信息技术服务业	22700	0	4800	0	0	17900	0
电信、广播电视和卫星传输服务业	14200	0	3800	0	0	10400	0
互联网和相关服务	3500	0	0	0	0	3500	0
金融业	2200	0	0	0	0	2200	0
货币金融服务	2200	0	0	0	0	2200	0
保险业							
房地产业	2669216	24701	171376	0	0	2105145	367994
租赁和商务服务业	110951	0	11500	0	0	93512	5939
商务服务业	110951	0	11500	0	0	93512	5939
科学研究和技术服务业	26035	0	10505	0	0	15530	0
研究和试验发展	2000	0	500	0	0	1500	0
专业技术服务业	4020	0	1000	0	0	3020	0
水利、环境和公共设施管理业	1049950	81282	44300	0	0	851518	72850
水利管理业	16001	0	0	0	0	16001	0
生态保护和环境治理业	29499	0	0	0	0	29499	0
公共设施管理业	1004450	81282	44300	0	0	806018	72850
居民服务业、修理和其他服务业	28822	0	0	0	0	28822	0
居民服务业							
教育	53920	4350	10000	0	0	39570	0
卫生和社会工作	112823	4500	20900	0	0	87423	0
卫生	101322	4500	17900	0	0	78922	0
文化、体育和娱乐业	103469	21006	8000	0	0	74463	0
广播、电视、电影和影视录音制作业	8000	0	2000	0	0	6000	0
文化艺术业	90463	17001	6000	0	0	67462	0
公共管理、社会保障和社会组织	32455	10775	0	0	0	21680	0
国家机构	30005	10775	0	0	0	19230	0
社会保障							
国际组织							

5-19 各县（区）固定资产投资实际到位资金（2015年）

单位：万元

县（区）	本年资金来源小计	国家预算资金	国内贷款	利用外资	自筹资金	其他资金来源
商丘市	**14127678**	**173158**	**1724960**	**7101**	**11343705**	**878754**
梁园区	1243177	0	98695	3401	1104642	36439
睢阳区	1849709	0	29949	0	1810259	9501
民权县	1823313	0	297505	0	1503538	22270
睢　县	1713940	0	112021	0	1597117	4802
宁陵县	893297	300	229100	0	663897	0
柘城县	1284898	24960	95420	3700	1160818	0
虞城县	1801156	21010	467270	0	813406	499470
夏邑县	1886996	126888	377500	0	1302254	80354
豫东综合物流产业集聚区	423782	0	0	0	406974	16808
开发区	1207410	0	17500	0	980800	209110

5-20 高成长性制造业、传统支柱产业和高载能行业投资额（2015年）

单位：万元

指标名称	本年完成投资	指标名称	本年完成投资
高成长性制造业	5648720	建材工业	735405
汽车及零部件产业	353228	轻纺工业	901859
电子信息	421634	能源工业	154412
装备制造	1157270	高载能行业	1267847
食品产业	1020647	煤炭开采和洗选业	6000
现代家居产业	348325	化学原料及化学制品制造业	381080
服装服饰	2347616	非金属矿物制品业	743805
传统支柱产业	2246056	黑色金属冶炼及压延加工业	37600
化学工业	416780	有色金属冶炼及压延加工业	
冶金工业	37600	电力、热力生产和供应业	99362

5-21 能源原材料工业投资额（2015年）

单位：万元

指标名称	本年完成投资	指标名称	本年完成投资
能源原材料工业合计	1679229	橡胶和塑料制品业	267235
煤炭开采和洗选业	6000	非金属矿物制品业	743805
石油和天然气开采业		黑色金属冶炼和压延加工业	37600
黑色金属矿采选业		有色金属冶炼和压延加工业	
有色金属矿采选业		废弃资源综合利用业	8000
非金属矿采选业		电力、热力生产和供应业	99362
石油加工、炼焦和核燃料加工业		燃气生产和供应业	49050
化学原料和化学制品制造业	381080	水的生产和供应业	87097

5-22 各县（区）能源工业投资（2015年）

单位：万元

县（区）	合计	煤炭开采和洗选业	石油及天然气开采业	石油加工、炼焦和核燃料加工业	电力、热力及燃气的生产和供应业
商丘市	**154412**	**6000**			**148412**
梁园区	12000				12000
睢阳区					
民权县					
睢　县					
宁陵县	2050				2050
柘城县	4352				4352
虞城县	67500				67500
夏邑县	68510	6000			62510
豫东综合物流产业集聚区					
开发区					

5-23　分行业投资项目个数及新增固定资产（2015年）

单位：万元

指标名称	在建规模	#新开工规模	施工项目（个）	#新开工	全部投产项目（个）	新增固定资产
总　　计	**24470782**	**12278559**	**1007**	**648**	**673**	**7966221**
农、林、牧、渔业	151790	54508	15	7	9	51887
农业	80897	30373	4	3	0	23525
林业						
畜牧业	48800	3500	7	1	6	23980
渔业						
农、林、牧、渔服务业	22093	20635	4	3	3	4382
工业	17270513	7552506	670	391	451	6101690
采矿业	7000	0	1	0	1	5000
煤炭开采和洗选业	7000	0	1	0	1	5000
石油和天然气开采业						
黑色金属矿采选业						
有色金属矿采选业						
非金属矿采选业						
开采辅助活动						
其他采矿业						
制造业	16925234	7292758	644	372	437	5963029
农副食品加工业	853600	351300	36	13	28	474060
食品制造业	488748	225748	40	30	32	281611
酒、饮料和精制茶制造业	313988	83670	12	8	9	129888
烟草制造业						
纺织业	757900	237300	26	10	19	258900
纺织服装、服饰业	3821460	1579960	173	106	105	1272756
皮革、毛皮、羽毛及其制品和制鞋业	1047980	228980	22	11	14	295143
木材加工及木、竹、藤、棕、草制品业	390780	177280	17	9	10	99079
家具制造业	88500	56200	13	6	12	50350
造纸及纸制品业	129800	4800	3	1	2	14800
印刷和记录媒介复制业	204650	176650	8	7	3	65250
文教、工美、体育和娱乐用品制造业	80000	0	2	0	2	11484
石油加工、炼焦及核燃料加工业						
化学原料及化学制品制造业	610481	399481	25	16	18	242129
医药制造业	497000	269000	23	14	14	151888
化学纤维制造业	222000	0	2	0	1	28000
橡胶和塑料制品业	339963	188263	18	12	13	146478
非金属矿物制品业	1680546	969146	62	44	45	583236
黑色金属冶炼和压延加工业	108500	47000	4	2	3	37600
有色金属冶炼及压延加工业						
金属制品业	198750	127750	12	7	10	123740
通用设备制造业	608630	332430	28	18	23	268550
专业设备制造业	348600	189600	10	6	6	63560
汽车制造业	531787	404887	24	17	16	251598
铁路、船舶、航空航天和其他运输设备制造业	328600	248000	11	9	5	126400
电气机械及器材制造业	925363	261963	24	9	15	396125
计算机、通信和其他电子设备制造业	1594250	570050	25	9	17	222924
仪器仪表制造业	698300	133300	20	7	13	351480
其他制造业	42058	30000	3	1	1	9000

5-23续　分行业投资项目个数及新增固定资产（2015年）

单位：万元

指标名称	在建规模	#新开工规模	施工项目个数（个）	#新开工	全部投产项目（个）	新增固定资产
废弃资源综合利用业	13000	0	1	0	1	7000
金属制品、机械和设备修理业						
电力、燃气及水的生产和供应业	338279	259748	25	19	13	133661
电力、热力生产和供应业	156420	113510	8	5	4	53052
燃气生产和供应业	51000	48000	2	1	1	47700
水的生产和供应业	130859	98238	15	13	8	32909
建筑业						
房屋建筑业						
批发和零售业	1050635	493310	58	41	41	366853
批发业	366685	229860	21	16	15	115880
交通运输、仓储和邮政业	1386225	729239	51	31	30	229838
铁路运输	215155	215155	1	1	0	0
道路运输业	657440	322254	21	15	8	57804
仓储业	167130	53330	14	9	11	55830
邮政业	95000	95000	2	2	0	0
住宿和餐饮业	247395	164395	9	8	4	41386
住宿业	167895	84895	6	5	3	29286
信息传输、软件和信息技术服务业	22700	22700	4	4	4	21900
电信、广播电视和卫星传输服务业	14200	14200	2	2	2	13400
互联网和相关服务	3500	3500	1	1	1	3500
金融业	2200	2200	1	1	1	2200
货币金融服务	2200	2200	1	1	1	2200
保险业						
房地产业	1386443	880820	38	22	22	193901
租赁和商务服务业	357900	272900	12	11	6	39805
商务服务业	357900	272900	12	11	6	39805
科学研究和技术服务业	29320	29320	4	4	3	26020
研究和试验发展	2000	2000	1	1	1	2000
专业技术服务业	4020	4020	1	1	1	4020
水利、环境和公共设施管理业	1933670	1636670	89	83	65	613487
水利管理业	16000	16000	1	1	1	9866
生态保护和环境治理业	33442	33442	3	3	2	1100
公共设施管理业	1884228	1587228	85	79	62	602521
居民服务业、修理和其他服务业	57000	11000	3	1	3	28820
居民服务业						
教育	127214	80214	17	14	12	52165
卫生和社会工作	214509	125509	19	14	11	88099
卫生	203009	114009	16	11	8	78999
文化、体育和娱乐业	182063	182063	10	10	6	78715
广播、电视、电影和影视录音制作业	8000	8000	1	1	1	8000
文化艺术业	103580	103580	7	7	5	70715
公共管理、社会保障和社会组织	51205	41205	7	6	5	29455
国家机构	48755	38755	6	5	4	27005
社会保障						
国际组织						

5-24 各县（区）投资项目个数和在建规模（2015年）

单位：万元、个

县（区）	施工项目个数	其中：本年新开工	本年投产项目个数	全部建成投产率（%）	计划总投资	本年新开工
商丘市	**1007**	**648**	**673**	**66.8**	**24470782**	**12278559**
梁园区	141	123	91	64.5	2625473	1706955
睢阳区	143	124	96	67.1	2437815	1447357
民权县	94	52	52	55.3	2863649	1544149
睢　县	98	23	66	67.3	3938808	1250953
宁陵县	125	68	110	88.0	1236330	622606
柘城县	122	102	66	54.1	2546803	1944955
虞城县	103	63	74	71.8	2865280	1118680
夏邑县	117	59	61	52.1	3312650	1484792
豫东综合物流产业集聚区	20	12	18	90	774445	321230
开发区	44	22	39	88.6	1869529	836882

5-25 各县（区）亿元及以上项目投资情况（2015年）

单位：万元、个

县（区）	施工项目个数	其中：本年新开工	计划总投资	其中：本年新开工项目	本年完成投资
商丘市	**513**	**247**	**21629069**	**10001390**	**9465915**
梁园区	41	24	2053733	1164733	553028
睢阳区	46	28	1899282	910282	1053930
民权县	84	48	2805330	1515930	1592745
睢　县	85	23	3861808	1250953	1383206
宁陵县	21	12	694437	356913	369383
柘城县	44	29	2043438	1472000	603827
虞城县	62	22	2619450	872850	1412640
夏邑县	86	47	3114610	1406610	1442939
豫东综合物流产业集聚区	10	2	724657	271442	217539
开发区	34	12	1812324	779677	836678

5-26　各县（区）施工、竣工房屋建筑面积及竣工价值（2015年）

单位：万元、平方米

县（区）	施工房屋建筑面积	其中：住　宅	竣工房屋建筑面积	其中：住　宅	竣工房屋价值	其中：住　宅
商丘市	**30830200**	**16992382**	**6382196**	**2282283**	**576884**	**341760**
梁园区	3609881	2529140	331319	27003	76625	7151
睢阳区	2503988	2197677	140418	136380	18770	18331
民权县	3280662	2525961	495437	329869	57537	48208
睢　县	4400064	3150225	220691	145473	29498	19890
宁陵县	3237828	439224	2708098	353311	99313	57712
柘城县	5423169	1772685	0	0	0	0
虞城县	3920250	1986111	697606	79508	23248	15900
夏邑县	2803743	1395951	1183403	1027803	142855	130027
豫东综合物流产业集聚区	795935	238924	542874	135775	114646	34541
开发区	854680	756484	62350	47161	14392	10000

5-27 房地产开发企业个数、从业人员和投资额(2015年)

单位：个、人、万元

指标名称	企业个数（个）	年末从业人员总计	投资总额
总　　计	**376**	**20933**	**2178466**
国有控股	1	18	
集体控股	11	490	79510
私人控股	327	18797	1756803
港澳台商控股	1	10	
外商控股	1	25	
其他	35	1593	341662

5-28 房地产开发企业财务状况（2015年）

单位：万元

指标名称	本年实际	指标名称	本年实际
一、年初存货	1001614	营业成本	1180844
二、期末资产负债	0	主营业务成本	1150828
流动资产合计	2757733	营业税金及附加	153687
其中：应收账款	174084	主营业务税金及附加	147840
其中：存货	1315270	其他业务利润	89
固定资产合计	385844	销售费用	100837
固定资产原价	363957	管理费用	121140
累计折旧	67208	其中：税金	20202
其中：本年折旧	48444	其中：差旅费	0
在建工程	178952	其中：工会经费	0
资产总计	3680441	财务费用	37644
流动资产合计	2182784	其中：利息收入	1483
其中：应付账款	260519	其中：利息支出	14596
非流动负债合计	197953	资产减值损失	949
负债合计	2380737	公允价值变动收益（损失以“-”号记）	120
所有者权益合计	1299704	投资收益（损失以“-”号记）	224
实收资本	825523	营业利润	343271
三、损益及分配		营业外收入	5922
营业收入	1948331	其中：补贴收入	709
主营业务收入	1913027	营业外支出	21318
土地转让收入	7234	利润总额	328075
商品房屋销售收入	1875159	应交所得税	32290
房屋出租收入	20664	四、人工成本	0
其他收入	9970	应付职工薪酬(本年贷方累计发生额)	67126

5-29 分登记注册类型

指标名称	本年实际	内资企业	股份合作企业	其他有限责任公司
一、年初存货	10016136	10016136		6923152
二、期末资产负债				
流动资产合计	27577332	27319572		19679755
其中：应收账款	1740838	1483078		1150361
其中：存货	13152696	13152696		9448080
固定资产合计	3858440	3858440	1000	2941210
固定资产原价	3639565	3639565	1050	2677387
累计折旧	672081	672081	50	430358
其中：本年折旧	484439	484439	10	306191
在建工程	1789517	1789517		1343365
资产总计	36804409	36546649	1000	26097253
流动资产合计	21827836	21827836		15566769
其中：应付账款	2605188	2605188		2028748
非流动负债合计	1979529	1979529		1539168
负债合计	23807365	23807365		17105937
所有者权益合计	12997044	12739284	1000	8991316
实收资本	8255227	7997467	1000	5534499
三、损益及分配				
营业收入	19483314	19225554	8500	13640967
主营业务收入	19130271	18872511	8500	13290119
土地转让收入	72339	72339		54637
商品房屋销售收入	18751592	18493832		13037927
房屋出租收入	206639	206639		116859
其他收入	99701	99701	8500	80696
营业成本	11808436	11604335	7640	8245683
主营业务成本	11508282	11304181	7640	7981916
营业税金及附加	1536866	1526414	10	1112094
主营业务税金及附加	1478404	1467952	10	1063475
其他业务利润	894	894		233
销售费用	1008371	1008217		709834
管理费用	1211395	1211321	790	860793
其中：税金	202021	202021		150893
财务费用	376438	376313		265976
其中：利息收入	14834	14709		6535
其中：利息支出	145963	145963		125180
资产减值损失	9486	9486		9263
公允价值变动收益（损失以“-”号记）	1201	1201		1201
投资收益（损失以“-”号记）	2235	2235		2221
营业利润	3432706	3389852	60	2401221
营业外收入	59221	59221		53150
其中：补贴收入	7086	7086		6256
营业外支出	213181	213181		184864
利润总额	3280746	3237892	60	2271507
应交所得税	322896	322896		244841
四、人工成本				
应付职工薪酬(本年贷方累计发生额)	671261	670445	790	484698

房地产开发企业财务状况（2015年）

单位：千元

股份有限公司	私营独资企业	私营有限责任公司	私营股份有限公司	外商投资企业	中外合作经营企业
631137	106561	1657280	698006		
1488958	140479	4801062	1209318	257760	257760
17750	17884	140631	156452	257760	257760
828107	112563	2133355	630591		
199856	5417	621546	89411		
200508	8912	646747	104961		
37864	3495	180853	19461		
35081	1275	137486	4396		
71600		223952	150600		
2794497	148291	6049243	1456365	257760	257760
1445043	74133	4200864	541027		
115759	18963	373638	68080		
198735		185434	56192		
1643778	74133	4386298	597219		
1150719	74158	1662945	859146	257760	257760
820980	20246	1192291	428451	257760	257760
1793894	115222	2520315	1146656	257760	257760
1793894	115222	2518120	1146656	257760	257760
		17702			
1792894	92210	2458008	1112793	257760	257760
1000	23012	37399	28369		
		5011	5494		
1163114	73974	1342984	770940	204101	204101
1159814	73974	1309897	770940	204101	204101
147398	9413	171625	85874	10452	10452
144354	9413	164826	85874	10452	10452
		661			
100501	5936	151009	40937	154	154
111917	11377	169316	57128	74	74
16067	753	29446	4862		
22920	88	85562	1767	125	125
149		2066	5959	125	125
4985	88	11351	4359		
		223			
		14			
248044	14434	536083	190010	42854	42854
2472		3572	27		
		830			
2665		24358	1294		
247851	14434	515297	188743	42854	42854
24355	3608	25975	24117		
40052	3128	102977	38800	816	816

5-30　各县（区）房地产企业

县（区）	企业个数	一级	二级	三级	四级	暂定	其他
商丘市	**376**	**3**	**17**	**38**	**7**	**238**	**73**
梁园区	42		3	6	3	25	5
睢阳区	63	2	7	11	1	36	6
民权县	48		1	5		41	1
睢　县	47				1	18	28
宁陵县	13					12	1
柘城县	37	1	1	4	1	26	4
虞城县	29		3	1		19	6
夏邑县	46			2		33	11
物流集聚区	12			3		5	4
开发区	39		2	6	1	23	7

个数和就业人数（2015年）

单位：个、人

年末从业人员总计	一级	二级	三级	四级	暂定	其他
20933	**190**	**923**	**1653**	**228**	**13589**	**4350**
1093		71	187	122	597	116
2740	101	601	357	12	1428	241
1620		18	112		1459	31
2019				32	919	1068
278					256	22
2366	89	90	368	15	1735	69
6480		62	23		4244	2151
2056			110		1604	342
705			179		391	135
1576		81	317	47	956	175

5-31 各县（区）房地产企业

县（区）	固定资产原价	实收资本合计	资产总计	累计折旧	#本年折旧	负债合计
商丘市	**363957**	**825523**	**3680441**	**67208**	**48444**	**2380737**
梁园区	8438	77943	562891	3008	678	481849
睢阳区	47193	168263	903182	4055	529	632195
民权县	65049	149790	327385	3284	1490	141304
睢　县	176096	130350	425478	42401	40527	235636
宁陵县	1196	2600	87795	140	59	
柘城县	25329	84534	372603	5458	1965	206297
虞城县	14994	47649	245253	2463	1054	157224
夏邑县	18867	65145	269418	4682	1526	133418
物流集聚区	964	21336	103007	36	14	76725
开发区	5830	77913	383430	1682	603	316090

财务状况（2015年）

单位：万元

流动资产合计	非流动负债合计	所有者权益合计	资产负债率（%）	营业成本	主营业务成本	销售费用	管理费用	财务费用	应交所得税
2182784	**197953**	**1299704**	**65**	**1180844**	**1150828**	**100837**	**121140**	**37644**	**32290**
436891	44958	81042	86	37976	32769	2144	5193	2555	2671
528460	103736	270987	70	94126	77249	6403	6549	1171	6075
140141	1163	186081	43	155197	152692	11783	11327	5919	350
222630	13007	189841	55	104835	104835	36608	49490	14056	3517
		87795		154242	154242	4365	4033	42	1293
203915	2382	166307	55	262950	260476	9418	9418	10440	5277
142186	15038	88029	64	116393	116384	5652	9490	2425	2263
133418		136000	50	151385	150494	13364	19953	195	8702
76625	100	26283	75	38230	36230	4031	2801	124	446
298519	17571	67340	82	65509	65457	7069	2886	718	1696

5-31续　各县（区）房地产企业

县（区）	营业收入	主营业务收入	土地转让收入	商品房屋销售收入	房屋出租收入	其他收入
商丘市	**1948331**	**1913027**	**7234**	**1875159**	**20664**	**9970**
梁园区	73339	63685	2230	56214	2100	3142
睢阳区	189545	167340	50	161382	845	5063
民权县	235007	234957	1889	232831	110	128
睢　县	317550	317550		317550		
宁陵县	205191	205191		205191		
柘城县	353829	353466		353466		
虞城县	160344	160344		160138	174	32
夏邑县	243185	243185	2065	226120	14337	664
物流集聚区	64412	61379	1000	58517	920	942
开发区	105929	105929		103750	2179	

财务状况（2015年）

单位：万元

营业税金及附加	主营业务税金及附加	其中：税金	固定资产合计	利息收入	本年应付工资总额(贷方累计发生额)	营业利润	利润总额
153687	**147840**	**20202**	**3858440**	**14834**	**671261**	**3432706**	**328075**
8275	6796	410	59967	854	41785	178225	4657
16820	15052	815	819168	2860	122812	645115	64193
18206	18204	610	707549	4	65791	356064	35527
18692	18691	11796	1607981	69	106561	938691	94233
15661	15661	14	10865	0	10781	268489	26849
29352	28352	2752	226446	14	83529	322504	32250
9585	9472	1989	190645	118	108859	165344	14893
19641	19637	1311	141842	10481	58605	386466	38647
11471	10471	335	13202	160	36734	75305	7335
5985	5506	170	80775	274	35804	96503	9490

5-32 房地产开发企业（单位）投资、资金和土地情况(2015年)

单位：万元

指标名称	总计	指标名称	总计
计划总投资	10370705	本年土地成交价款	79194
自开始建设累计完成投资	5767511	其中：拆迁补偿费	4055
本年完成投资	2178466	土地使用权出让金	41919
其中：本月完成	308046	契税	297
按构成分		一、本年资金来源合计	2370116
建筑工程	1812193	1.上年末结余资金	162309
安装工程	7063	2.本年资金来源小计	2207807
设备工器具购置	45474	其中:省外资金	22563
其他费用	313736	(1)国内贷款	154376
旧建筑物购置费	11492	其中：银行贷款	128176
土地购置费	221524	其中：非银行金融机构贷款	26200
按工程用途分		(2)利用外资	
住宅	1606508	其中：外商直接投资	
其中：90平方米以下	270668	(3)自筹资金	1712437
其中：144平方米以上	191001	其中：自有资金	472347
其中：别墅、高档公寓	5	股东投入资金	192784
办公楼	9763	借入资金	43067
商业营业用房	523611	(4)其他资金来源	340994
其他	38584	其中：定金及预收款	218414
本年新增固定资产	984897	其中：个人按揭贷款	69898
待开发土地面积	501450	二、本年各项应付款合计	537905
本年土地购置面积	451735	其中：工程款	109610

5-33 房地产开发企业（单位）施工、销售和待售情况（2015年）

指标名称	合计	住宅	#90平米以下住房	#144平米以上住房	#别墅、高档公寓	办公楼	商业营业用房	其他房屋
房屋施工面积（平方米）	20456835	15846662	3291482	1260678	34985	96779	3864457	648937
其中：新开工面积	8734945	6304175	1258523	472367		85791	2179201	165778
房屋竣工面积（平方米）	3418260	2272283	346548	232459		56488	1087086	2403
商品住宅竣工套数（套）		19626	4040	1542				
竣工房屋价值（万元）	576884	341760	61286	38021		5350	229212	562
批准预售面积（平方米）	2701568	2396861	224537	237795		3830	288565	12312
批准预售套数（套）		20206	2644	1598				
商品房销售面积（平方米）	6124826	4815050	670960	382069		34197	1222253	53326
其中：现房销售面积	2633242	1939187	278848	287278		34197	657938	1920
其中：期房销售面积	3491584	2875863	392112	94791			564315	51406
商品房销售额（万元）	2689636	1573944	237288	125906		16888	1020403	78401
其中：现房销售额	1057702	597843	88980	83589		16888	442779	192
其中：期房销售额	1631934	976101	148308	42317			577624	78209
商品住宅销售套数（套）		41980	8108	2328				
其中：现房销售套数		16641	3257	1874				
其中：期房销售套数		25339	4851	454				
待售面积（平方米）	3722714	2949743	307910	359073		22291	732865	17815
其中：待售1-3年面积	319793	222719	38200	6992			88274	8800
其中：待售3年以上面积	776	672		163			104	

5-34 按登记注册类型分的房地产开发投资（2015年）

单位：万元

指标名称	本年完成投资	指标名称	本年完成投资
总　计	**2178466**	股份有限公司	154870
一、内资	2174431	私营	449083
国有		其他内资	
集体	14500	二、港澳台商投资	
股份合作		与港澳台商合资经营	
联营		与港澳台商合作经营	
国有联营		港澳台商独资	
集体联营		港澳台商投资股份有限公司	
国有与集体联营		三、外商投资	4035
其他联营		中外合资经营	
有限责任公司	1555978	中外合作经营	4035
国有独自公司		外资企业	
其他有限责任公司	1555978	外商投资股份有限公司	

5-35　各县（区）房地产开发投资（2015年）

单位：万元

县（区）	本年完成投资（万元）	商品住宅	90平方米以下	办公楼	商业营业用房	其他
商丘市	**2178466**	**1606508**	**270668**	**9763**	**523611**	**38584**
梁园区	211692	110696	47594		97628	3368
睢阳区	260607	248583	18639	2000	3497	6527
民权县	188609	154394	61939		24592	9623
睢　县	278672	182759	100	680	77662	17571
宁陵县	99313	57712	0	0	41601	0
柘城县	248640	179700	32300		68850	90
虞城县	153889	116503	57960		36786	600
夏邑县	299616	236487	13412	7083	56046	
物流集聚区	159966	67522	17120		92444	
开发区	277462	252152	21604		24505	805

5-36 各县（区）房地产开发资金来源（2015年）

单位：万元

县（区）	本年资金来源小计（万元）	国内贷款	#银行贷款	自筹资金	#自有资金	#股东投入资金	#借入资金	其他资金来源	定金及预收款	#个人按揭贷款
商丘市	**2207807**	**154376**	**128176**	**1712437**	**472347**	**192784**	**43067**	**340994**	**218414**	**69898**
梁园区	191350	9895	9895	145016	94852	5185	12948	36439	26444	7305
睢阳区	273193	8200	6200	255492	33080	1015	2391	9501	1470	3031
民权县	193951	5000	5000	166681	42455	29040	300	22270	14451	5791
睢　县	287134	29621	29621	252711	34848		2000	4802	1922	2220
宁陵县	99313			99313						
柘城县	236040	35000	35000	201040						
虞城县	143486	47160	24460	59776	28050	16110		36550	7713	4837
夏邑县	313420	17500	16000	290406	192421	83600	14385	5514	2613	2901
物流集聚区	156436			139628	41020	46966		16808	500	
开发区	313484	2000	2000	102374	5621	10868	11043	209110	163301	43813

5-37 各县（区）商品房施工房屋面积（2015年）

单位：平方米

县（区）	施工房屋面积	住宅	90平米以下住房	办公楼	商业营业用房	其他房屋
商丘市	**20456835**	**15846662**	**3291482**	**96779**	**3864457**	**648937**
梁园区	2048269	1470420	431855		475903	101946
睢阳区	2359027	2197677	307561	20000	116923	24427
民权县	2957162	2525961	749560		380610	50591
睢　县	4341814	3150225	106070	10988	828054	352547
宁陵县	720400	439224			281176	
柘城县	2411415	1707685	214830		671977	31753
虞城县	2452130	1986111	889555		391212	74807
夏邑县	1550003	1373951	101640	15641	160411	
物流集聚区	761935	238924	71377	50150	472861	
开发区	854680	756484	419034		85330	12866

5-38　各县（区）商品房新开工房屋面积（2015年）

单位：平方米

县（区）	新开工房屋面积	住宅	90平米以下住房	办公楼	商业营业用房	其他房屋
商丘市	**8734945**	**6304175**	**1258523**	**85791**	**2179201**	**165778**
梁园区	575636	201834	55913		369328	4474
睢阳区	502248	445969	65320	20000	22082	14197
民权县	1759074	1548347	403413		169685	41042
睢　县	1274430	949874			278388	46168
宁陵县	443256	225905			217351	
柘城县	1255514	890210	96000		355304	10000
虞城县	906022	682222	397147		174300	49500
夏邑县	1222696	1070238	96987	15641	136817	
物流集聚区	680479	194452	71377	50150	435877	
开发区	115590	95124	72366		20069	397

5-39 各县（区）商品房竣工房屋面积（2015年）

单位：平方米

县（区）	竣工房屋面积	住宅	90平米以下住房	办公楼	商业营业用房	其他房屋
商丘市	**3418260**	**2272283**	**346548**	**56488**	**1087086**	**2403**
梁园区	260731	27003	15863	0	232034	1694
睢阳区	140418	136380	4221	4038	0	0
民权县	385637	329869	196635	0	55456	312
睢　县	220691	145473	0	0	75218	0
宁陵县	615670	353311	0	0	262359	0
柘城县	0	0	0	0	0	0
虞城县	103486	79508	1780	0	23978	0
夏邑县	1086403	1017803	44929	3830	64770	0
物流集聚区	542874	135775	52232	48620	358479	0
开发区	62350	47161	30888	0	14792	397

5-40 各县（区）商品房竣工房屋价值（2015年）

单位：万元

县（区）	竣工房屋价值	住宅	90平米以下住房	办公楼	商业营业用房	其他房屋
商丘市	**576884**	**341760**	**61286**	**5350**	**229212**	**562**
梁园区	76625	7151	3971	0	69078	396
睢阳区	18770	18331	891	439	0	0
民权县	57537	48208	30733	0	9253	76
睢　县	29498	19890	0	0	9608	0
宁陵县	99313	57712	0	0	41601	0
柘城县	0	0	0	0	0	0
虞城县	23248	15900	390	0	7348	0
夏邑县	142855	130027	6413	1111	11717	0
物流集聚区	114646	34541	14314	3800	76305	0
开发区	14392	10000	4574	0	4302	90

5-41 各县（区）商品房销售面积（2015年）

单位：平方米

县（区）	销售面积	住宅	90平米以下住房	办公楼	商业营业用房	其他房屋
商丘市	**6124826**	**4815050**	**670960**	**34197**	**1222253**	**53326**
梁园区	251713	219447	89048	0	32266	0
睢阳区	529649	526439	105907	2045	1165	0
民权县	1033715	971419	194713	0	62296	0
睢　县	1003471	697824	0	0	254241	51406
宁陵县	441239	299018	0	0	142221	0
柘城县	574450	354450	0	0	220000	0
虞城县	538554	453552	1780	0	85002	0
夏邑县	804400	740229	44132	1002	63169	0
物流集聚区	439806	76842	40617	31150	331814	0
开发区	507829	475830	194763	0	30079	1920

5-42 各县（区）现房销售面积（2015年）

单位：平方米

县（区）	现房销售面积	住宅	90平米以下住房	办公楼	商业营业用房	其他房屋
商丘市	**2633242**	**1939187**	**278848**	**34197**	**657938**	**1920**
梁园区	36477	24066	2484	0	12411	0
睢阳区	336310	334265	47464	2045	0	0
民权县	273452	247084	115654	0	26368	0
睢　县	171379	102763	0	0	68616	0
宁陵县	441239	299018	0	0	142221	0
柘城县	0	0	0	0	0	0
虞城县	16475	16343	0	0	132	0
夏邑县	793234	729516	43702	1002	62716	0
物流集聚区	439560	76596	40617	31150	331814	0
开发区	125116	109536	28927	0	13660	1920

5-43 各县（区）期房销售面积（2015年）

单位：平方米

县（区）	期房销售面积	住宅	90平米以下住房	商业营业用房	其他房屋
商丘市	**3491584**	**2875863**	**392112**	**564315**	**51406**
梁园区	215236	195381	86564	19855	0
睢阳区	193339	192174	58443	1165	0
民权县	760263	724335	79059	35928	0
睢　县	832092	595061	0	185625	51406
宁陵县	0	0	0	0	0
柘城县	574450	354450	0	220000	0
虞城县	522079	437209	1780	84870	0
夏邑县	11166	10713	430	453	0
物流集聚区	246	246	0	0	0
开发区	382713	366294	165836	16419	0

5-44 各县（区）商品房销售额（2015年）

单位：万元

县（区）	商品房销售额	住宅	90平米以下住房	办公楼	商业营业用房	其他房屋
商丘市	**2689636**	**1573944**	**237288**	**16888**	**1020403**	**78401**
梁园区	114386	79829	26312	0	34557	0
睢阳区	217807	216365	49082	972	470	0
民权县	306222	276170	48634	0	30052	0
睢　县	668691	243527	0	0	346955	78209
宁陵县	204158	89715	0	0	114443	0
柘城县	240588	93178	0	0	147410	0
虞城县	203518	132584	390	0	70934	0
夏邑县	219241	199377	11880	341	19523	0
物流集聚区	276653	32136	14550	15575	228942	0
开发区	238372	211063	86440	0	27117	192

5-45 各县（区）现房销售额（2015年）

单位：万元

县（区）	现房销售额	住宅	90平米以下住房	办公楼	商业营业用房	其他房屋
商丘市	**1057702**	**597843**	**88980**	**16888**	**442779**	**192**
梁园区	21615	8859	1070	0	12756	0
睢阳区	134602	133630	21076	972	0	0
民权县	66667	54468	27611	0	12199	0
睢　县	74670	29184	0	0	45486	0
宁陵县	204158	89715	0	0	114443	0
柘城县	0	0	0	0	0	0
虞城县	3782	3709	0	0	73	0
夏邑县	216523	196917	11785	341	19265	0
物流集聚区	276609	32092	14550	15575	228942	0
开发区	59076	49269	12888	0	9615	192

5-46 各县（区）期房销售额（2015年）

单位：万元

县（区）	期房销售额	住宅	90平米以下住房	商业营业用房	其他房屋
商丘市	**1631934**	**976101**	**148308**	**577624**	**78209**
梁园区	92771	70970	25242	21801	0
睢阳区	83205	82735	28006	470	0
民权县	239555	221702	21023	17853	0
睢　县	594021	214343	0	301469	78209
宁陵县	0	0	0	0	0
柘城县	240588	93178	0	147410	0
虞城县	199736	128875	390	70861	0
夏邑县	2718	2460	95	258	0
物流集聚区	44	44	0	0	0
开发区	179296	161794	73552	17502	0

5-47 各县（区）商品房待售面积（2015年）

单位：平方米

县（区）	待售面积	住宅	90平米以下住房	办公楼	商业营业用房	其他房屋
商丘市	**3722714**	**2949743**	**307910**	**22291**	**732865**	**17815**
梁园区	132571	107063	28852	0	23814	1694
睢阳区	145426	140561	16173	1993	2572	300
民权县	197845	109525	28866	0	88045	275
睢　县	208375	184848	3257	0	20077	3450
宁陵县	477270	338252	0	0	139018	0
柘城县	3717	2339	2326	0	1378	0
虞城县	159139	94971	0	0	64168	0
夏邑县	1941975	1727015	131724	2828	212132	0
物流集聚区	182385	40980	11615	17470	123935	0
开发区	274011	204189	85097	0	57726	12096

5-48 各县（区）房地产土地购置和开发情况（2015年）

单位：万元、平方米

县（区）	土地购置费	本年购置土地面积	本年土地成交价款	拆迁补偿费	土地使用权出让金	契税
商丘市	**221524**	**451735**	**79194**	**4055**	**41919**	**297**
梁园区	12010	160000	14543	2533	12010	0
睢阳区	16330	0	0	0	0	0
民权县	1260	75240	7940	0	0	0
睢　县	12722	0	0	0	0	0
宁陵县	0	0	0	0	0	0
柘城县	0	0	0	0	0	0
虞城县	4700	0	0	0	0	0
夏邑县	150199	106261	27531	1522	21909	297
物流集聚区	24303	110234	29180	0	8000	0
开发区	0	0	0	0	0	0

主要指标解释

全社会固定资产投资 是以货币形式表现的在一定时期内全社会建造和购置固定资产的工作量以及与此有关的费用的总称。该指标是反映固定资产投资规模、结构和发展速度的综合性指标，又是观察工程进度和考核投资效果的重要依据。全社会固定资产投资按登记注册类型可分为国有、集体、个体、联营、股份制、外商、港澳台商、其他等。

固定资产投资 指城镇和农村各种登记注册类型的企业、事业、行政单位及城镇个体户进行的计划总投资(或实际需要总投资)500万元及以上的建设项目投资和房地产开发投资。

农村农户投资 指以农户为单位进行的房屋建设（主要指住宅建设）投资、农户对农、林、牧、渔及其服务行业进行的投资（如农户近年广泛进行的设施农业投资）、以及农户购买生产性固定资产的投资。根据农村固定资产投资调查规定，农户房屋建筑物、机器设备、器具等固定资产价值统计标准为50元，使用年限为2年。

固定资产投资的资金来源 根据固定资产投资的资金来源不同，分为国家预算资金、国内贷款、利用外资、自筹资金和其他资金来源。

（1）国家预算资金：自2011年起，按照全国人大和国务院的要求，各级财政的所有资金，包括税收和非税收入，均必须纳入预算管理，我国已不存在预算外资金的概念，因此各级政府用于固定资产投资的财政资金均为预算资金。由于已经没有预算外资金，因此名称改为国家预算资金，包括中央预算资金和地方预算资金，旧的国家预算内资金的内容和现中央预算资金的内容基本一致。

国家预算包括一般预算、政府性基金预算、国有资本经营预算和社保基金预算。各类预算中用于固定资产投资的资金全部作为国家预算资金填报，其中一般预算中用于固定资产投资的部分包括基建投资、车购税、灾后恢复重建基金和其他财政投资。各级政府债券也应归入国家预算资金。

（2）国内贷款：指报告期固定资产投资项目单位向银行及非银行金融机构借入的用于固定资产投资的各种国内借款，包括银行贷款、非银行金融机构贷款等。

银行贷款：是指向各商业银行、政策性银行借入的用于固定资产投资的各项贷款。

非银行金融机构贷款：是指向除上述银行之外从事金融业务的机构借入的用于固定资产投资的各项贷款。非银行金融机构包括保险公司和养老基金（企业年金）、信托投资公司、金融租赁公司、金融资产管理公司、汽车金融服务公司、金融担保公司、证券公司、投资基金、证券交易所、其他金融辅助机构。

投资项目单位从上级部门、总公司或公司股东处取得的用于固定资产投资的资金中，来源于银行或非银行金融机构贷款的部分，也应归入国内贷款。

通过银行理财产品和信托产品筹集的资金，如果是用于固定资产投资的，也作为国内贷款统计。

（3）利用外资：指报告期收到的用于固定资产建造和购置的国外资金(包括设备、材料、技术在内)。包括对外借款(外国政府贷款、国际金融组织贷款、出口信贷、外国银行商业贷款、对外发行债券和股票)、外商直接投资、外商其他投资(包括利用外商投资收益在国内进行固定资产再投资活动的资金)。不包括我国自有外汇资金(国家外汇、地方外汇、留成外汇、调济外汇和国内银行自有资金发放的外汇贷款等)。

（4）自筹资金：指固定资产投资单位在报告期收到的，由各企事业单位筹集用于固定资产投资的资金，包括各类企事业单位的自有资金和从其他单位筹集的用于固定资产投资的资金，但不包括各类财政性资金、从各类金融机借入资金和国外资金。

（5）其他资金来源：指在报告期收到的除以上各种资金之外的用于固定资产投资的资金。包括社会集资、个人资金、无偿捐赠的资金及其他单位拨入的资金等。

固定资产投资按国民经济行业分 根据建设项目建成投产后的主要产品种类或主要用途及社会经济活动性质来确定国民经济行业。一般情况下，一个建设项目或一个企业、事业单位只能属于一种国民经济行业。

固定资产投资按建设性质分 根据整个建设项目情况来确定。建设项目的性质一般分为新建、扩建、改建和技术改造、迁建、恢复。房地产开发单位、农村投资不划分建设性质。

（1）新建：一般是指从无到有、“平地起家”新开始建设的单位。有的单位原有的基础很小，经过建设后其新增加的固定资产价值超过原有固定资产价值(原值)三倍以上的也算新建。

（2）扩建：一般是指为扩大原有产品的生产能力，在厂内或其他地点增建主要生产车间(或主要工程)、独立的生产线或分厂的企业；事业单位和行政单位在原单位增建业务用房(如学校增建教学用房、医院增建门诊部或病床用房、行政机关增建办公楼等)也作为扩建。

（3）改建和技术改造：指现有企业、事业单位，对原有设施进行技术改造或更新（包括相应配套的辅助性生产、生活福利设施）的建设项目。现有企业、事业单位为适应市场变化的需要，而改变企业的主要产品种类（如军工企业转产民用品等）的建设项目，应作为改建。原有产品生产作业线由于各工序（车间）之间能力不平衡，为填平补齐充分发挥原有生产能力而增建不增加本企业主要产品设计能力的车间，也应作为改建。技术改造是指企业、事业单位在现有基础上，用先进的技术代替落后的技术，用先进的工艺和装备代替落后的工艺和装备，以改变企业落后的技术经济面貌，实现以内涵为主的扩大再生产，达到提高产品质量、促进产品更新换代、节约能源、降低消耗、扩大生产规模、全面提高社会经济效益的目的。技术改造具体包括以下内容：机器设备和工具的更新改造；生产工艺改革、节约能源和原材料的改造；厂房建筑和公共设施的改造；劳动条件和生产环境的改造等。

固定资产投资按构成分 固定资产投资活动按其工作内容和实现方式分为建筑安装工程，设备、工具、器具购置，其他费用三个部分。

（1）建筑安装工程（建筑安装工作量）：指各种房屋、建筑物的建造工程和各种设备、装置的安装工程。包括各种房屋建造工程，各种用途设备基础和各种工业窑炉的砌筑工程；为施工而进行的各种准备工作和临时工程以及完工后的清理工作等；铁路、道路的铺设，矿井的开凿及石油管道的架设等；水利工程；防空地下建筑等特殊工程；以及各种机械设备的安装工程；为测定安装工程质量，对设备进行的试运工作。在安装工程中，不包括被安装设备本身的价值。

（2）设备、工具、器具购置：指购置或自制达到固定资产标准的设备、工具、器具的价值，固定资产的标准按财务部门规定。新建单位、扩建单位的新建车间按照设计和计划要求购置或自制的全部设备、工具、器具，不论是否达到固定资产标准均计入“设备、工具、器具购置”中。

（3）其他费用：指在固定资产建造和购置过程中发生的，除建筑安装工程和设备、工具、器具购置以外的各种应摊入固定资产的费用。

施工项目 指报告期内曾进行建筑或安装工程施工活动的建设项目，包括报告期内新开工项目、报告期以前开工跨入报告期继续施工的项目以及报告期施过工并在报告期内全部建成投产或停缓建的项目。

全部建成投产项目 工业项目是指设计文件规定形成生产能力的主体工程及其相应配套的辅助设施全部建成，经负荷试运转，证明具备生产设计规定合格产品的条件，并经过验收鉴定合格或达到竣工验收标准，与生产性工程配套的生活福利设施可以满足近期正常生产的需要，正式移交生产的建设项目。非工业项目是指设计文件规定的主体工程和相应的配套工程全部建成，能够发挥设计规定的全部效益，经验收鉴定合格或达到竣工验收标准，正式移交使用的建设项目。

新增生产能力（或工程效益） 指通过固定资产投资活动而增加的设计能力（或工程效益），该指标是以实物形态表现的反映固定资产投资成果的指标，也是考核投资经济效果的重要依据之一。

新增生产能力（或工程效益）一般有以下几种表现形式：

（1）用产品数量表示，以工程在单位时间内（一般是一年）所能生产的产品数量（即年产量）表示。如原煤开采用万吨/年表示，化学农药用吨/年表示，汽车制造用辆/年表示等。某些化工产品由于含量差别较大，按其设计含量计算折合量表示，如氮肥、磷肥等。

（2）用单位时间内所能处理的原料数量表示，以工程每天（或小时）所能处理原料的数量表示。如城市污水处理能力用万吨/日表示等。

（3）用新增加的主要设备的数量或容量表示，如毛纺锭等锭数，发电厂新增发电机组容量用万千瓦表示等。

（4）用建筑物个数、容积、容量、面积、长度表示，是非工业项目或工程新增效益的一种表现形式。如铁路投产里程、公路里程、桥梁隧道延长米里程、新（扩）建公路客货运站个数等。

根据工程的特点，有时需要用两种或两种以上的复合计量单位表示新增生产能力或工程效益。如新增内燃机生产能力同时用年产台数、万千瓦数表示等。

为了规范新增生产能力（或工程效益）的名称和计算单位，国家统计局制订了《新增生产能力（或工程效益）目录及代码》。各固定资产投资单位在统计新增生产能力（或工程效益）时，必须按目录中规定的名称、计量单位和代码填报。

新增固定资产 指已经完成建造和购置过程，并已交付生产或使用单位的固定资产的价值，包括已经建成投入生产或交付使用的工程投资和达到固定资产标准的设备、工具、器具的投资及有关应摊入的费用。

属于增加固定资产价值的其他建设费用，应随同交付使用的工程一并计入新增固定资产。

房屋建筑面积 指房屋建筑物勒脚以上外墙外围的水平截面面积，包括房屋建筑物的有效面积和结构面积。该指标是从实物形态上反映建设规模和建设成果的重要指标之一，也是检查工程形象进度、计算工程造价、分析投资效果、研究施工任务和建筑材料之间平衡情况的重要依据。

住宅建筑面积 指施工和竣工房屋建筑面积中供居住用的房屋建筑面积。

施工面积 指报告期内施工的全部房屋建筑面积。包括本期新开工的面积和上期开工跨入本期继续施工的房屋面积，以及上期已停建在本期复工的房屋面积。本期竣工和本期施工后又停缓建的房屋，其建筑面积仍计入本期施工房屋面积中。

竣工面积 指在报告期内房屋建筑按照设计要求已全部完工，达到住人和使用条件，经验收鉴定合格（或达到竣工验收标准），可正式移交使用的各栋房屋建筑面积的总和。

建筑业

● 资料整理：胡婷婷

6-1 建筑业企业生产情况(2015年)

单位：千元

项目	企业个数	建筑业合同情况			承包工程完成情况			
		签订的合同额	上年结转合同额	本年新签合同额	直接从建设单位承揽工程完成的产值	自行完成施工产值	分包出去工程的产值	从建设单位以外承揽工程完成的产值
总计	**187**	**48122062**	**15270498**	**32851564**	**35604327**	**35330080**	**274247**	**963339**
其中：国有及国有控股企业	19	12709369	5271645	7437724	7853603	7853603	0	1097
一、按登记注册类型分组								
内资企业	178	48113902	15270498	32843404	35596167	35321920	274247	963339
国有企业	2	545110	5723	539387	537455	537455	0	0
集体企业	5	626429	182659	443770	642519	584383	58136	216037
有限责任公司	96	33286224	11905534	21380690	21194129	21153939	40190	370625
国有独资公司	3	915800	0	915800	821850	821850	0	0
其他有限责任公司	93	32370424	11905534	20464890	20372279	20332089	40190	370625
股份有限公司	30	5549927	1073679	4476248	5697587	5697587	0	0
私营企业	45	8106212	2102903	6003309	7524477	7348556	175921	376677
私营独资企业	1	65893	0	65893	65893	65893	0	0
私营有限责任公司	35	7566393	2050510	5515883	6924069	6782018	142051	376677
私营股份有限公司	9	473926	52393	421533	534515	500645	33870	0
二、按国民经济行业分组								
房屋建筑业	96	32755084	10508571	22246513	23619267	23412625	206642	911070
土木工程建筑业	49	12845322	4208670	8636652	9296589	9252580	44009	26886
铁路、道路、隧道和桥梁工程建筑	29	9885911	3931372	5954539	6433186	6389177	44009	25536
铁路工程建筑	1	58420	32420	26000	44500	44500	0	0
公路工程建筑	9	6905024	3343775	3561249	3571743	3539938	31805	0
市政道路工程建筑	10	1703867	501595	1202272	1680184	1680184	0	0
其他道路、隧道和桥梁工程建筑	9	1218600	53582	1165018	1136759	1124555	12204	25536
水利和内河港口工程建筑	8	633746	41172	592574	667466	667466	0	0
水源及供水设施工程建筑	7	619884	39322	580562	653604	653604	0	0
河湖治理及防洪设施工程建筑	1	13862	1850	12012	13862	13862	0	0
工矿工程建筑	3	655131	215278	439853	559553	559553	0	0
架线和管道工程建筑	5	255391	20848	234543	255091	255091	0	0
架线及设备工程建筑	3	92066	20848	71218	91766	91766	0	0
管道工程建筑	2	163325	0	163325	163325	163325	0	0
其他土木工程建筑	4	1415143	0	1415143	1381293	1381293	0	1350
建筑安装业	5	527413	220888	306525	921025	921025	0	0
管道和设备安装	3	524408	220688	303720	918220	918220	0	0
其他建筑安装业	2	3005	200	2805	2805	2805	0	0
建筑装饰和其他建筑业	29	1994243	332369	1661874	1767446	1743850	23596	25383
建筑装饰业	19	141865	2535	139330	232406	208810	23596	24286
提供施工设备服务	1	6240	0	6240	9702	9702	0	0
其他未列明建筑业	9	1846138	329834	1516304	1525338	1525338	0	1097
三、按隶属关系分组								
中央								
省(自治区、直辖市)	4	7883862	4043063	3840799	3933696	3933696	0	1097
地区(州、盟、省辖市)	40	14448662	5694564	8754098	9027435	9027435	0	10151
县(区、市、旗)	35	6991742	1123426	5868316	6242136	6186364	55772	283338
其他	100	18797796	4409445	14388351	16401060	16182585	218475	668753
四、按企业资质等级分组								
施工总承包	137	45506804	14883996	30622808	33272282	33021631	250651	936606
特级	1	5373564	3289013	2084551	2100517	2100517	0	0
一级	9	15718846	6814583	8904263	9950993	9890867	60126	260120
二级	58	15612780	3274176	12338604	11936535	11936535	0	300572
三级及以下	69	8801614	1506224	7295390	9284237	9093712	190525	375914
专业承包	42	2615258	386502	2228756	2332045	2308449	23596	26733
一级	1	779510	37860	741650	459760	459760	0	0
二级	13	1139242	325382	813860	1095840	1087309	8531	9881
三级及以下	28	696506	23260	673246	776445	761380	15065	16852

6-1续1 建筑业企业生产情况(2015年)

单位：千元

项目	建筑业总产值	装饰装修产值	在外省完成的产值	按构成分			竣工产值
				建筑工程产值	安装工程产值	其他产值	
总计	**36293419**	**822041**	**4105993**	**31831440**	**3715272**	**746707**	**25048316**
其中：国有及国有控股企业	7854700	66320	978487	7078229	679230	97241	4310892
一、按登记注册类型分组							
内资企业	36285259	822041	4105993	31823280	3715272	746707	25048316
国有企业	537455	0	0	537455	0	0	537455
集体企业	800420	0	0	394395	256388	149637	233674
有限责任公司	21524564	453523	3966385	19578895	1636817	308852	14354901
国有独资公司	821850	0	0	821850	0	0	814450
其他有限责任公司	20702714	453523	3966385	18757045	1636817	308852	13540451
股份有限公司	5697587	67438	0	4749982	860969	86636	3778298
私营企业	7725233	301080	139608	6562553	961098	201582	6143988
私营独资企业	65893	65893	0	65893	0	0	65893
私营有限责任公司	7158695	234274	139608	6047770	909343	201582	5627508
私营股份有限公司	500645	913	0	448890	51755	0	450587
二、按国民经济行业分组							
房屋建筑业	24323695	412805	2764786	21802376	1905638	615681	17348291
土木工程建筑业	9279466	33160	478687	8400319	843654	35493	6316188
铁路、道路、隧道和桥梁工程建筑	6414713	33160	404951	6325447	74409	14857	3956674
铁路工程建筑	44500	0	44500	44500	0	0	44500
公路工程建筑	3539938	33160	360451	3495428	34510	10000	1732795
市政道路工程建筑	1680184	0	0	1680184	0	0	1144895
其他道路、隧道和桥梁工程建筑	1150091	0	0	1105335	39899	4857	1034484
水利和内河港口工程建筑	667466	0	0	515043	131787	20636	497487
水源及供水设施工程建筑	653604	0	0	501181	131787	20636	485404
河湖治理及防洪设施工程建筑	13862	0	0	13862	0	0	12083
工矿工程建筑	559553	0	73736	522212	37341	0	424553
架线和管道工程建筑	255091	0	0	33981	221110	0	254891
架线及设备工程建筑	91766	0	0	30516	61250	0	91566
管道工程建筑	163325	0	0	3465	159860	0	163325
其他土木工程建筑	1382643	0	0	1003636	379007	0	1182583
建筑安装业	921025	305	0	326000	594720	305	4305
管道和设备安装	918220	0	0	323500	594720	0	2500
其他建筑安装业	2805	305	0	2500	0	305	1805
建筑装饰和其他建筑业	1769233	375771	862520	1302745	371260	95228	1379532
建筑装饰业	233096	186395	0	155948	51665	25483	142502
提供施工设备服务	9702	0	0	4440	0	5262	9702
其他未列明建筑业	1526435	189376	862520	1142357	319595	64483	1227328
三、按隶属关系分组							
中央							
省(自治区、直辖市)	3934793	112782	1859883	3933696	0	1097	2549849
地区(州、盟、省辖市)	9037586	307719	978487	8183264	823510	30812	5283792
县(区、市、旗)	6469702	50986	0	5660245	591269	218188	5249980
其他	16851338	350554	1267623	14054235	2300493	496610	11964695
四、按企业资质等级分组							
施工总承包	33958237	461515	3198973	30197561	3112202	648474	23227660
特级	2100517	33160	360451	2079017	21500	0	889290
一级	10150987	175442	2755422	9417094	696078	37815	6504378
二级	12237107	178618	25000	11183832	835000	218275	10027221
三级及以下	9469626	74295	58100	7517618	1559624	392384	5806771
专业承包	2335182	360526	907020	1633879	603070	98233	1820656
一级	459760	187540	0	459760	0	0	411500
二级	1097190	14116	826566	710964	321020	65206	774069
三级及以下	778232	158870	80454	463155	282050	33027	635087

6-1续2　建筑业企业生产情况（2015年）

项　　目	房屋建筑施工面积(平方米)			从业人员情况(人)	
	房屋建筑施工面积	其中：本年新开工面积	其中：实行投标承包面积	从业人员平均人数	年末从业人数
总　　计	**17976843**	**11357374**	**14042898**	**110785**	**115516**
其中：国有及国有控股企业	3520023	2040238	2706856	15981	16283
一、按登记注册类型分组					
内资企业	17931510	11312041	13997565	110456	115057
国有企业	0	0	0	485	492
集体企业	362381	185790	362381	2886	3167
有限责任公司	11476464	7273499	8958121	64720	67663
国有独资公司	496000	496000	496000	2416	2921
其他有限责任公司	10980464	6777499	8462121	62304	64742
股份有限公司	2273262	1543640	1717843	19262	20264
私营企业	3819403	2309112	2959220	23103	23471
私营独资企业	0	0	0	785	810
私营有限责任公司	3459455	2095309	2659968	19486	19848
私营股份有限公司	359948	213803	299252	2832	2813
二、按国民经济行业分组					
房屋建筑业	15731696	9798713	12502469	85222	88933
土木工程建筑业	1228686	996150	978019	21788	22640
铁路、道路、隧道和桥梁工程建筑	562500	473762	562500	14820	15783
铁路工程建筑	0	0	0	88	88
公路工程建筑	562500	473762	562500	4091	4092
市政道路工程建筑	0	0	0	4812	5780
其他道路、隧道和桥梁工程建筑	0	0	0	5829	5823
水利和内河港口工程建筑	0	0	0	1635	1631
水源及供水设施工程建筑	0	0	0	1558	1553
河湖治理及防洪设施工程建筑	0	0	0	77	78
工矿工程建筑	372451	228653	121784	2798	2529
架线和管道工程建筑	0	0	0	1055	1074
架线及设备工程建筑	0	0	0	418	417
管道工程建筑	0	0	0	637	657
其他土木工程建筑	293735	293735	293735	1480	1623
建筑安装业	0	0	0	551	563
管道和设备安装	0	0	0	502	512
其他建筑安装业	0	0	0	49	51
建筑装饰和其他建筑业	1016461	562511	562410	3224	3380
建筑装饰业	0	0	0	1554	1621
提供施工设备服务	401	101	0	23	52
其他未列明建筑业	1016060	562410	562410	1647	1707
三、按隶属关系分组					
中央					
省(自治区、直辖市)	871087	465268	409768	7167	7686
地区(州、盟、省辖市)	5602443	2745698	3735197	25980	26259
县(区、市、旗)	3617766	2631314	3282467	25168	26503
其他	7885547	5515094	6615466	52470	55068
四、按企业资质等级分组					
施工总承包	16742733	10629579	13315204	105409	109883
特级	562500	473762	562500	1782	1780
一级	5095757	2385569	3832021	24190	24354
二级	7739018	5293769	6275294	54847	56926
三级及以下	3345458	2476479	2645389	24590	26823
专业承包	1234110	727795	727694	5376	5633
一级	453650	0	0	419	419
二级	605910	605910	605910	1706	1781
三级及以下	174550	121885	121784	3251	3433

6-2 建筑业企业财务状况（2015年）

单位：千元

指标名称	流动资产合计	应收工程款	其中：存 货	固定资产合计	固定资产减值准备
总　　计	**11420283**	**3233680**	**1858983**	**3278321**	**4467**
其中：国有及国有控股企业	4484068	1257082	318666	870476	135
一、按登记注册类型分组					
内资企业	11398923	3233680	1853114	3267453	4467
国有企业	70751	21780	9707	17263	0
集体企业	207711	126393	42123	42544	0
有限责任公司	8442241	1897696	1132928	1994470	1317
国有独资公司	173797	124277	666	124321	0
其他有限责任公司	8268444	1773419	1132262	1870149	1317
股份有限公司	671545	225256	177644	643512	600
私营企业	2006675	962555	490712	569664	2550
私营独资企业	24765	0	0	40021	0
私营有限责任公司	1817118	950067	427812	489732	2238
私营股份有限公司	164792	12488	62900	39911	312
二、按国民经济行业分组					
房屋建筑业	5679574	1735220	1276541	1710685	2091
土木工程建筑业	5060589	1383497	464736	1305905	1554
铁路、道路、隧道和桥梁工程建筑	3676745	756083	360974	1041755	996
铁路工程建筑	12352	328	256	219	0
公路工程建筑	3107555	612822	272354	602390	0
市政道路工程建筑	243179	48226	34381	197470	0
其他道路、隧道和桥梁工程建筑	313659	94707	53983	241676	996
水利和内河港口工程建筑	119578	49077	31564	47890	312
水源及供水设施工程建筑	115222	45988	30297	40680	0
河湖治理及防洪设施工程建筑	4356	3089	1267	7210	312
工矿工程建筑	933602	559247	35319	70756	0
架线和管道工程建筑	102593	16225	34014	107940	246
架线及设备工程建筑	89636	11476	28243	10219	0
管道工程建筑	12957	4749	5771	97721	246
其他土木工程建筑	228071	2865	2865	37564	0
建筑安装业	16575	6623	2980	42883	600
管道和设备安装	16205	6623	2980	42023	600
其他建筑安装业	370	0	0	860	0
建筑装饰和其他建筑业	663545	108340	114726	218848	222
建筑装饰业	96561	25956	10528	52319	51
提供施工设备服务	304	0	0	6094	0
其他未列明建筑业	566680	82384	104198	160435	171
三、按隶属关系分组					
省(自治区、直辖市)	441651	64014	50717	95997	135
地区(州、盟、省辖市)	5171788	1491735	459239	1157650	636
县(区、市、旗)	1330621	339874	495058	640459	300
其他	4476223	1338057	853969	1384215	3396
四、按企业资质等级分组					
施工总承包	10625720	3097770	1710652	2922821	4245
特级	2402891	295045	262148	458939	0
一级	2598116	1312821	472785	511877	1260
二级	4246729	1083412	688186	1156144	936
三级以下	1377984	406492	287533	795861	2049
专业承包	794563	135910	148331	355500	222
一级	257800	13760	17250	106370	0
二级	236719	36613	86352	57171	51
三级以下	300044	85537	44729	191959	171
五、按控股情况分					
国有控股	4484068	1257082	318666	870476	135
集体控股	825289	351133	152800	309571	0
私人控股	5598260	1465925	1364147	1882470	3627
其 他	512666	159540	23370	215804	705

6-2续1 建筑业企业财务状况（2015年）

单位：千元

指标名称	固定资产原价	累计折旧	本年折旧	在建工程	资产合计
总　计	**3428504**	**898572**	**152783**	**289088**	**16131275**
其中：国有及国有控股企业	1030066	271987	62333	55730	5836339
一、按登记注册类型分组					
内资企业	3416638	897574	152046	289088	16099047
国有企业	33327	16920	1725	0	107680
集体企业	42819	18068	1149	16910	255037
有限责任公司	2180936	523786	109904	175904	11369531
国有独资公司	149236	37976	7990	0	298128
其他有限责任公司	2031700	485810	101914	175904	11071403
股份有限公司	740351	236897	25103	10625	1524931
私营企业	419205	101903	14165	85649	2841868
私营独资企业	47123	7623	1223	0	64786
私营有限责任公司	328359	86112	11904	82766	2549249
私营股份有限公司	43723	8168	1038	2883	227833
二、按国民经济行业分组					
房屋建筑业	1653628	407536	58583	209042	8167987
土木工程建筑业	1495528	427322	86978	55991	6989836
铁路、道路、隧道和桥梁工程建筑	1131469	291423	58993	51568	5185428
铁路工程建筑	2984	2765	29	0	31102
公路工程建筑	760876	193835	34906	8106	4116286
市政道路工程建筑	163484	33153	13753	9024	450472
其他道路、隧道和桥梁工程建筑	204125	61670	10305	34438	587568
水利和内河港口工程建筑	40921	9422	1629	2884	175517
水源及供水设施工程建筑	36358	9186	1419	1	163951
河湖治理及防洪设施工程建筑	4563	236	210	2883	11566
工矿工程建筑	130089	69798	10203	78	1020747
架线和管道工程建筑	151910	46174	10922	1461	217739
架线及设备工程建筑	21425	12016	1776	810	107061
管道工程建筑	130485	34158	9146	651	110678
其他土木工程建筑	41139	10505	5231	0	390405
建筑安装业	53166	11970	1514	1600	63419
管道和设备安装	52335	11912	1497	1600	58439
其他建筑安装业	831	58	17	0	4980
建筑装饰和其他建筑业	226182	51744	5708	22455	910033
建筑装饰业	61201	10391	1497	98	155375
提供施工设备服务	6949	855	855	0	6398
其他未列明建筑业	158032	40498	3356	22357	748260
三、按隶属关系分组					
省(自治区、直辖市)	152922	60774	4906	0	594279
地区(州、盟、省辖市)	1349679	369274	59127	121407	6885831
县(区、市、旗)	711138	171910	33035	23866	2083005
其他	1214765	296614	55715	143815	6568160
四、按企业资质等级分组					
施工总承包	3018608	791731	131768	265823	14934570
特级	531485	80652	25640	8106	3217810
一级	428185	145154	16483	87624	3394215
二级	1365120	424584	53975	119814	5806415
三级以下	693818	141341	35670	50279	2516130
专业承包	409896	106841	21015	23265	1196705
一级	75130	3712	254	22357	364170
二级	73459	25672	5868	98	319950
三级以下	261307	77457	14893	810	512585
五、按控股情况分					
国有控股	1030066	271987	62333	55730	5836339
集体控股	473345	207000	19225	34610	1183771
私人控股	1679638	356002	58145	194201	8293211
其 他	245455	63583	13080	4547	817954

6-2续2 建筑业企业财务状况（2015年）

单位：千元

指标名称	流动负债合计	应付账款	非流动负债合计	负债合计
总　计	**5862321**	**1258399**	**297289**	**7703725**
其中：国有及国有控股企业	3223645	546888	42365	3401790
一、按登记注册类型分组				
内资企业	5852143	1250193	297289	7693547
国有企业	74394	58875	840	75234
集体企业	84805	45053	563	85502
有限责任公司	4701522	814122	53606	6129531
国有独资公司	185419	1115	3890	189489
其他有限责任公司	4516103	813007	49716	5940042
股份有限公司	351078	74167	26780	506182
私营企业	640344	257976	215500	897098
私营独资企业	14998	0	0	14998
私营有限责任公司	556412	239087	215243	807002
私营股份有限公司	68934	18889	257	75098
二、按国民经济行业分组				
房屋建筑业	2275798	565284	225440	3822887
土木工程建筑业	3330448	598924	56198	3606079
铁路、道路、隧道和桥梁工程建筑	2544202	372166	55241	2663184
铁路工程建筑	26295	0	0	26295
公路工程建筑	2299813	276266	35121	2358864
市政道路工程建筑	116180	37004	0	119641
其他道路、隧道和桥梁工程建筑	101914	58896	20120	158384
水利和内河港口工程建筑	35014	17048	257	39271
水源及供水设施工程建筑	33779	16156	0	37779
河湖治理及防洪设施工程建筑	1235	892	257	1492
工矿工程建筑	646625	185159	0	760902
架线和管道工程建筑	86019	24304	0	123434
架线及设备工程建筑	84046	23819	0	84046
管道工程建筑	1973	485	0	39388
其他土木工程建筑	18588	247	700	19288
建筑安装业	26626	5182	15774	42412
管道和设备安装	25852	4491	15780	41632
其他建筑安装业	774	691	-6	780
建筑装饰和其他建筑业	229449	89009	-123	232347
建筑装饰业	28665	-73	-963	29317
提供施工设备服务	3623	0	0	3623
其他未列明建筑业	197161	89082	840	199407
三、按隶属关系分组				
省(自治区、直辖市)	116873	31471	0	117253
地区(州、盟、省辖市)	3414155	625008	40561	3712143
县(区、市、旗)	882932	221536	15447	1002643
其他	1448361	380384	241281	2871686
四、按企业资质等级分组				
施工总承包	5546883	1192423	297558	7348108
特级	1703198	209689	35121	1738319
一级	1356194	470806	159739	1571851
二级	1967534	372291	36618	3355846
三级以下	519957	139637	66080	682092
专业承包	315438	65976	-269	355617
一级	14170	2008	0	14170
二级	106789	12885	796	109379
三级以下	194479	51083	-1065	232068
五、按控股情况分				
国有控股	3223645	546888	42365	3401790
集体控股	466666	111171	12943	523434
私人控股	1830599	533104	241981	3370448
其 他	341411	67236	0	408053

6-2续3　建筑业企业财务状况（2015年）

单位：千元

指标名称	所有者权益合计	实收资本	国家资本	集体资本	法人资本	个人资本
总　　计	**8427550**	**4565113**	**925974**	**472709**	**1115604**	**2050826**
其中：国有及国有控股企业	2434549	1052730	880753	27500	37120	107357
一、按登记注册类型分组						
内资企业	8405500	4543113	925974	450709	1115604	2050826
国有企业	32446	32089	32089	0	0	0
集体企业	169535	151709	0	151709	0	0
有限责任公司	5240000	2926460	884700	173000	505846	1362914
国有独资公司	108639	67560	67560	0	0	0
其他有限责任公司	5131361	2858900	817140	173000	505846	1362914
股份有限公司	1018749	607507	7500	105137	387034	107836
私营企业	1944770	825348	1685	20863	222724	580076
私营独资企业	49788	42300	0	0	42300	0
私营有限责任公司	1742247	698843	1685	20863	145424	530871
私营股份有限公司	152735	84205	0	0	35000	49205
二、按国民经济行业分组						
房屋建筑业	4345100	2533375	227409	280513	641097	1384356
土木工程建筑业	3383757	1392146	686434	191886	323626	190200
铁路、道路、隧道和桥梁工程建筑	2522244	1160008	622519	126840	297560	113089
铁路工程建筑	4807	21300	0	0	20700	600
公路工程建筑	1757422	746200	595000	99840	41360	10000
市政道路工程建筑	330831	234058	20069	0	136000	77989
其他道路、隧道和桥梁工程建筑	429184	158450	7450	27000	99500	24500
水利和内河港口工程建筑	136246	95806	14151	47000	6520	28135
水源及供水设施工程建筑	126172	89306	14151	47000	20	28135
河湖治理及防洪设施工程建筑	10074	6500	0	0	6500	0
工矿工程建筑	259845	84740	49764	0	0	34976
架线和管道工程建筑	94305	23046	0	18046	5000	0
架线及设备工程建筑	23015	13046	0	13046	0	0
管道工程建筑	71290	10000	0	5000	5000	0
其他土木工程建筑	371117	28546	0	0	14546	14000
建筑安装业	21007	18500	0	0	11500	7000
管道和设备安装	16807	14300	0	0	9300	5000
其他建筑安装业	4200	4200	0	0	2200	2000
建筑装饰和其他建筑业	677686	621092	12131	310	139381	469270
建筑装饰业	126058	121667	111	310	83976	37270
提供施工设备服务	2775	2775	0	0	2775	0
其他未列明建筑业	548853	496650	12020	0	52630	432000
三、按隶属关系分组						
省(自治区、直辖市)	477026	95869	43536	0	25000	27333
地区(州、盟、省辖市)	3173688	1724071	808973	127239	82966	704893
县(区、市、旗)	1080362	640746	64280	127245	320706	128515
其他	3696474	2104427	9185	218225	686932	1190085
四、按企业资质等级分组						
施工总承包	7586462	3871269	925863	454353	954277	1536776
特级	1479491	505000	505000	0	0	0
一级	1822364	674999	201953	0	19000	454046
二级	2450569	1557104	195735	343715	556154	461500
三级以下	1834038	1134166	23175	110638	379123	621230
专业承包	841088	693844	111	18356	161327	514050
一级	350000	350000	0	0	0	350000
二级	210571	166271	111	310	43895	121955
三级以下	280517	177573	0	18046	117432	42095
五、按控股情况分						
国有控股	2434549	1052730	880753	27500	37120	107357
集体控股	660337	472085	43536	313324	78500	36725
私人控股	4922763	2801173	1685	80885	864148	1854455
其　他	409901	239125	0	51000	135836	52289

6-2续4　建筑业企业财务状况（2015年）

单位：千元

指标名称	营业成本	主营业务成本	营业税金及附加	主营业务税金及附加	其他业务利润	销售费用
总　计	**25639829**	**25059392**	**1118344**	**1105884**	**17308**	**329130**
其中：国有及国有控股企业	7494522	7493140	359330	358199	2045	18108
一、按登记注册类型分组						
内资企业	25573571	24993134	1115641	1103181	17308	327444
国有企业	257529	257529	12003	12003		130
集体企业	539540	539540	12867	12867		12812
有限责任公司	17119311	17050321	750116	748049	10011	198327
国有独资公司	615040	615040	100602	99522		6660
其他有限责任公司	16504271	16435281	649514	648527	10011	191667
股份有限公司	3474212	2971233	151096	141514	1633	34834
私营企业	4182979	4174511	189559	188748	5664	81341
私营独资企业	51599	51599	4152	4152		645
私营有限责任公司	3821194	3812726	170062	169486	5664	77400
私营股份有限公司	310186	310186	15345	15110		3296
二、按国民经济行业分组						
房屋建筑业	17053669	16478773	680990	670087	17200	246501
土木工程建筑业	7507546	7507285	396761	395659	104	57235
铁路、道路、隧道和桥梁工程建筑	5358557	5358296	295681	294579	104	18706
铁路工程建筑	41600	41600	1522	1500	104	
公路工程建筑	3544245	3543984	200857	199777		11734
市政道路工程建筑	956931	956931	39129	39129		3498
其他道路、隧道和桥梁工程建筑	815781	815781	54173	54173		3474
水利和内河港口工程建筑	552488	552488	27920	27920		10819
水源及供水设施工程建筑	548486	548486	27510	27510		10819
河湖治理及防洪设施工程建筑	4002	4002	410	410		
工矿工程建筑	880181	880181	29209	29209		148
架线和管道工程建筑	117160	117160	7820	7820		16603
架线及设备工程建筑	45820	45820	2323	2323		16423
管道工程建筑	71340	71340	5497	5497		180
其他土木工程建筑	599160	599160	36131	36131		10959
建筑安装业	41223	40103	1748	1697		1069
管道和设备安装	39553	39553	1667	1667		1051
其他建筑安装业	1670	550	81	30		18
建筑装饰和其他建筑业	1037391	1033231	38845	38441		24325
建筑装饰业	175217	171057	9615	9211		2341
提供施工设备服务	3282	3282	356	356		4
其他未列明建筑业	858892	858892	28874	28874		21980
三、按隶属关系分组						
省(自治区、直辖市)	3056530	3055190	116640	116640	2220	26115
地区(州、盟、省辖市)	8863520	8797670	400243	390715	2045	80537
县(区、市、旗)	4102967	3919704	185643	184110	1398	57837
其他	9616812	9286828	415818	414419	11645	164641
四、按企业资质等级分组						
施工总承包	24261605	23685908	1061148	1049165	17200	286688
特级	2405064	2405064	89499	89499		11075
一级	8172535	8172414	313645	313615	4385	70386
二级	8807882	8398590	442385	431132	6800	151067
三级以下	4876124	4709840	215619	214919	6015	54160
专业承包	1378224	1373484	57196	56719	108	42442
一级	414800	414800	16750	16750	0	16340
二级	509624	506124	19808	19394	108	4203
三级以下	453800	452560	20638	20575		21899
五、按控股情况分						
国有控股	7494522	7493140	359330	358199	2045	18108
集体控股	2730573	2545437	99244	89524	1278	52297
私人控股	14319775	13928246	612187	610780	8479	215377
其他	1094959	1092569	47583	47381	5506	43348

6-2续5　建筑业企业财务状况（2015年）

单位：千元

指标名称	管理费用		财务费用			资产减值损失	公允价值变动收益	投资收益	营业利润
		税金		利息收入	利息支出				
总　　计	**1120436**	**59268**	**243428**	**30510**	**217412**	**10254**	**706**	**403**	**1855863**
其中：国有及国有控股企业	242668	4948	139185	22108	140415	2275			352499
一、按登记注册类型分组									
内资企业	1112313	59252	241905	30510	215889	10254	706	403	1855156
国有企业	8691	3166	2048	990	281				44820
集体企业	35500	4809	4730	100	342				99888
有限责任公司	789447	26799	194829	25152	188542	4440			864242
国有独资公司	12408	298	7273		6953				61678
其他有限责任公司	777039	26501	187556	25152	181589	4440			802564
股份有限公司	123228	9777	16880	618	11180	5465			253578
私营企业	155447	14701	23418	3650	15544	349	706	403	592628
私营独资企业	398	130	545		442				1423
私营有限责任公司	147909	13278	21689	3650	14185	349	706	403	580004
私营股份有限公司	7140	1293	1184		917				11201
二、按国民经济行业分组									
房屋建筑业	707751	33050	70977	5807	48305	6714	525	232	1197689
土木工程建筑业	347994	15514	147418	23402	144403	3220			566744
铁路、道路、隧道和桥梁工程建筑	260854	11611	129888	27021	131611	300			351472
铁路工程建筑	989		75						-960
公路工程建筑	204054	6192	120677	24215	124033				155898
市政道路工程建筑	22233	2851	4403	1832	3460				95398
其他道路、隧道和桥梁工程建筑	33578	2568	4733	974	4118	300			101136
水利和内河港口工程建筑	23087	450	600	92	387				71145
水源及供水设施工程建筑	22975	378	537	92	331				69202
河湖治理及防洪设施工程建筑	112	72	63		56				1943
工矿工程建筑	24409	430	8404	-3722	4178	2275			26148
架线和管道工程建筑	26042	2245	55	9	48	645			27397
架线及设备工程建筑	22379	2105	8	9	1	645			2229
管道工程建筑	3663	140	47		47				25168
其他土木工程建筑	13602	778	8471	2	8179				90582
建筑安装业	2000	172	3884	12	3789	130			2871
管道和设备安装	1848	145	3865		3765	130			2646
其他建筑安装业	152	27	19	12	24				225
建筑装饰和其他建筑业	62691	10532	21149	1289	20915	190	181	171	88559
建筑装饰业	10408	719	1089	3	787	190	181	171	13655
提供施工设备服务	2085	2	2		2				626
其他未列明建筑业	50198	9811	20058	1286	20126				74278
三、按隶属关系分组									
省(自治区、直辖市)	169196	2008	302	-158	698	-307			100516
地区(州、盟、省辖市)	378920	16077	165119	22250	164053	2275			352259
县(区、市、旗)	194903	5100	15198	1548	8378	945			426570
其他	377417	36083	62809	6870	44283	7341	706	403	976518
四、按企业资质等级分组									
施工总承包	1030706	48042	221382	29209	195956	9419	525	232	1707472
特级	149751	956	109697	24184	120853				101711
一级	263170	10316	20212	853	19274	2275			517010
二级	439424	23721	57287	1874	32623	6604			544899
三级以下	178361	13049	34186	2298	23206	540	525	232	543852
专业承包	89730	11226	22046	1301	21456	835	181	171	148391
一级	35470	6532	18340	1275	19530				40200
二级	12896	1489	1715	2	267	185	175	163	51108
三级以下	41364	3205	1991	24	1659	650	6	8	57083
五、按控股情况分									
国有控股	242668	4948	139185	22108	140415	2275			352499
集体控股	187521	8293	16255	421	5362	338			235222
私人控股	668333	43929	87448	7659	71363	6065	706	403	1205343
其　他	21914	2098	540	322	272	1576			62799

6-2续6 建筑业企业财务状况（2015年）

单位：千元

指标名称	营业外收入	营业外支出	利润总额	应交所得税	应付职工薪酬（本年贷方累计发生额）	建筑业企业在境外完成的营业收入	利税总额
总　计	**23087**	**21644**	**1858444**	**255377**	**3768463**	**660816**	**3036056**
其中：国有及国有控股企业	15697	14890	353306	56033	1083580		717584
一、按登记注册类型分组							
内资企业	23087	21644	1857737	255363	3763938	660816	3032630
国有企业		102	44718	3346	14816		59887
集体企业	168	144	99912	1602	82756		117588
有限责任公司	22122	18442	869060	159237	2477378	653760	1645975
国有独资公司			61678	16122	66834		162578
其他有限责任公司	22122	18442	807382	143115	2410544	653760	1483397
股份有限公司	325	1653	252250	31830	481924		413123
私营企业	472	1303	591797	59348	707064	7056	796057
私营独资企业			1423	285	26244		5705
私营有限责任公司	472	1266	579210	56871	605145		762550
私营股份有限公司		37	11164	2192	75675	7056	27802
二、按国民经济行业分组							
房屋建筑业	6874	3615	1202086	159546	2930559	657192	1916126
土木工程建筑业	15810	17002	565552	81096	724563	3624	977827
铁路、道路、隧道和桥梁工程建筑	14826	15453	350845	44942	387249	3624	658137
铁路工程建筑			-960	2	2236		562
公路工程建筑	14636	13772	156762	22715	157596		363811
市政道路工程建筑	190	1670	93918	5815	131216	3624	135898
其他道路、隧道和桥梁工程建筑		11	101125	16410	96201		157866
水利和内河港口工程建筑		25	71120	9630	53846		99490
水源及供水设施工程建筑		25	69177	9145	50797		97065
河湖治理及防洪设施工程建筑			1943	485	3049		2425
工矿工程建筑	816	637	26327	5503	176794		55966
架线和管道工程建筑	168	887	26678	6485	39162		36743
架线及设备工程建筑	168	887	1510	190	19102		5938
管道工程建筑			25168	6295	20060		30805
其他土木工程建筑			90582	14536	67512		127491
建筑安装业	378	100	3149	207	14152		5069
管道和设备安装	200	100	2746	173	12669		4558
其他建筑安装业	178		403	34	1483		511
建筑装饰和其他建筑业	25	927	87657	14528	99189		137034
建筑装饰业	25	825	12855	3052	41938		23189
提供施工设备服务			626	2	1013		984
其他未列明建筑业		102	74176	11474	56238		112861
三、按隶属关系分组							
省(自治区、直辖市)	3389	243	103662	25974	233009		222310
地区(州、盟、省辖市)	15470	14632	353097	55935	1390340	83500	769417
县(区、市、旗)	2166	1160	428714	53706	630333		619457
其他	2062	5609	972971	119762	1514781	577316	1424872
四、按企业资质等级分组							
施工总承包	22716	19886	1711440	228858	3590099	660816	2820630
特级	13550	12791	102470	6502	81042		192925
一级	2638	696	518952	43939	1521346	566636	842913
二级	6025	4505	547557	96437	1336010	83500	1013663
三级以下	503	1894	542461	81980	651701	10680	771129
专业承包	371	1758	147004	26519	178364		215426
一级			40200	1030	15950		63482
二级	10	818	50300	14852	54187		71597
三级以下	361	940	56504	10637	108227		80347
五、按控股情况分							
国有控股	15697	14890	353306	56033	1083580		717584
集体控股	3557	1388	237391	25857	464222		344928
私人控股	2637	4240	1204878	161447	2067885	660816	1860994
其 他	1196	1126	62869	12040	152776		112550

6-3 各县（区）建筑业企业生产情况（2015年）

单位：千元

县（区）	建筑业合同情况			承包工程完成情况			
	签订的合同额	上年结转合同额	本年新签合同额	直接从建设单位承揽工程完成的产值	自行完成施工产值	分包出去工程的产值	从建设单位以外承揽工程完成的产值
总　计	**48122062**	**15270498**	**32851564**	**35604327**	**35330080**	**274247**	**963339**
梁园区	20287601	9981289	10306312	11025170	11025170		195530
睢阳区	5752986	1291819	4461167	4519828	4373111	146717	337543
民权县	4085313	729001	3356312	3769972	3769972		
睢　县	1512701	392910	1119791	1786121	1759790	26331	314698
宁陵县	923954	177993	745961	814789	814789		
柘城县	1993247	41870	1951377	1941606	1941606		
虞城县	1627963	223031	1404932	1358891	1358891		
夏邑县	3393499	20548	3372951	2358055	2358055		
开发区	3266739	1354188	1912551	3120562	3082621	37941	4071
永城市	5278059	1057849	4220210	4909333	4846075	63258	111497

6-3续1 各县（区）建筑业企业生产情况（2015年）

单位：千元

县（区）	企业个数（个）	建筑业总产值	装饰装修产值	在外省完成的产值	按构成分		
					建筑工程产值	安装工程产值	其他产值
总　计	**187**	**36293419**	**822041**	**4105993**	**31831440**	**3715272**	**746707**
梁园区	47	11220700	151899	2937429	10055240	1102181	63279
睢阳区	35	4710654	119013	162808	4399956	144169	166529
民权县	11	3769972			3711877	58095	
睢　县	8	2074488	14552		1619442	251756	203290
宁陵县	3	814789	54379		732755	82034	
柘城县	9	1941606	65893	104710	1468375	410645	62586
虞城县	13	1358891	8222	58100	1159754	199137	
夏邑县	10	2358055	305		2357750		305
开发区	13	3086692	230376	744210	2039895	916797	130000
永城市	31	4957572	177402	98736	4286396	550458	120718

6-3续2　各县（区）建筑业企业生产情况（2015年）

单位：千元

县（区）	竣工产值	从业人员情况(人)	
		从业人员平均人数	年末从业人数
总　计	**25048316**	**110785**	**115516**
梁园区	6855189	30454	31924
睢阳区	2912922	12434	11900
民权县	3257395	11048	11427
睢　县	851429	9382	11416
宁陵县	655773	4767	4775
柘城县	1797546	5184	5375
虞城县	1181911	8081	8155
夏邑县	2045079	7147	8251
开发区	1792999	5448	5318
永城市	3698073	16840	16975

6-3续3　各县（区）建筑业企业生产情况（2015年）

单位：平方米

县（区）	房屋建筑施工面积	本年新开工面积	实行投标承包面积
总　计	**17976843**	**11357374**	**14042898**
梁园区	5164920	2470335	3930223
睢阳区	1941240	998468	1139281
民权县	1934000	1488112	1742214
睢　县	667190	422290	504777
宁陵县	587104	427456	587104
柘城县	737660	689802	686964
虞城县	562132	326949	537432
夏邑县	1214739	1214739	1214739
开发区	1744591	1077689	1203887
永城市	3423267	2241534	2496277

6-4 各县（区）建筑业企业财务状况（2015年）

单位：千元

县（区）	流动资产合计	应收工程款	其中：存货	固定资产合计	固定资产减值准备	固定资产原价	累计折旧
总　计	**11420283**	**3233680**	**1858983**	**3278321**	**4467**	**3428504**	**898572**
梁园区	5039928	874636	748836	1063665	726	1170557	238472
睢阳区	2099500	1071360	210366	597757	1713	475982	179265
民权县	557049	24438	371115	206450		150755	12665
睢　县	79696	27375	22837	65770	120	58730	6731
宁陵县	196789	9957	63301	57295	300	68139	20844
柘城县	435716	4543	22254	139499		153713	32363
虞城县	378226	84848	110278	396155		419865	128149
夏邑县	246660	5395	34059	193023		240645	47622
开发区	557517	63401	155688	200719	600	204644	41123
永城市	1829202	1067727	120249	357988	1008	485474	191338

6-4续1 各县（区）建筑业企业财务状况（2015年）

单位：千元

县（区）	其中：本年折旧	在建工程	资产合计	流动负债合计	应付账款	非流动负债合计	负债合计
总　计	**152783**	**289088**	**16131275**	**5862321**	**1258399**	**297289**	**7703725**
梁园区	45411	84925	6877058	2392527	387136	40561	3740921
睢阳区	27001	115148	2794003	1052836	277653	182658	1239061
民权县	2108		918579	473804	115751		540854
睢　县	1662	11559	174029	82211	34939	4580	87081
宁陵县	3780	4500	276266	43934			45134
柘城县	5911		705336	135492	36674		136897
虞城县	25246	16100	795461	213025	58303	10000	317590
夏邑县	12999		458657	155037	15180	3890	158927
开发区	5085	23957	816639	127855	19929	15780	162661
永城市	23580	32899	2315247	1185600	312834	39820	1274599

6-4续2　各县（区）建筑业企业财务状况（2015年）

单位：千元

县（区）	所有者权益合计	实收资本	国家资本	集体资本	法人资本	个人资本	营业收入	主营业务收入
总　计	**8427550**	**4565113**	**925974**	**472709**	**1115604**	**2050826**	**30316837**	**30181958**
梁园区	3136137	1523669	549519	204239	278940	490971	11545571	11511332
睢阳区	1554942	860113	211375	100703	107620	440415	4448882	4424287
民权县	377725	330000	7500	500	250500	71500	2764532	2764382
睢　县	86948	84044		7769	52275	24000	850745	839972
宁陵县	231132	87000		5400	62600	19000	602393	567518
柘城县	568439	164825			127930	36895	1200061	1200061
虞城县	477871	165773	6651	58622	63600	36900	1242964	1237901
夏邑县	299730	178460	37560	12000		128900	1817009	1817009
开发区	653978	579184		20000	20184	539000	1296095	1293753
永城市	1040648	592045	113369	63476	151955	263245	4548585	4525743

6-4续3　各县（区）建筑业企业财务状况（2015年）

单位：千元

县（区）	营业成本	主营业务成本	营业税金及附加	主营业务税金及附加	其他业务利润	销售费用	管理费用	税　金
总　计	**25639829**	**25059392**	**1118344**	**1105884**	**17308**	**329130**	**1120436**	**59268**
梁园区	10219721	10215558	385089	376619	7726	104159	415606	11149
睢阳区	3563255	3494882	205733	204216	7709	69614	127252	14362
民权县	2346521	2035684	97288	97258	120	154	113996	5871
睢　县	642440	642440	16881	16881	120	9155	40744	1827
宁陵县	503697	472198	35241	33498	1633	1181	33177	606
柘城县	1031477	1031477	46944	46944		19005	19860	1790
虞城县	969804	964741	58497	58224		10276	56683	4179
夏邑县	1488535	1488535	88402	88402		42801	51029	5108
开发区	1088895	1086653	28715	28349		18691	51729	8180
永城市	3785484	3627224	155554	155493		54094	210360	6196

6-4续4　各县（区）建筑业企业财务状况（2015年）

单位：千元

县（区）	财务费用	利息收入	其中：利息支出	资产减值损失	公允价值变动收益	投资收益	营业利润
总　计	**243428**	**30510**	**217412**	**10254**	**706**	**403**	**1855863**
梁园区	134731	21488	133797	1276			285822
睢阳区	22616	1312	13667	217	230	395	461530
民权县	397		332				206177
睢　县	2545	11	2470	127	470		138383
宁陵县	366	50	251	300			28431
柘城县	9330		8904				73445
虞城县	9135	929	4597	5335			133243
夏邑县	13751	14	13765	645			131846
开发区	25520	1275	25493	130			81140
永城市	25037	5431	14136	2224	6	8	315846

6-4续5　各县（区）建筑业企业财务状况（2015年）

单位：千元

县（区）	营业外收入	营业外支出	利润总额	应交所得税	应付职工薪酬（本年贷方累计发生额）	建筑业企业在境外外完成的营业收入	利税总额
总　计	**23087**	**21644**	**1858444**	**255377**	**3768463**	**660816**	**3036056**
梁园区	14750	14162	287548	54437	1454115	650136	683786
睢阳区	1253	2164	460619	36745	403435	10680	680714
民权县	1820		207997	25095	343292		311156
睢　县	293	2956	135720	2777	57779		154428
宁陵县			28431	4183	110428		64278
柘城县			73445	9153	207130		122179
虞城县		212	133031	27381	186091		195707
夏邑县		751	131095	32599	219649		224605
开发区	223	114	81249	13242	135044		118144
永城市	4748	1285	319309	49765	651500		481059

主要指标解释

建筑业统计单位 指从事房屋、构筑物建造和设备安装活动的法人企业。建筑业法人企业应同时具备的条件是：①依法成立，有自己的名称、组织机构和场所，能够承担民事责任；②独立拥有和使用资产，承担负债，有权与其他单位签订合同；③独立核算盈亏，能够编制资产负债表。

建筑业总产值 是以货币形式表现的建筑业企业在一定时期内生产的建筑业产品和提供的服务的总和。建筑业总产值包括：

（1）建筑工程产值：指列入建筑工程预算内的各种工程价值。

（2）安装工程产值：指设备安装工程价值，不包括被安装设备本身的价值。

（3）其他产值：建筑业总产值中除建筑工程、安装工程以外的产值。包括房屋构筑物修理产值、非标准设备制造产值、总包企业向分包企业收取的管理费以及不能明确划分的施工活动所完成的产值。

a. 房屋构筑物修理产值：指房屋和构筑物修理所完成的产值，但不包括被修理房屋、构筑物本身价值和生产设备的修理产值。

b. 非标准设备制造产值：指加工制造没有定型的非标准生产设备的加工费和原材料价值（如化工厂、炼油厂用的各种罐、槽，矿井生产统一使用的各种漏斗、三角槽、阀门等）以及附属加工厂为本企业承建工程制作的非标准设备的价值。

房屋建筑施工面积 指在报告期内施工的全部房屋建筑面积，包括本期新开工的房屋面积、上期施工跨入本期继续施工的房屋面积、上期停缓建在本期恢复施工的房屋面积、本期竣工的房屋面积及本期施工后又停缓建的房屋面积。

房屋建筑竣工面积 指在报告期内房屋建筑按照设计要求全部完工，达到了住人和使用条件，经验收鉴定合格，正式移交使用单位的房屋建筑面积。

自有机械设备年末总台数 指归本企业所有，属于本企业固定资产的生产性机械设备年末总台数。包括施工机械、生产设备、运输设备以及其他设备。

自有机械设备年末总功率 指本企业自有施工机械、生产设备、运输设备以及其他设备等列为在册固定资产的生产性机械设备年末总功率，按设定能力或查定能力计算。包括机械本身的动力和为该机械服务的单独动力设备，如电动机等。计算单位用千瓦，动力换算可按 1 马力 = 0.735 千瓦折合成千瓦数。电焊机、变压器、锅炉不计算动力。

工程结算收入 指企业承包工程实现的工程价款结算收入，以及向发包单位收取的除工程价款以外的按规定列作营业收入的各种款项，如临时设施费、劳动保险费、施工机械调迁费等以及向发包单位收取的各种索赔款。

工程结算利润 指已结算工程实现的利润，如亏损以“－”号表示。计算公式为：

工程结算利润 = 工程结算收入 － 工程结算成本 － 工程结算税金及附加 － 经营费用

农 业

● 资料整理：高云峰 刘子书

7-1　各县（区）农村基本情况（2015年）

县（区）	自来水收益村数（个）	通有线电视村数（个）	通宽带村数（个）	乡村户数（万户）	乡村人口（万人）	乡村劳动力资源数（万人）	#男劳动力	#女劳动力
商丘市	**3243**	**3805**	**3834**	**158.38**	**606.55**	**388.88**	**205.18**	**183.70**
梁园区	193	183	169	8.93	38.34	25.32	13.50	11.82
睢阳区	160	340	340	17.29	67.39	41.56	23.08	18.48
民权县	500	529	529	19.37	75.78	48.92	24.89	24.03
睢　县	487	507	550	18.78	72.05	52.77	27.45	25.32
宁陵县	359	359	359	15.43	60.56	37.21	19.74	17.47
柘城县	457	494	494	20.60	76.21	49.46	26.68	22.78
虞城县	524	616	616	25.01	94.55	61.39	32.46	28.93
夏邑县	517	731	731	29.89	109.41	64.56	33.24	31.32
示范区	46	46	46	3.07	12.24	7.68	4.14	3.54

7-2　各县（区）耕地面积（2015年）

单位：千公顷

县（区）	一、年初耕地总资源	二、年内增加	三、年内减少	四、年末耕地总资源	（一）常用耕地面积	（二）临时性耕地面积
商丘市	**570.9**	**1.39**	**2.46**	**569.8**	**551.2**	**18.6**
梁园区	39.2	0.08	9.8	29.5	25.8	3.7
睢阳区	66.2	0.18	1.54	64.8	63.0	1.8
民权县	78.7	0.28	0.28	78.7	76.2	2.5
睢　县	65.7	0.25	0.41	65.5	64.2	1.3
宁陵县	53.0	0.13	0.25	52.9	51.1	1.8
柘城县	69.7	0.15	0.15	69.7	67.5	2.2
虞城县	98.6		6.58	92.0	88.2	3.8
夏邑县	99.8	0.31	0.34	99.8	98.4	1.4
示范区				16.5	15.1	1.4

7-3 农业总产值

单位：万元

年份	农林牧渔业总产值	农业	林业	牧业	渔业	农林牧渔服务业
2008	4502962	2836644	80191	1399651	52874	133602
2009	4803901	3161244	85919	1340868	66322	149548
2010	5309286	3575924	84445	1421427	67262	160228
2011	5621415	3744426	76836	1561879	71623	166651
2012	5731420	3802412	81183	1579258	92346	176221
2013	6085164	4029412	86204	1686800	97716	185032
2014	5618766	3681904	74863	1611629	85258	165112
2015	5641749	3726621	77262	1570972	90060	176834

7-4 农业总产值指数

（以上年为100）

单位：%

年份	农林牧渔业总产值	农业	林业	牧业	渔业	农林牧渔服务业
2008	105.7	105.0	108.0	107.5	110.0	105.0
2009	104.2	103.4	106.0	105.5	108.5	106.0
2010	104.5	104.2	105.6	105.1	105.6	105.0
2011	104.0	103.6	105.6	104.5	107.0	105.0
2012	104.7	104.6	105.6	104.8	106.0	105.0
2013	104.5	104.3	106.0	104.8	106.5	105.0
2014	104.4	104.1	106.0	105.0	108.0	105.0
2015	104.5	104.9	106.0	102.9	106.5	105.0

7-5　各县（区）农业总产值（2015年）

单位：万元

县（区）	农林牧渔业总产值	农　业	林　业	牧　业	渔　业	农林牧渔服务业
商丘市	**5641749**	**3726621**	**77262**	**1570972**	**90060**	**176834**
梁园区	403436	243240	15933	127636	5252	11376
睢阳区	671777	475381	8062	160700	5684	21950
民权县	805335	467629	26209	253582	20416	37499
睢　县	751887	545626	8072	180852	6212	11125
宁陵县	456086	317768	8452	119630	3870	6366
柘城县	778503	488606	13065	230018	5464	41350
虞城县	817294	569418	9054	199501	8471	30850
夏邑县	855475	562261	14744	246867	9253	22350

7-6　各县（区）农业总产值指数(2015年)

（以上年为100）

单位：%

县（区）	农林牧渔业总产值	农　业	林　业	牧　业	渔　业	农林牧渔服务业
商丘市	**104.5**	**104.9**	**106.0**	**102.9**	**106.5**	**105.0**
梁园区	104.5	104.5	104.4	104.4	104.7	104.6
睢阳区	104.6	104.9	106.0	102.9	106.5	109.6
民权县	104.5	104.1	105.6	104.7	106.9	105.2
睢　县	104.6	104.8	104.7	104.0	105.0	105.2
宁陵县	104.3	104.8	105.5	102.6	105.0	104.6
柘城县	104.7	104.5	108.0	104.7	108.0	105.0
虞城县	104.5	104.5	106.0	104.2	106.5	103.0
夏邑县	104.5	104.7	104.5	103.8	104.3	105.0

7-7 各县（区）农业增加值(2015年)

单位：万元

县（区）	农林牧渔业增加值	农 业	林 业	牧 业	渔 业	农林牧渔服务业
商丘市	**3172360**	**2297946**	**60017**	**700654**	**65113**	**48630**
梁园区	226933	145117	12746	59988	4202	4880
睢阳区	377470	286441	6208	74083	4394	6344
民权县	452840	290875	17825	119196	13884	11060
睢 县	422559	326674	5325	83497	3726	3337
宁陵县	256457	188510	6279	56983	2904	1781
柘城县	437753	296628	9668	115009	4043	12405
虞城县	460434	337754	7742	98949	6735	9254
夏邑县	480690	342490	12238	113886	6986	5090

7-8 农作物播种面积

单位：千公顷

指　　标	2010年	2011年	2012年	2013年	2014年	2015年
农作物总播种面积	1379.81	1388.80	1391.95	1400.76	1166.68	1145.30
一、粮食作物	926.78	938.21	959.52	980.81	806.56	815.31
粮食作物占总播种面积（%）	67.22	68.56	68.93	70.02	69.13	71.19
1.夏收粮食	560.32	564.47	567.46	574.49	476.22	476.63
2.秋收粮食	366.46	373.74	392.06	406.32	330.33	338.68
（一）谷物	835.08	846.88	871.74	901.79	759.87	775.04
#小麦	558.03	562.72	566.31	573.61	475.80	476.34
玉米	274.68	281.91	304.45	327.22	283.20	298.23
其他谷物	1.86	1.75	0.82	0.78	0.41	0.13
（二）豆类	71.11	71.64	67.52	57.96	27.19	23.11
大豆	67.17	68.04	62.99	54.18	24.45	20.87
杂豆	3.50	3.60	3.70	3.78	2.74	2.24
（三）红薯(折粮)	20.59	19.69	20.26	21.05	19.49	17.15
二、经济作物	180.53	172.96	144.95	121.83	110.36	100.39
经济作物占总播种面积（%）	13.08	12.45	10.41	8.70	9.45	8.76
1.油料	86.12	89.30	90.08	90.83	84.88	82.79
花生	66.05	70.30	71.80	74.27	73.97	72.47
油菜籽	14.39	14.01	14.18	13.64	8.80	8.63
芝麻	5.68	4.99	4.10	2.92	2.02	1.69
2.棉花	83.71	72.97	45.55	31.00	25.18	17.61
3.麻类	0.03	0.02	0.03			
#黄红麻	0.03	0.02	0.03			
三、其他作物	272.51	277.63	287.48	298.12	249.76	210.86
其他作物占总播种面积（%）	19.75	19.99	20.65	21.28	21.4	18.4
1.蔬菜（含菜用瓜）	212.34	215.90	217.80	220.28	183.21	162.66
2.瓜类（果用瓜）	52.40	54.70	55.55	56.36	47.52	48.21

7-9 主要农产品产量

单位：吨

指标	2010年	2011年	2012年	2013年	2014年（不含永城）	2015年（不含永城）
粮食	5986800	6081894	6296541	6441629	5351253	5583792
1.夏粮	3882300	3931251	3979718	4045213	3418805	3551718
2.秋粮	2104500	2150643	2316823	2396416	1932448	2032074
（一）谷物	5700606	5786636	6008669	6191626	5196940	5439866
#小麦	3869512	3916386	3972190	4039424	3406283	3550162
玉米	1816541	1853771	2028964	2145206	1782033	1886785
其他谷物	11239	13223	6435	5365	4747	931
（二）豆类	194894	204586	192811	154516	76941	71942
# 大豆	181545	188743	178029	141614	66054	61012
杂豆	11238	11782	12209	12902	10887	10930
（三）红薯（折粮）	91300	90672	95061	95487	77372	71984
棉花	87100	78219	47212	30713	24051	17060
油料	370672	373252	412245	421479	375262	359747
#花生	319007	321480	358006	368475	341390	326740
油菜籽	43764	44806	47497	47931	31420	29884
芝麻	7901	6966	6742	5073	2452	3123
麻类	147	134	166			
#黄红麻	147	134	166			
#蔬菜（含菜用瓜）	8798053	8978351	9359814	9640863	8067215	7866528
瓜类（果用瓜）	2901495	2941013	3200577	3239383	2593428	2806137

7-10 主要农产品单位面积产量

单位：公斤/亩

指标	2010年	2011年	2012年	2013年	2014年（不含永城）	2015年（不含永城）
粮食	431	432	440	438	442	457
1.夏粮	462	464	468	469	479	497
2.秋粮	383	384	394	393	390	400
（一）谷物	455	456	460	458	456	468
#小麦	462	464	468	470	477	497
玉米	441	438	444	437	419	422
其他谷物	404	503	522	505	772	474
（二）豆类	183	190	190	178	189	208
# 大豆	180	185	188	174	180	195
杂豆	214	218	220	228	265	325
（三）红薯（折粮）	296	307	313	302	265	280
棉花	69	72	69	66	64	65
油料	287	279	305	309	295	290
#花生	322	305	332	331	308	301
油菜籽	203	213	223	233	238	231
芝麻	93	93	110	116	81	124
麻类	306	388	410			
#黄红麻	306	388	410			
#蔬菜（含菜用瓜）	2762	2772	2865	2918	2936	3224
瓜类（果用瓜）	3691	3584	3841	3832	3638	3881

7-11 各县（区）主要农作物播种面积（2015年）

单位：千公顷

县（区）	粮食	夏收粮食	#小麦	秋收粮食	#玉米	#大豆	#红薯
商丘市	**815.31**	**476.63**	**476.34**	**338.68**	**298.24**	**23.11**	**17.15**
梁园区	62.39	34.73	34.73	27.66	27.46	0.15	0.05
睢阳区	77.58	48.27	48.14	29.32	22.51	4.55	2.38
民权县	98.40	68.33	68.33	30.07	25.25	2.27	2.21
睢　县	97.28	58.28	58.26	39.00	32.33	4.53	2.16
宁陵县	68.60	43.07	43.07	25.53	21.89	1.89	1.75
柘城县	108.09	62.76	62.76	45.33	44.08	0.69	0.57
虞城县	129.13	72.93	72.85	56.20	49.80	2.40	4.00
夏邑县	155.81	80.00	79.92	75.81	65.37	6.59	3.88
示范区	43.29	23.79	23.79	19.50	19.46	0.04	0.00

7-11续 各县（区）主要农作物播种面积(2015年)

单位：千公顷

县（区）	棉花	油料	#花生	#油菜籽	#芝麻	蔬菜	瓜类
商丘市	**17.61**	**82.79**	**72.47**	**8.63**	**1.69**	**162.66**	**48.21**
梁园区	0.10	0.64	0.61	0.03	0.00	7.96	0.51
睢阳区	4.07	6.63	5.79	0.84	0.01	31.97	11.93
民权县	4.07	22.75	20.41	2.06	0.28	22.28	3.59
睢　县	2.72	12.32	11.93	0.21	0.18	19.52	8.58
宁陵县	0.44	20.49	19.29	1.21	0.00	11.02	1.49
柘城县	1.36	1.37	0.44	0.89	0.04	24.22	0.62
虞城县	4.21	12.58	10.70	0.89	1.00	28.82	16.90
夏邑县	0.61	5.88	3.20	2.50	0.18	15.72	4.31
示范区	0.02	0.12	0.12			1.13	0.28

7-12 各县（区）主要农产品产量(2015年)

单位：吨

县（区）	粮食	夏收粮食	#小麦	秋收粮食	#玉米	#大豆	#红薯
商丘市	**5583792**	**3551718**	**3550162**	**2032074**	**1886785**	**61012**	**71984**
梁园区	422402	256853	256853	165549	162895	790	1864
睢阳区	530809	354036	346068	176773	161138	10771	10339
民权县	677886	500200	500200	177686	148372	10161	13250
睢　县	653395	427000	426887	226395	206580	6916	11100
宁陵县	467442	316540	316540	150902	138640	5187	6446
柘城县	754843	473323	473323	281520	275662	2067	3565
虞城县	880918	543718	543108	337200	317220	7200	12780
夏邑县	1068485	600000	599708	468485	436933	17753	12015
示范区	145748	80000	80000	65748	65621	127	

7-12续 各县（区）主要农产品产量（2015年）

单位：吨

县（区）	棉花	油料	#花生	#油菜籽	#芝麻	蔬菜	瓜类
商丘市	**17060**	**359747**	**326740**	**29884**	**3123**	**7866528**	**2806137**
梁园区	95	3851	3720	131		597393	55209
睢阳区	3945	26492	24024	2459	9	1270009	733852
民权县	3942	91717	82318	7940	1459	920010	189890
睢　县	2639	59225	58200	650	375	1025302	498984
宁陵县	428	97203	94014	3184	5	706826	84823
柘城县	1317	5360	2033	3269	58	1025206	37536
虞城县	4082	53841	50162	2780	899	1397207	907314
夏邑县	597	21500	11760	9422	318	864045	281314
示范区	15	558	558			60530	17215

7-13 各县（区）果园面积（2015年）

单位：千公顷

县（区）	年末果园面积	#苹果园	#梨园	#葡萄园	#桃园
商丘市	**42.72**	**27.36**	**7.30**	**3.87**	**2.70**
梁园区	2.15	1.06	0.10	0.19	0.73
睢阳区	1.88	0.88	0.02	0.30	0.37
民权县	9.73	6.58	0.93	1.43	0.52
睢　县	1.34	0.34	0.36	0.33	0.13
宁陵县	4.31	0.40	2.74	0.92	0.18
柘城县	0.44	0.28	0.10	0.04	0.00
虞城县	13.25	11.10	1.30	0.15	0.50
夏邑县	6.30	4.52	1.15	0.23	0.26
示范区	3.32	2.19	0.61	0.29	0.01

7-14 各县（区）水果产量（2015年）

单位：吨

县（区）	水果产量	#苹　果	#梨	#葡　萄	#桃　子
商丘市	**1498988**	**892172**	**387490**	**95642**	**75599**
梁园区	73426	45414	1963	5992	18579
睢阳区	58422	31917	2316	8238	4477
民权县	291056	208971	39433	21350	10852
睢　县	52317	12477	9616	19590	2322
宁陵县	249620	16800	198348	26481	5561
柘城县	24626	15762	5600	2215	90
虞城县	438050	332050	67900	6000	25100
夏邑县	298455	219865	59877	4988	8480
示范区	13016	8916	2437	788	138

7-15 牧业生产情况

指　　标	单 位	2010年	2011年	2012年	2013年	2014年	2015年
畜牧年底存栏头数							
一、大牲畜存栏	万头	97.39	92.05	88.5	88.9	66.26	58.36
1. 牛存栏	万头	95.57	90.3	87	87.44	65.32	57.62
2. 马存栏	万头	0.92	0.84	0.68	0.66	0.55	0.35
3. 驴存栏	万头	0.8	0.81	0.79	0.84	0.38	0.31
4. 骡存栏	万头	0.11	0.1	0.04	0.03	0.01	0.08
二、猪年末存栏	万头	334.33	335.64	347.5	333.57	290.02	269.16
三、羊年末存栏	万只	305.18	300.32	294.31	294.81	225.25	212.82
1. 山羊	万只	302.16	297.67	291.33	292.03	216.14	202.88
2. 绵羊	万只	3.02	2.66	2.98	2.78	9.11	9.94
四、家禽年末存栏	万只	5589.90	5816.52	6143	6136	4710.08	4829.38
五、兔年末存栏	万只	58.36	75.05	82.81	85.3	69.67	71.43
畜产品产量							
一、猪牛羊当年出栏头（只）数							
猪	万头	397.6	406.7	443	462.1	427.7	401.98
牛	万头	66.00	65.3	64	64.3	53.1	44.26
羊	万只	342.17	323	320.16	321.31	252.6	254.87
二、肉类总产量	吨	510037	518749	544221	560937	481372	454715
#猪肉	吨	305300	309357	327900	343100	317469	303700
牛肉	吨	98781	98401	96400	96700	76721	63370
禽肉	吨	59800	61500	69036	69100	49100	51222
羊肉	吨	40500	39200	39130	39200	29349	29458
兔肉	吨	1450	2894	3099	3265	2186	2246
三、其他畜产品产量							
1. 奶类产量	吨	255600	290100	303027	303100	286172	282001
#牛奶	吨	255462	290000	303000	303070	286122	281946
2. 羊毛产量	吨	262.0	1440	1490	1544	1102	362.4
#绵羊毛	吨	50.0				34	362.4
3. 羊绒	吨	12.0	40	40	44	42	0
4. 蜂蜜	公斤	377000	186890	190000	217911	363412	367156
5. 禽蛋	吨	271277	276000	285780	286050	231533	248718

7-16 各县（区）畜牧饲养情况（2015年）

县（区）	大牲畜年底头数（头）	牛（头）	马（头）	驴（头）
商丘市	**582990**	**576279**	**3524**	**3107**
梁园区	22329	17565	2617	2147
睢阳区	70365	70143	55	167
民权县	107056	107056		
睢　县	7500	7500		
宁陵县	41028	40972		56
柘城县	80150	80150		
虞城县	151723	150243	800	600
夏邑县	102115	101926	52	137
示范区	724	724		

7-16续 各县（区）畜牧饲养情况(2015年)

县（区）	骡（头）	猪年底头数（万头）	羊年底只数（万只）	家禽（万只）	兔（万只）
商丘市	**80**	**269.16**	**212.8**	**4829.4**	**71.4**
梁园区		7.65	8.3	490.8	3.2
睢阳区		52.06	26.5	758.3	6.1
民权县		24.94	52.6	782.5	2.7
睢　县		32.69	7.8	650.2	17.0
宁陵县		26.56	26.0	328.4	0.5
柘城县		36.57	25.3	504.1	35.0
虞城县	80	20.52	34.0	505.6	4.0
夏邑县		67.19	31.5	778.6	2.9
示范区		0.60	0.8	31.0	

7-17 各县（区）水产品产量和养殖面积（2015年）

县（区）	一、水产品产量（吨）		（一）按品种分		（二）按生产方式分
		#国有	鱼类	其他	养殖产量
商丘市	**71140**	**12752**	**69054**	**139**	**69054**
梁园区	8269	700	8166		8166
睢阳区	6120	508	6060	5	6060
民权县	21650	7628	21415	5	21415
睢　县	4980	1000	4860	126	4860
宁陵县	3955		3775		3775
柘城县	5580		5463		5463
虞城县	14505	866	13940		13940
夏邑县	6081	2050	5375	3	5375

7-17续 各县（区）水产品产量和养殖面积（2015年）

县（区）	二、养殖情况			#国有渔业		
	养殖面积(公顷)	养殖产量(吨)	养殖单产（公斤/公顷）	养殖面积	养殖产量	养殖单产
商丘市	**9737**	**69054**	**6985**	**2381**	**12752**	**5356**
梁园区	1166	8166	7003	446	700	1570
睢阳区	1230	6060	4927	140	508	3629
民权县	2460	21415	8671	1000	7628	7628
睢　县	1070	4860	4542	200	1000	5000
宁陵县	489	3775	7720			
柘城县	570	5463	9584			
虞城县	1793	13940	7775	468	866	1850
夏邑县	959	5375	4604	127	2050	16142

7-18 农用机械和农产品加工机械拥有量

指 标	单 位	2010年	2011年	2012年	2013年	2014年	2015年
农业机械总动力	万千瓦	1123.2	1140.29	1161.63	1176.14	1012.56	1027.36
#柴油发动机动力	万千瓦	1037.1	1053.15	1073.9	1085.51	930.79	944.82
汽油发动机动力	万千瓦	6.55	6.58	6.73	7.06	6.42	6.75
电动机动力	万千瓦	79.49	80.56	80.99	83.55	75.35	75.8
大中型拖拉机	台	21200	23143	25375	26313	23648	25340
	万千瓦	94.27	105.76	120.69	129.07	118.53	127.77
小型拖拉机	万台	24.44	23.42	25.19	22.75	18.09	17.37
	万千瓦	291.76	286.84	283.98	278.51	220.17	211.71
大中型拖拉机配套农具	部	47700	51702	56235	59456	53609	56369
小型拖拉机配套农具	万部	41.08	38.99	38.51	37.81	28.94	27.32
农用排灌动力机械	万台	19.52	19.73	19.7	19.69	17.62	17.41
#柴油机	万台	9.19	9.16	9.1	8.99	7.27	7.01
	万千瓦	92.36	89.69	89.18	88.31	72.57	70.24
电动机	万台	10.33	10.55	10.59	10.69	10.23	10.3
	万千瓦	39.62	40.15	40.26	40.68	38.02	38.12
农用水泵	万台	18.24	18.35	18.38	18.56	16.29	16.07
节水灌溉机械	套	25300	24040	24020	24264	17471	17640
联合收割机	台	17900	20020	21840	24398	22166	24259
	千瓦	709700	831214	946042	110086	1063094	1222023
机动脱粒机	台	73900	71970	68370	68540	56454	56218
农产品加工机械动力	万千瓦	73.95	73.55	73.39	73.06	64.64	63.55
粮食加工机械	台	32899	32758	32773	32553	27500	27197
棉花加工机械	台	4900	4679	4728	4675	3378	3270
油料加工机械	台	10834	10719	10763	10668	9337	9244
农用运输车	辆	382460	380358	379429	375419	325600	316679
	万千瓦	450.51	447.7	445.93	439.64	382.06	376.07

7-19　各县（区）农用机械和农产品加工机械拥有量(2015年)

县（区）	农用机械总动力（万千瓦）	#柴油发动机	#汽油发动机	#电动机	大中型拖拉机（台）	大中型拖拉机（万千瓦）	小型拖拉机（万台）	小型拖拉机（万千瓦）
商丘市	**1027.36**	**944.82**	**6.75**	**75.80**	**25340**	**127.77**	**17.37**	**211.71**
梁园区	84.00	77.34	2.80	3.86	3154	14.90	1.80	23.97
睢阳区	121.23	108.89	0.59	11.75	2810	15.50	2.75	35.82
民权县	126.28	114.47	1.45	10.36	4637	19.71	2.20	21.93
睢　县	119.51	104.05	0.18	15.28	2796	13.23	1.36	16.23
宁陵县	99.51	90.99	0.46	8.06	2146	12.30	1.59	18.76
柘城县	122.52	115.31	0.38	6.83	2974	17.62	1.95	23.04
虞城县	178.10	165.06	0.48	12.57	3288	17.58	3.10	41.08
夏邑县	176.21	168.70	0.41	7.10	3535	16.94	2.62	30.89

7-19续1　各县（区）农用机械和农产品加工机械拥有量（2015年）

县（区）	大中型拖拉机配套农具（部）	小型拖拉机配套农具（万部）	农用排灌动力机械（万台）	农用排灌动力机械（万千瓦）	#电动机（万台）	#电动机（万千瓦）	农用水泵（万台）	节水灌溉机械（万套）
商丘市	**56369**	**27.32**	**17.41**	**108.43**	**10.30**	**38.12**	**16.07**	**1.76**
梁园区	9210	2.73	1.34	4.60	0.81	1.50	1.68	0.46
睢阳区	5150	3.30	2.58	13.02	2.08	7.75	2.07	0.00
民权县	9770	3.12	2.20	16.90	1.26	6.05	1.60	0.15
睢　县	5935	2.64	2.68	17.56	1.85	9.45	2.37	0.02
宁陵县	4651	2.94	2.13	10.15	1.69	5.29	2.51	0.07
柘城县	6817	1.81	1.78	13.01	0.93	2.80	1.56	0.60
虞城县	7340	5.37	3.01	21.16	0.97	3.54	2.82	0.12
夏邑县	7496	5.40	1.68	12.03	0.71	1.75	1.46	0.35

7-19续2 各县（区）农用机械和农产品加工机械拥有量（2015年）

县（区）	联合收割机		机动脱粒机（台）	小麦联合收割机		农产品加工机械	
	（台）	（千瓦）		（台）	（千瓦）	（台）	（万千瓦）
商丘市	**24259**	**1222024**	**56218**	**18183**	**901317**	**81254**	**63.56**
梁园区	1756	100242	3000	1217	66269	8015	4.06
睢阳区	3105	184315	6692	2400	144060	6340	7.01
民权县	3820	176496	5410	3001	124082	10029	9.52
睢　县	2914	132019	9350	2164	101692	11861	9.09
宁陵县	2286	110293	7610	1671	86941	5530	4.71
柘城县	3322	153625	12000	2552	120569	10400	7.33
虞城县	4151	199340	7020	3024	140600	19673	15.62
夏邑县	2905	165694	5136	2154	117104	9406	6.22

7-19续3 各县（区）农用机械和农产品加工机械拥有量（2015年）

县（区）	粮食加工机械（台）	棉花加工机械（台）	油料加工机械（台）	农用运输车		农用运输车	
				（万辆）	（万千瓦）	三轮车（万辆）	四轮车（万辆）
商丘市	**27197**	**3270**	**9244**	**31.67**	**376.08**	**29.13**	**2.12**
梁园区	355	635	2065	1.53	26.28	1.11	0.42
睢阳区	2802	330	1320	3.99	30.16	3.94	0.05
民权县	2368	254	1085	3.51	39.90	3.32	0.18
睢　县	5180	385	1560	3.81	45.34	3.79	0.02
宁陵县	2150	350	650	3.65	39.82	3.21	0.05
柘城县	3750	30	225	3.14	41.28	2.86	0.28
虞城县	6390	820	1423	5.62	61.59	5.17	0.45
夏邑县	4202	466	916	6.42	91.71	5.74	0.68

7-20 农业机械化、能源、主要物资消耗及水利建设情况

指　　标	单位	2010年	2011年	2012年	2013年	2014年	2015年
一、农业机械化情况							
1.当年实际机耕面积	千公顷	649.06	681.49	703.66	706.04	591.26	600.21
占耕地面积比重	%	97.37					
2.当年机械播种面积	千公顷	1049.84	1098.51	976.22	1165.37	970.31	970.31
占农作物播种面积比重	%	76.09	79.1	70.13	83.2	83.2	83.2
3.当年机械收割面积	千公顷	796.55	865.32	819.95	1002.37	846.57	877.37
占农作物播种面积比重	%	57.73	62.31	58.91	71.56	72.56	76.6
二、农村能源情况							
农村用电量	万千瓦小时	152986	164233.9	187734.93	217373.17	182506.9	188896.1
三、农业主要物资消耗情况							
1.农用化肥施用折纯量	吨	701855	739105	771078.00	794470.2	687585.7	700370
2.农用塑料薄膜使用量	吨	11982	11769	12363.00	13020.6	10403.5	9808.5
四、农田水利建设情况							
1.农田有效灌溉面积	千公顷	595.02	599.41	600.04	590.54	576.03	473.81
2.机电井数	万眼	19.05	19.12	18.91	18.65	15.59	13.96

7-21 各县（区）农业机械化、能源、农用物资消耗及水利建设情况（2015年）

县（区）	机灌面积（千公顷）	农田有效灌溉面积（千公顷）	机播面积（千公顷）	机收面积（千公顷）	农村用电量（万千瓦小时）	农用化肥量折纯量（吨）	#氮肥折纯量（吨）	#磷肥折纯量（吨）	#钾肥折纯量（吨）
商丘市	**429.72**	**473.81**	**970.31**	**877.37**	**188896**	**700370**	**231161**	**149921**	**99115**
梁园区	47.20	28.49	77.20	68.83	23991	53226	20164	13335	7411
睢阳区	0.50	28.83	98.33	91.30	9129	145159	54290	40122	15220
民权县	61.18	70.6	122.67	124.60	17164	57014	20210	17593	8320
睢　县	56.90	54.85	130.55	108.46	8636	57152	15635	13070	7449
宁陵县	47.90	46.06	86.48	83.05	15395	52783	17406	11664	12142
柘城县	64.77	65.12	112.78	109.00	13622	54965	19796	12281	7312
虞城县	73.33	89.83	190.00	156.00	44407	134355	47466	30502	25779
夏邑县	77.94	90.03	152.29	136.13	52003	127952	30185	8942	13712
示范区					4550	17764	6009	2412	1770

7-21续　各县（区）农业机械化、能源、农用物资消耗及水利建设情况（2015年）

县（区）	机电井数（眼）	年供水量（万立方米）	除涝面积（千公顷）
商　丘　市	**139620**	**98562**	**142.87**
梁　园　区	8824	9079	16.59
睢　阳　区	16573	17865	12.25
民　权　县	16660	15150	13.9
睢　　　县	16508	9246	16.82
宁　陵　县	13107	10930	14.64
柘　城　县	14994	7882	20.67
虞　城　县	26070	10188	26.67
夏　邑　县	26884	18222	21.33

7-22 全省及各省辖市农业生产情况(2015年)

地 区	常用耕地面积（千公顷）	乡村户数（万户）	乡村劳动力资源数（万人）	农村用电量（亿千瓦小时）	有效灌溉面积（千公顷）	农作物总播种面积（千公顷）	#粮食作物
全 省	**8126.06**	**2046.00**	**5307.00**	**321.01**	**5333.90**	**14424.94**	**10316.12**
郑州市	325.06	103.81	267.46	37.06	202.71	469.77	347.70
开封市	414.30	99.35	271.04	8.96	352.93	809.99	496.53
洛阳市	432.08	126.75	325.42	24.62	153.24	699.20	520.33
平顶山市	320.16	103.69	267.41	11.93	201.79	539.32	420.60
安阳市	409.13	120.80	302.20	31.03	311.11	758.81	571.12
鹤壁市	119.64	26.06	70.27	2.47	92.47	195.90	172.12
新乡市	474.56	106.36	271.71	65.19	362.03	816.14	639.27
焦作市	195.18	65.52	166.34	14.21	181.33	354.47	278.46
濮阳市	282.85	73.90	200.27	8.60	235.32	507.76	395.14
许昌市	337.42	80.14	211.65	10.45	246.66	601.93	443.19
漯河市	189.63	54.68	142.86	5.15	142.40	373.19	270.31
三门峡市	176.66	44.59	105.36	3.76	52.23	245.89	169.18
南阳市	1053.36	246.67	625.73	21.38	489.18	1889.82	1210.48
商丘市	**705.78**	**192.53**	**479.31**	**22.90**	**600.55**	**1386.25**	**1018.90**
信阳市	840.54	185.45	455.66	15.86	510.89	1269.18	854.30
周口市	854.78	222.51	589.13	17.04	575.98	1738.69	1245.74
驻马店市	948.95	180.48	523.74	18.48	598.00	1692.30	1220.93
济源市	45.98	12.30	31.71	1.92	25.07	55.19	41.82

7-23 全省及各省辖市主要农产品产量(2015年)

地 区	粮食产量（万吨）	棉花产量（万吨）	油料产量（万吨）	蔬菜及食用菌（万吨）	瓜果产量（万吨）
全 省	**5548.30**	**11.90**	**599.74**	**7320.90**	**1749.33**
郑 州 市	151.38	0.25	15.38	273.56	37.52
开 封 市	237.83	1.82	46.33	696.65	223.79
洛 阳 市	245.14	0.41	12.69	293.08	18.28
平 顶 山 市	163.89	0.24	14.03	223.53	24.19
安 阳 市	227.40	0.65	24.11	584.58	96.71
鹤 壁 市	123.64	0.06	3.38	56.40	1.92
新 乡 市	364.67	0.48	35.17	360.75	34.45
焦 作 市	208.99	0.16	7.25	220.45	20.99
濮 阳 市	271.80	0.31	16.71	253.33	25.87
许 昌 市	291.51	0.32	9.25	202.98	22.46
漯 河 市	182.60	0.66	3.94	213.99	45.58
三 门 峡 市	71.57	0.11	3.61	115.69	11.83
南 阳 市	541.05	1.86	136.29	1039.96	175.19
商 丘 市	**692.20**	**1.71**	**36.43**	**940.21**	**323.14**
信 阳 市	475.41	0.11	69.00	383.12	106.65
周 口 市	736.21	2.28	46.59	979.40	446.19
驻 马 店 市	674.31	0.54	119.38	453.75	122.75
济 源 市	22.55	0.02	0.19	29.54	0.47

主要指标解释

农林牧渔业增加值 农林牧渔业增加值是指农、林、牧、渔业生产货物及农林牧渔服务业提供服务活动所增加的价值，为农林牧渔业现价总产值扣除农林牧渔业现价中间投入后的余额，是农、林、牧、渔及其服务业各单位生产经营对社会所作的贡献。从宏观上来说，农林牧渔业增加值是计算国内生产总值的基础；从微观上来说，农林牧渔业增加值能客观反映农林牧渔业各生产单位或行业的投入、产出、效益、速度和收入等情况。

粮食产量 指全社会的产量。包括国有经济经营的、集体统一经营的和农民家庭经营的粮食产量，还包括工矿企业办的农场和其他生产单位的产量。粮食除包括稻谷、小麦、玉米、高粱、谷子及其他杂粮外，还包括薯类和豆类。其产量计算方法，豆类按去豆荚后的干豆计算；薯类(包括甘薯和马铃薯，不包括芋头和木薯)1963 年以前按每 4 公斤鲜薯折 1 公斤粮食计算，从 1964 年开始改为按 5 公斤鲜薯折 1 公斤粮食计算。城市郊区作为蔬菜的薯类(如马铃薯等)按鲜品计算，并且不作粮食统计，河南省粮食产量中也不包括马铃薯产量。其他粮食一律按脱粒后的原粮计算。

油料产量 指全部油料作物的生产量。包括花生、油菜籽、芝麻、向日葵籽、胡麻籽（亚麻籽）和其他油料。不包括大豆、木本油料和野生油料。花生以带壳干花生计算。

水产品产量 指人工养殖的水产品和天然生长的水产品的捕捞量。包括海水的鱼类、虾蟹类、贝类和藻类以及内陆水域的鱼类、虾蟹类和贝类，不包括淡水生植物。

猪、牛、羊肉产量 指当年出栏并已屠宰、除去头蹄下水后带骨肉(即胴体重)的重量。

期初(末)畜禽存栏头(只)数 指报告期初(末)农村各种合作经济组织和国营农场、农民个人、机关、团体、学校、工矿企业、部队等单位以及城镇居民饲养的大牲畜、猪、羊、家禽等畜禽的存栏数。

常用耕地 是指耕地总资源中专门种植农作物并经常进行耕种、能够正常收获的土地。包括当年实际耕种的熟地；弃耕、休闲不满三年，随时可以复耕的地；开荒利用三年以上的地。不包括临时种植农作物的坡度在25度以上的陡坡地；在河套、湖畔、库区临时开发的成片或零星土地；也不包括已列为国家和省（区、市）退耕计划但临时耕种的土地。

农作物播种面积 指实际播种或移植有农作物的面积。凡是实际种植有农作物的面积，不论种植在耕地上还是种植在非耕地上，均包括在农作物播种面积中。在播种季节基本结束后，因遭灾而重新改种和补种的农作物面积，也包括在内。

有效灌溉面积 指具有一定的水源，地块比较平整，灌溉工程或设备已经配套，在一般年景下当年能够进行正常灌溉的耕地面积。

农用化肥施用量 指本年内实际用于农业生产的化肥数量，包括氮肥、磷肥、钾肥和复合肥。化肥施用量要求按折纯量计算数量。折纯量是指把氮肥、磷肥、钾肥分别按含氮、含五氧化二磷、含氧化钾的百分之一百成份进行折算后的数量。复合肥按其所含主要成分折算。

农业机械总动力 指主要用于农、林、牧、渔业的各种动力机械的动力总和。包括耕作机械、排灌机械、收获机械、农用运输机械、植物保护机械、牧业机械、林业机械、渔业机械和其他农业机械〔内燃机按引擎马力折成瓦(特)计算、电动机按功率折成瓦(特)计算〕。不包括专门用于乡镇、村、组办工业、基本建设、非农业运输、科学试验和教学等非农业生产方面用的动力机械与作业机械。

农林牧渔业劳动力 指全社会直接参加农林牧渔业生产活动的劳动力。

工　业

● 资料整理：芦晓影　高媛媛　任南南

8-1 工业企业单位数、总产值及指数

项目	2009年	2010年	2011年	2012年	2013年	2014年	2015年
企业单位数(个)	53173	56636	56297	56490	45095	42489	40618
规模以上工业	696	810	769	855	979	933	1119
其中：大中型企业	75	75	172	199	242	287	409
工业总产值(万元)	12881733	17123270	20105885	22366161	26017796	21836650	26889213
规模以上工业	9058248	13594361	16756788	19022739	22577915	18602285	23325582
其中：大中型企业	5779137	7496351	9845536	13370849	15467854	11879932	14517024
工业总产值指数(上年为100)	111.5	117.4	120.9	117.6	115.8	115.3	111.6
规模以上工业	114.2	121.5	124.4	120.5	117.7	116.7	112.0
其中：大中型企业	117.2	109.9	123.1	117.7	114.6	115.9	107.0

注：2014年以后数据不含永城市。

8-2 全部工业总产出、总产值及增加值（2015年）

项目	企业单位数（个）	从业人数（人）	工业总产出（万元）	工业总产值（万元）	工业总产值指数(%)	工业增加值（万元）	工业增加值指数(%)
一、全部工业总计	40618	595020	26889213	26431897	111.6	5662986	108.7
二、规模以上工业总计	1119	341764	23325582	22868265	112.0	4914267	109.3
#轻工业	682	234433	13422147	13148980	108.0	2868260	105.8
重工业	437	107331	9903435	9719285	117.7	2046008	115.0
#国有控股企业	25	12956	1795877	1746924	101.2	325742	103.0
#集体企业	7	1586	123726	122270	109.4	27940	114.6
私营企业	497	151772	10906896	10670179	108.8	2283008	106.6
外商及港澳台投资企业	16	16354	763686	747170	122.7	192944	118.7
#大型企业	33	75550	5078898	4967165	106.3	1074833	107.9
中型企业	376	184505	9790816	9549859	107.4	2004104	102.7
小微型企业	710	81709	8455868	8351241	121.8	1835330	118.4
三、规模以下工业企业	5961	140162	2455416	2455416	109.0	515883	105.2
四、城乡个体工业	34657	113094	1108215	1108215	108.5	232836	104.7

8-3 各县（区）全部工业总产值(2015年)

单位:万元

县（区）	全部工业合计		规模以上		规模以下		个体经营	
	总量	指数（%）	总量	指数（%）	总量	指数（%）	总量	指数（%）
商丘市	**26431897**	**111.5**	**22868265**	**112.0**	**2455416**	**109.0**	**1108215**	**108.5**
梁园区	2214951	108.8	1947184	108.8	165348	109.1	102419	108.5
睢阳区	3932899	107.6	3582964	107.5	214841	108.5	135094	107.9
民权县	3878564	113.0	3366440	113.6	360787	108.8	151336	108.2
睢　县	2264833	109.5	1845156	109.7	279853	108.9	139823	108.3
宁陵县	2444348	128.7	2178309	131.6	203786	109.0	62253	108.4
柘城县	2539705	106.9	2103662	106.6	295498	108.5	140545	107.9
虞城县	4462257	113.3	3878900	114.1	407685	108.6	175671	108.0
夏邑县	3256174	111.1	2583532	111.8	482569	108.7	190074	108.1
物流集聚区	149816	107.2	139985	107.1	6551	108.4	3280	108.3
开发区	1288352	115.6	1242133	115.9	38499	108.7	7719	108.1

8-4 各县（区）全部工业增加值(2015年)

单位:万元

县（区）	全部工业合计		规模以上		规模以下		个体经营	
	总量	指数（%）	总量	指数（%）	总量	指数（%）	总量	指数（%）
商丘市	**5663128**	**110.6**	**4914267**	**109.3**	**515883**	**105.2**	**232836**	**104.7**
梁园区	493889	110.4	437631	109.3	34740	105.6	21518	105.1
睢阳区	812094	110.2	738591	109.4	45138	105.0	28383	104.5
民权县	752114	111.1	644509	109.7	75801	105.3	31796	104.8
睢　县	522538	111.2	434352	109.5	58797	105.4	29377	104.9
宁陵县	484016	110.0	428122	108.9	42815	105.5	13079	105.0
柘城县	597006	108.3	505394	107.1	62084	105.0	29529	104.5
虞城县	974977	111.1	852442	109.9	85655	105.1	36909	104.6
夏邑县	701376	111.6	560060	109.5	101388	105.2	39935	104.7
物流集聚区	33763	107.6	31697	107.2	1376	105.3	690	104.8
开发区	291354	109.4	281643	109.1	8089	105.2	1622	104.7

8-5 各县（区）规模以上工业指标(2015年)

县（区）	企业数（个）	从业人员（人）	增加值率（%）	高新技术增加值	
				总量（万元）	增速（%）
商丘市	**1119**	**341764**	**21.5**	**1497120**	**21.7**
梁园区	110	20410	22.5	135516	18.3
睢阳区	176	49315	20.6	90104	22.1
民权县	135	33090	19.1	221926	18.4
睢　县	95	44547	23.5	129168	10.1
宁陵县	92	21474	19.7	45705	71.0
柘城县	113	30852	24.0	314248	15.3
虞城县	145	60806	22.0	253249	28.6
夏邑县	164	56707	21.7	179130	35.1
物流集聚区	23	3140	22.6	6050	1.2
开发区	66	21423	22.7	125536	17.6

8-6 各县（区）规模以上工业效益指标（2015年）

单位:万元

县（区）	资产总计	主营业务收入	利润总额	利税总额	本年应缴增值税
商丘市	**13058439**	**22119352**	**1736198**	**2207125**	**347563**
梁园区	1042516	1873206	67644	96653	25278
睢阳区	2035788	3539974	126518	172990	25891
民权县	1670436	3059816	256656	310766	33485
睢　县	1079300	1780878	184167	231029	29864
宁陵县	1317756	1996317	171468	222460	34767
柘城县	1352824	2096270	228461	295647	61956
虞城县	2338925	3936549	341751	426318	82302
夏邑县	1431743	2773947	316488	399182	48263
物流集聚区	98697	150307	5473	6577	337
开发区	690455	912089	37572	45504	5421

8-7 各县（区）各种分组的

项 目		商丘市	梁园区	睢阳区	民权县
总 计		**22868265**	**1947184**	**3582964**	**3366440**
在总计中：	1.本级以上属	799542	396052	608854	168087
	2.本级及以下属	22068723	1551131	2974110	3198353
在总计中：	1.轻工业	13148980	1545945	2321848	1234783
	2.重工业	9719285	401238	1261116	2131657
在总计中：	1.国有控股企业	1746924	408097	705096	268666
	2.集体控股企业	428933	94851	62435	
	3.私人控股企业	19650949	1326937	2476800	3040892
	4.港澳台控股企业	229776		11287	
	5.外商控股企业	138319	1871	64138	
	6.其他控股企业	673365	115429	263209	56881
在总计中：	1.国有企业	882984	61388	701371	45331
	2.集体企业	122270	9583		
	3.股份合作企业	7197			
	4.股份制企业	19180102	1779656	1787774	3170836
	5.外商和港澳台商投资企业	747170	9833	89674	
	6.其他	1928543	86726	1004146	150274
在总计中：	1.公有制	2175857	502948	767531	268666
	2.非公有制	20692408	1444236	2815433	3097774
在总计中：	1.大型企业	4967165	485043	1093782	309523
	2.中型企业	9549859	790397	299248	1909145
	3.小型企业	8304815	645319	2189934	1147772
	4.微型企业	46426	26425		
在总计中：	大中型企业	14517024	1275440	1393030	2218668
	其中：国有控股企业	1611578	408097	705096	258815
在总计中：	中小型企业	17854674	1435716	2489182	3056917
在总计中：	小微型企业	8351241	671744	2189934	1147772
在总计中：	高技术产业	2804480	386900	184005	324615
在总计中：	内资企业	22121095	1937351	3493290	3366440
	港、澳、台商投资企业	625939	7962	11287	
	外商投资企业	121231	1871	78387	

规模以上工业总产值（2015年）

单位：万元

睢县	宁陵县	柘城县	虞城县	夏邑县	物流集聚区	开发区
1845156	**2178309**	**2103662**	**3878900**	**2583532**	**139985**	**1242133**
24432		30960				116097
1820724	2178309	2072702	3878900	2583532	139985	1126036
1117760	854748	950930	2642919	1719173	89030	535579
727397	1323562	1152732	1235981	864359	50955	706554
50830	35588	39239	160437	46711		32260
85654		133855			39343	12795
1367362	2138898	1904261	3691143	2520006	94510	1090139
152778			21221			44491
			6100	16814		49396
188533	3823	26307			6132	13053
	28184			46711		
81506		8061			10326	12795
				7197		
1215021	1915373	1976165	3768254	2328538	113258	1125228
533541			34759			79363
15088	234752	119436	75888	201086	16401	24747
136484	35588	173094	160437	46711	39343	45055
1708672	2142721	1930568	3718463	2536820	100642	1197079
749960	255214	85793	1668067	319784		
781719	1422021	1374580	1087407	1362565	29017	493760
313477	493422	637682	1123427	899171	110968	743645
	7653	5607		2012		4729
1531679	1677235	1460373	2755474	1682349	29017	493760
44438	31828	30960	53374	46711		32260
1095197	1915443	2012262	2210833	2261735	139985	1237404
313477	501074	643289	1123427	901183	110968	748374
415877	42996	217330	856513	170507	5874	163034
1311615	2178309	2103662	3844141	2583532	139985	1162770
533541			28659			44491
			6100			34873

8-8 各县（区）分行业

行　业	商丘市	梁园区	睢阳区	民权县
总　计	**22868265**	**1947184**	**3582964**	**3366440**
农副食品加工业	2402664	624489	100293	489042
食品制造业	1761678	167933	227785	54914
酒、饮料和精制茶制造业	690668	61056	132352	146130
纺织业	1898787	18237	322788	
纺织服装、服饰业	2482632	8594	1066346	140883
皮革、毛皮、羽毛及其制品和制鞋业	792384	111733	125830	20097
木材加工和木、竹、藤、棕、草制品业	491238	19194	66641	53846
家具制造业	32445	6422		
造纸和纸制品业	223731	9145	6838	15784
印刷和记录媒介复制业	234073	24849	60164	27733
文教、工美、体育和娱乐用品制造业	429240	110567	23010	
石油加工、炼焦和核燃料加工业	19043	9164		
化学原料和化学制品制造业	1374317	52001	139222	117571
医药制造业	969398	342941	139071	
化学纤维制造业	24114	7376		
橡胶和塑料制品业	467543	18781	129384	87201
非金属矿物制品业	1716273	61737	159850	114755
黑色金属冶炼和压延加工业	681818	9591		131596
有色金属冶炼和压延加工业	222057	197590		
金属制品业	246311	22516	9867	67019
通用设备制造业	669758	10310	2690	616660
专用设备制造业	181137	23601	2394	37819
汽车制造业	635915	4158	34995	338463
铁路、船舶、航空航天和其他运输设备制	349145		49053	
电气机械和器材制造业	1198803	3816	13282	650447
计算机、通信和其他电子设备制造业	504344	16230		52916
仪器仪表制造业	964987		44934	
其他制造业	29980			
废弃资源综合利用业	68554		40876	
电力、热力生产和供应业	1092533		685300	203566
水的生产和供应业	12696	5154		

规模以上工业总产值（2015年）

单位：万元

睢　县	宁陵县	柘城县	虞城县	夏邑县	物流集聚区	开发区
1845156	**2178309**	**2103662**	**3878900**	**2583532**	**139985**	**1242133**
138116	190108	245971	236675	267058	4612	106300
60171	209991	9844	887999	52868	28670	61503
116349	157859	32950	16111	27861		
2668	141981	40446	726936	602573	29017	14141
154678	29292	209087	401459	438949		33344
234627	29608	186002	84489			
143002	59533	40658	21141	79049		8176
6962	7146		11915			
159459	4878		27628			
3302	35570	4447	13765	21912	10326	32005
191693	24323			79646		
			9879			
44251	761813	34717	22573	123856	12451	65864
12907	29896	211791	22774	204145	5874	
				16738		
41724	34798	14730		9143		131782
13420	159704	957452	17392	49535	29458	152970
19852	239062		34616	247101		
				2326		22140
15198	9167	7165	24470	32165	7475	51270
2541	3823	19474	8773			5486
	14553				9046	93724
		10332	116946	93297		37724
			184194			115898
52032		42100	119314	161356	3056	153401
387768	7019	5538				34873
			833739			86314
			2739	27241		
						27678
44438	28184	30960	53374	46711		
						7542

8-9 各县（区）各种分组的

项　　目	商丘市	梁园区	睢阳区	民权县
总　　　计	**4914267**	**437631**	**738591**	**644509**
在总计中：1. 本级以上属	150745	90647	93260	49945
2. 本级及以下属	4763522	346984	645331	594564
在总计中：1. 轻工业	2868260	368504	512596	249020
2. 重工业	2046008	69127	225995	395489
在总计中：1. 国有控股企业	325742	91540	108531	64794
2. 集体控股企业	100698	19733	13740	
3. 私人控股企业	4251396	296930	540920	570043
4. 港澳台控股企业	52925		2187	
5. 外商控股企业	34051	395	15361	
6. 其他控股企业	149457	29034	57851	9672
在总计中：1. 国有企业	134248	7692	107768	6638
2. 集体企业	27940	1768		
3. 股份合作企业	1568			
4. 股份制企业	4134062	406604	391345	607664
5. 外商和港澳台商投资企业	192944	3473	20703	
6. 其他	423504	18095	218775	30207
在总计中：1. 公有制	426440	111273	122271	64794
2. 非公有制	4487828	326358	616319	579715
在总计中：1. 大型企业	1074833	119765	201039	49791
2. 中型企业	2004104	173470	58955	357387
3. 小型企业	1825206	138932	478596	237331
4. 微型企业	10124	5463		
在总计中：大中型企业	3078937	293236	259994	407178
其中：国有控股企业	302983	91540	108531	63495
在总计中：中小型企业	3829310	312402	537552	594718
在总计中：小微型企业	1835330	144395	478596	237331
在总计中：高技术产业	683361	100642	43545	51047
在总计中：内资企业	4721323	434158	717888	644509
港、澳、台商投资企业	162930	3078	2187	
外商投资企业	30014	395	18516	

规模以上工业增加值（2015年）

单位：万元

睢县	宁陵县	柘城县	虞城县	夏邑县	物流集聚区	开发区
434352	**428122**	**505394**	**852442**	**560060**	**31697**	**281643**
5508		4882				25153
428844	428122	500511	852442	560060	31697	256490
259002	185860	226404	553221	385305	19880	106552
175349	242262	278990	299221	174754	11818	175091
8005	6003	6941	25153	7082		7978
20164		36875			9121	2793
325332	421194	456574	820994	548936	21338	246573
37269			4989			8578
			1306	4041		13123
43582	925	5003			1239	2599
	4445			7082		
19184		1843			2592	2793
				1549		
269177	372863	474217	825578	506217	25525	255427
142680			7857			18496
3310	50814	29334	19007	45211	3580	4927
28169	6003	43817	25153	7082	9121	10771
406183	422119	461577	827289	552977	22576	270872
189122	56421	21448	363204	67717		
176332	262681	330131	240991	296520	6529	107654
68897	106989	152367	248246	195389	25168	172982
	2031	1448		433		1008
365454	319102	351579	604196	364237	6529	107654
6822	5278	4882	8009	7082		7978
245230	369669	482497	489238	491909	31697	280636
68897	109020	153815	248246	195822	25168	173989
114436	9593	51136	226768	40636	1517	42440
291672	428122	505394	844585	560060	31697	263148
142680			6551			8578
			1306			9918

8-10 各县（区）分行业

项　　目	商丘市	梁园区	睢阳区	民权县
总　　计	**4914267**	**437631**	**738591**	**644509**
农副食品加工业	470262	104250	19074	90668
食品制造业	349607	31332	48433	11665
酒、饮料和精制茶制造业	154450	17261	30099	33216
纺织业	458717	4585	93755	
纺织服装、服饰业	587629	19520	237831	33608
皮革、毛皮、羽毛及其制品和制鞋业	260596	67923	5756	4363
木材加工和木、竹、藤、棕、草制品业	113178	4384	15505	11740
家具制造业	10591	1577		
造纸和纸制品业	64507	3190	3761	3467
印刷和记录媒介复制业	30510	5055	12160	4750
文教、工美、体育和娱乐用品制造业	22991	3256	6855	
石油加工、炼焦和核燃料加工业	3195	1271		
化学原料和化学制品制造业	230213	9621	24208	17574
医药制造业	225263	96738	24782	
化学纤维制造业	4500	1414		
橡胶和塑料制品业	111931	4327	27554	19171
非金属矿物制品业	412628	15799	35203	27890
黑色金属冶炼和压延加工业	142184	2034		26395
有色金属冶炼和压延加工业	30386	24023		
金属制品业	47933	4847	2004	12314
通用设备制造业	161117	1905	464	147507
专用设备制造业	61116	5275	13174	9514
汽车制造业	80608	943	2023	28977
铁路、船舶、航空航天和其他运输设备制	67667		9444	
电气机械和器材制造业	155277	791	2411	55361
计算机、通信和其他电子设备制造业	180712	3402		51047
仪器仪表制造业	261983		12118	
其他制造业	8541	582		
废弃资源综合利用业	7934		7881	
电力、热力生产和供应业	192459		104097	55284
水的生产和供应业	5583	2329		

规模以上工业增加值（2015年）

单位：万元

睢县	宁陵县	柘城县	虞城县	夏邑县	物流集聚区	开发区
434352	**428122**	**505394**	**852442**	**560060**	**31697**	**281643**
32590	36389	51410	61562	51711	1018	23321
18373	44372	2241	159567	12324	6259	13236
14682	37304	7868	4063	6123		4573
584	34406	9437	156275	144616	6529	4061
42023	5522	52272	91819	93622		8124
100497	6521	50509	19796	7870		
31167	13834	9103	8580	17017		1873
4225	4160		763			
37325	2362		7119			7368
548		1116		4291	2592	
	2790			10080		
			1304			641
8317	115387	7001	4873	31740	1881	12476
3201	6611	49561	5521	40636	1517	
				3085		
8923	14424	3394		4196		30723
3364	41392	236778	4392	12129	7731	35871
5011	50251		6923	51625		
				280		6901
	2012	1646	4889	6734	1543	12073
512	925	4393	1488			1136
	2034				2205	29675
		1927	19276	20335		6070
			34893			23075
4955		10279	29345	27433	422	23048
111234	2982	1575				9918
			221246			24073
			739	7130		
6822	4445	4882	8009	7082		
						3407

8-11 各县（区）主要

产品名称	单位	商丘市	梁园区	睢阳区	民权县
小麦粉	吨	4135637	709677	254253	805176
饲料	吨	742488	46552	59039	88605
其中：配合饲料	吨	548584	31481	59039	88605
混合饲料	吨	8075			
精制食用植物油	吨	114762	6090		89343
鲜、冷藏肉	吨	311544	200886		26762
冻肉	吨	2149		2149	
熟肉制品	吨	10349		10349	
畜肉制品*	吨	81494			
淀粉及淀粉制品*	吨	25287	10023		
糕点*	吨	14328			4668
饼干*	吨	45237	6807	362	
焙烤松脆食品	吨	362		362	
速冻食品	吨	679219		9990	
其中：速冻米面食品	吨	612422			
方便面	吨	506758	97557		
乳制品	吨	300538			
液体乳	吨	300538			
罐头	吨	106576	11156	10134	
酱油	吨	40908	38742		
冷冻饮品	吨	45192			45192
食用盐	吨	41756			
食品添加剂	吨	21042			
发酵酒精（折96度，商品量）	千升	68736			
饮料酒	千升	459340		245042	49213
其中：白酒（折65度，商品量）	千升	74585		22627	
啤酒	千升	290986		200586	
葡萄酒	千升	69344			49213
软饮料	吨	729834	574665	14971	12649
包装饮用水	吨	592660	574665		

工业产品产量（2015年）

睢县	宁陵县	柘城县	虞城县	夏邑县	物流集聚区	开发区
142490	518221	195193	911524	599102		
245988	47913	156587	97804			
185864		85791	97804			
6060		2015				
1489			17840			
15310			1448	51431		15707
9022		30731			673	41068
	5845			9419		
	3957				5703	
9643					28425	
7587	236017		425626			
	186796		425626			
	28049		288387			92765
12179	98500		189859			
12179	98500		189859			
544			30315	54427		
2166						
	41756					
21042						
68736						
22300	32782	16922	357	92724		
2169	30186	16922	357	2324		
				90400		
20131						
17995	81418	13777	14359			
17995						

8-11续1 各县（区）主要

产品名称	单位	商丘市	梁园区	睢阳区	民权县
果汁和蔬菜汁类饮料	吨	137174		14971	12649
精制茶	吨	79			
纱	吨	754734	1198	141399	
棉纱	吨	695930	1198	141399	
化学纤维纱	吨	58804			
布	万米	1002			
其中：棉布	万米	1002			
毛条	吨	647			
毛机织物（呢绒）	万米	494	494		
化纤长丝机织物	万米	5023		5023	
服装	万件	40626	310	30642	1115
梭织服装	万件	11996	310	2876	1115
其中：羽绒服装	万件	547	232		
西服套装	万件	2106			
衬衫	万件	18			
运动服类服装	万件	1055		1055	
针织服装	万件	28630		27766	
轻革	平方米	1234068	443294		
皮革服装	万件	68			
衣箱、提箱及类似容器	万个	243			
鞣制毛皮(折羊毛皮)*	张	1862539			
鞋	万双	1273	306		110
皮革鞋靴	万双	1071	306		110
胶鞋	万双	68			
人造板	立方米	1818598	21794	51517	44283
其中：胶合板	立方米	790102	21794		
纤维板	立方米	102478		51517	
刨花板	立方米	373559			9097
实木木地板	平方米	36765		36765	

工业产品产量（2015年）

睢县	宁陵县	柘城县	虞城县	夏邑县	物流集聚区	开发区
	81418	13777	14359			
						79
984	89559		287426	221734	12434	
984	89559		287426	162930	12434	
				58804		
				1002		
				1002		
	647					
2152	259	812	888	3628		819
1802	259	812	888	3496		438
10			66	239		
1153			822	114		17
						18
351				132		381
	279184	511590				
	68					
		243				
		1862539				
680			176			
478			176			
68						
456022	205679	396144	50961	592198		
91297	90226	14126		572659		
			50961			
364462						

8-11续2 各县（区）主要

产品名称	单位	商丘市	梁园区	睢阳区	民权县
家具	件	288324	32401		
其中：木质家具	件	186192	32401		
金属家具	件	41407			
机制纸及纸板（外购原纸加工除外）	吨	185758			
涂布类印刷用纸	吨	105254			
包装用纸及纸板	吨	10325			
其中：箱纸板	吨	10325			
纸制品	吨	252324	12983	2338	
其中：瓦楞纸箱	吨	173021		2338	
多色印刷品	对开色令	99611			
工艺美术制品*	千元	683946			
精甲醇	吨	21538	21538		
农用氮、磷、钾化学肥料（折纯）	吨	3551		3551	
磷肥（折五氧化二磷100%）	吨	3551		3551	
化学农药原药（折有效成分100%）	吨	13369			
涂料	吨	41781	26008		
玻璃包装容器	吨	72771		352	72419
合成洗涤剂	吨	19568		11514	
砖	万块	82317		17452	48150
水泥	吨	4417439	1080547	414937	492390
商品混凝土	立方米	3629286	357547	481360	498678
钢化玻璃	平方米	2149520		2149520	
平板玻璃	重量箱	4272813		4272813	
初级形态塑料	吨	4453			4453
化学试剂	吨	73996			51840
印染助剂*	吨	12171	12171		
其中：合成洗衣粉	吨	8054			
化学药品原药	吨	11143	1483		
中成药	吨	346	299		
兽用药品	吨	5910	4759		

工业产品产量（2015年）

睢县	宁陵县	柘城县	虞城县	夏邑县	物流集聚区	开发区
153791	60725		41407			
153791						
			41407			
175433			10325			
105254						
			10325			
			10325			
41491	30243		46308			118960
3594	1820		46308			118960
99611						
	661441			22505		
13369						
			8751	7022		
			8054			
16715						
	1659401					770164
76635	902686		543510	154983	423537	190350
	4411					17745
			8054			
3251		440		5968		
		47				
			477	674		

8-11续3 各县（区）主要

产品名称	单位	商丘市	梁园区	睢阳区	民权县
化学纤维	吨	18304	5830		
合成纤维	吨	18304	5830		
丙纶纤维	吨	12474			
橡胶轮胎外胎	条	276646			
客车橡胶轮胎外胎	条	276646			
塑料制品	吨	73015			
其中：强度等级42.5水泥（含R型）	吨	1659401			
预应力混凝土桩	米	176927			
瓦	万片	2276			2276
日用玻璃制品	吨	42951			42951
工业陶瓷*	万件	2934			
石棉制品*	吨	53012			
耐火材料制品	吨	45157			
石墨及炭素制品	吨	107			
磨具*	吨	1609			
人造金钢石*	克拉	74			
铸铁件	吨	263115	1380		
钢材	吨	692062	18479		324690
钢筋	吨	85100			
线材（盘条）	吨	324690			324690
中厚宽钢带	吨	50855			
无缝钢管	吨	81532			
焊接钢管	吨	18479	18479		
其他钢材	吨	131406			
十种有色金属	吨	49719	49719		
氧化铝	吨	6135			
原铝（电解铝）	吨	49719	49719		
铝材	吨	108231	108231		
钢结构	吨	22245			
钢丝	吨	51927			51927
日用精铝制品*	吨	12710	7241		

工业产品产量（2015年）

睢县	宁陵县	柘城县	虞城县	夏邑县	物流集聚区	开发区
				12474		
				12474		
				12474		
276646						
276646						
	48123			19969		4923
	1659401					
					176927	
2934						
				53012		
	26835					18322
						107
		1609				
		74				
				261735		
85100	212938		50855			
85100						
			50855			
	81532					
	131406					
				6135		
			22245			
		913			4556	

8-11续4　各县（区）主要

产品名称	单位	商丘市	梁园区	睢阳区	民权县
铸造机械	台	5323			
起重机	吨	11746			11746
给料机械*	台	2208			
滚动轴承	万套	3620			1567
工商用制冷、空调设备	台（套）	2822845			2822845
其中：工商用空调设备	台（套）	2600			2600
冷藏加工设备*	台(套、座)	72369	4080		68289
电动手提式工具	台	73111			
矿山专用设备	吨	1527			
工矿配件*	吨	16209	16209		
环境污染防治专用设备	台（套）	1473			
固体废弃物处理设备	台（套）	1473			
改装汽车	辆	9682			6671
汽车配件*	件	37689058	36794073		
电动自行车	辆	1289253			
电力电缆	千米	54977			
锂离子电池	只（自然只）	43332			
家用电冰箱（家用冷冻冷藏箱）	台	1113752			550124
家用冷柜（家用冷冻箱）	台	701279			701279
家用洗衣机	台	551857			551857
家用电热水器	台	2941809			2941809
家用电热取暖器具	台	105339			
电光源	万只	13327		13312	
其中：白炽灯泡	万只	3			
荧光灯	万只	13324		13312	
灯具及照明装置	套（台、个）	1394001	59569		
电子元件	万只	17361			
工业自动调节仪表与控制系统	台（套）	22065		22065	
量具*	件	10422468		10082	
分析仪器及装置	台（套）	745			
自来水生产量	万立方米	2567	2567		

工业产品产量（2015年）

睢县	宁陵县	柘城县	虞城县	夏邑县	物流集聚区	开发区
	5323					
2208						
		2053				
			73111			
	1527					
					1191	282
					1191	282
						3011
			61764	265564		567657
			751808			537445
				54977		
						43332
						563628
105211		128				
				15		
				3		
				12		
			1334432			
11768		25				5568
			10270842			141544
						745

8-12　各县（区）规模以上主要经济效益指标（2015年）

单位：万元

县（区）	企业单位数（个）	亏损企业	工业总产值（当年价格）	工业销售产值（当年价格）	出口交货值
商丘市	**1119**	**28**	**22982714**	**22493936**	**475106**
梁园区	110	12	1969797	1966311	5345
睢阳区	176	4	3649827	3631996	0
民权县	135	2	3380343	3285139	8360
睢　县	95	3	1830551	1777371	281462
宁陵县	92	1	2226432	2115359	0
柘城县	113	1	2213597	2116119	0
虞城县	145	0	3913648	3835091	7721
夏邑县	164	0	2764647	2763831	86834
物流集聚区	23	0	142329	140066	0
开发区	66	5	891544	862654	85384

8-12续1　各县（区）规模以上主要经济效益指标（2015年）

单位：万元

县（区）	年初存货	产成品	资产总计	流动资产合计	应收账款
商丘市	**1100219**	**406940**	**13058439**	**4985200**	**1044950**
梁园区	135996	47312	1042516	515986	85355
睢阳区	140983	66973	2035788	644330	117550
民权县	181685	69605	1670436	697838	119523
睢　县	60372	27423	1079300	340195	90150
宁陵县	72184	25906	1317756	535079	67981
柘城县	151557	52775	1352824	458580	142867
虞城县	237896	69545	2338925	999085	253526
夏邑县	54649	25490	1431743	475529	100762
物流集聚区	15288	2937	98697	60883	5941
开发区	49611	18974	690455	257697	61296

8-12续2　各县（区）规模以上主要经济效益指标（2015年）

单位：万元

县（区）	资产总计					
	流动资产合计		固定资产合计	固定资产原价	累计折旧	
	存货	产成品				本年折旧
商丘市	**1575465**	**682475**	**5047738**	**5851587**	**1462809**	**301552**
梁园区	157035	63036	290217	364245	90816	22203
睢阳区	264152	73039	804322	1077398	460850	50184
民权县	233514	116970	736788	963971	302578	67882
睢　县	78125	39108	664010	624211	71577	37393
宁陵县	158703	50376	381703	332398	40032	10019
柘城县	160188	77572	451862	588524	159887	25794
虞城县	333453	177607	610609	716646	106037	22199
夏邑县	80567	40984	848038	969303	185432	56686
物流集聚区	20857	6827	20250	26219	6908	2411
开发区	88872	36958	239940	188673	38691	6782

8-12续3　各县（区）规模以上主要经济效益指标（2015年）

单位：万元

县（区）	负债合计	流动负债合计		非流动负债合计	所有者权益合计	
			应付账款			实收资本
商丘市	**5551179**	**3539505**	**749454**	**929512**	**7309523**	**3136182**
梁园区	792104	484612	108221	59358	250410	160015
睢阳区	1181704	685460	165204	304370	847559	440630
民权县	755317	480557	120355	172615	901498	394886
睢　县	193826	142348	44725	32616	848248	623533
宁陵县	492921	216858	22140	10311	822931	457173
柘城县	626187	546285	16686	1748	662292	134925
虞城县	926256	575676	191929	258362	1339455	170287
夏邑县	219035	171884	32886	22876	1211808	567518
物流集聚区	49317	41916	4126	3361	49381	19826
开发区	314514	193909	43182	63897	375941	167390

8-12续4 各县（区）规模以上主要经济效益指标（2015年）

单位：万元

县（区）	国家资本	集体资本	法人资本	个人资本	港澳台资本	外商资本
商丘市	**132740**	**38385**	**1090110**	**1840361**	**8795**	**25793**
梁园区	5826	3789	78846	68815	150	2589
睢阳区	46642	16550	35567	326850	1580	13442
民权县	63996	7330	202922	120638	0	0
睢　县	3662	4631	457668	155822	0	1750
宁陵县	288	1200	87431	368254	0	0
柘城县	3292	4331	23590	103712	0	0
虞城县	4384	0	46251	119652	0	0
夏邑县	1800	0	77343	485812	2563	0
物流集聚区	0	320	3361	16146	0	0
开发区	2851	234	77131	74660	4502	8012

8-12续5 各县（区）规模以上主要经济效益指标（2015年）

单位：万元

县（区）	营业收入	主营业务收入	营业成本	主营业务成本	营业税金及附加	主营业务税金及附加
商丘市	**22174786**	**22119352**	**19725576**	**19662277**	**123364**	**121376**
梁园区	1902703	1873206	1723875	1691187	3731	3641
睢阳区	3550189	3539974	3332019	3324709	20581	20534
民权县	3067731	3059816	2653351	2642157	20624	20428
睢　县	1781465	1780878	1486968	1486667	16997	16831
宁陵县	1999706	1996317	1723480	1720277	16225	16160
柘城县	2096434	2096270	1890616	1890614	5231	5229
虞城县	3936549	3936549	3609096	3609096	2266	2266
夏邑县	2774132	2773947	2326465	2319587	34432	33088
物流集聚区	150307	150307	139321	139321	767	764
开发区	915571	912089	840385	838663	2511	2437

8-12续6　各县（区）规模以上主要经济效益指标（2015年）

单位：万元

县（区）	其他业务收入	其他业务利润	销售费用	管理费用	税金
商丘市	**55435**	**330**	**422795**	**426201**	**25310**
梁园区	29497	217	55540	55303	4473
睢阳区	10215	178	37419	51394	4071
民权县	7916	-303	84110	75998	9280
睢　县	587	11	57407	46158	786
宁陵县	3390	0	54066	55364	995
柘城县	164	0	13185	13628	433
虞城县	0	0	36513	17728	244
夏邑县	185	0	69265	85500	4097
物流集聚区	0	0	1924	1887	16
开发区	3482	227	13368	23242	915

8-12续7　各县（区）规模以上主要经济效益指标（2015年）

单位：万元

县（区）	财务费用			营业利润	资产减值损失	公允价值变动收益
		利息收入	利息支出			
商丘市	**222474**	**1737**	**162996**	**1251660**	**4463**	**481**
梁园区	26379	186	25697	36693	101	0
睢阳区	34359	-90	27780	74854	913	317
民权县	32284	323	26142	199926	2038	367
睢　县	35451	60	19644	138560	31	65
宁陵县	31145	55	10378	118728	699	0
柘城县	13870	47	13118	159905	0	0
虞城县	14352	37	14620	256367	227	0
夏邑县	25242	1066	18086	233810	123	1
物流集聚区	2167	7	1876	4240	0	0
开发区	7226	45	5658	28577	332	-269

8-12续8　各县（区）规模以上主要经济效益指标（2015年）

单位：万元

县（区）	投资收益	营业外收入	政府补助	营业外支出	利润总额	所得税费用
商丘市	**1261**	**21192**	**7596**	**7580**	**1265272**	**116156**
梁园区	-1084	2758	1001	816	38635	10142
睢阳区	1042	6045	4273	852	80046	572
民权县	220	3804	1124	1182	202547	8687
睢　县	43	551	18	1805	137306	4386
宁陵县	0	1774	802	25	120477	5535
柘城县	0	1441	201	71	161275	30116
虞城县	0	1754	0	939	257183	40622
夏邑县	704	1002	0	1019	233793	13434
物流集聚区	0	129	129	0	4369	659
开发区	337	1934	49	871	29641	2003

8-12续9　各县（区）规模以上主要经济效益指标（2015年）

单位：万元

县（区）	亏损企业亏损总额	利税总额	应交税金及附加	本年应付职工薪酬	本年应交增值税	从业人员平均人数
商丘市	**33750**	**1736198**	**612393**	**1296367**	**347563**	**341764**
梁园区	22525	67644	43624	78589	25278	20410
睢阳区	8657	126518	51115	248880	25891	49315
民权县	125	256656	72076	138228	33485	33090
睢　县	798	184167	52033	170968	29864	44547
宁陵县	358	171468	57522	76089	34767	21474
柘城县	295	228461	97735	86936	61956	30852
虞城县	0	341751	125434	228222	82302	60806
夏邑县	0	316488	100226	190605	48263	56707
物流集聚区	0	5473	1779	11280	337	3140
开发区	991	37572	10850	66572	5421	21423

8-13 按登记注册类型分的规模以上工业企业主要经济指标（2015年）

单位：万元

类型	企业单位数（个）	亏损企业	工业总产值（当年价格）	工业销售产值（当年价格）	出口交货值
总　　计	**1119**	**28**	**22982714**	**22493936**	**475106**
内资企业	1103	27	22220154	21742025	177321
国有企业	9	2	941337	896991	0
中央企业	1	1	24632	24723	0
地方企业	8	1	916706	872268	0
集体企业	7	0	124560	124337	0
股份合作企业	1	0	7197	7197	0
有限责任公司	513	16	8259014	8141890	83650
国有独资公司	3	0	125044	121503	8360
其他有限责任公司	510	16	8133970	8020387	75289
股份有限公司	46	5	1924224	1899478	0
私营企业	497	4	10342667	10056859	93672
私营独资企业	92	2	1116003	1098140	0
私营合伙企业	5	0	170936	170936	0
私营有限责任公司	362	2	8020307	7757621	7740
私营股份有限公司	38	0	1035422	1030163	85932
其他企业	30	0	621155	615273	0
港、澳、台商投资企业	7	0	617852	608326	263859
合资经营企业(港或澳、台资)	4	0	513541	512968	263859
港澳台商独资经营企业	2	0	93150	84262	0
港澳台商投资股份有限公司	1	0	11161	11097	0
外商投资企业	9	1	144708	143585	33926
中外合资经营企业	2	1	44791	44791	31924
外资企业	4	0	51072	50733	2002
外商投资股份有限公司	2	0	44042	43257	0
其他外商投资企业	1	0	4803	4803	0

8-13续1 按登记注册类型分的规模以上工业企业主要经济指标（2015年）

单位：万元

类型	年初存货	产成品	资产总计	流动资产合计	应收账款
总　　计	**1100219**	**406940**	**13058439**	**4985200**	**1044950**
内资企业	1068616	401185	12731575	4868822	992945
国有企业	21205	115	865328	104482	5329
中央企业	9048	115	125107	45034	0
地方企业	12157	0	740220	59448	5329
集体企业	1732	429	27262	12670	1601
股份合作企业	1226	1203	11301	3272	703
有限责任公司	412368	162867	4366000	1848426	400582
国有独资公司	12874	7718	188811	42094	4550
其他有限责任公司	399494	155150	4177189	1806332	396032
股份有限公司	83958	23065	1351155	484700	80458
私营企业	534734	206826	5903958	2345947	482303
私营独资企业	29998	11015	457401	193015	30772
私营合伙企业	473	273	44365	23428	586
私营有限责任公司	441925	147450	4778306	1805293	374020
私营股份有限公司	62338	48088	623886	324211	76924
其他企业	13393	6680	206573	69325	21969
港、澳、台商投资企业	18030	2906	224892	85723	44264
合资经营企业(港或澳、台资)	15975	2152	122699	73492	41241
港澳台商独资经营企业	1055	660	99266	9614	3093
港澳台商投资股份有限公司	1001	93	2927	2618	-70
外商投资企业	13572	2849	101973	30655	7740
中外合资经营企业	4538	2006	27543	12360	4327
外资企业	8570	801	46311	11626	1308
外商投资股份有限公司	410	0	26561	6117	1625
其他外商投资企业	55	41	1558	552	481

8-13续2 按登记注册类型分的规模以上工业企业主要经济指标（2015年）

单位：万元

类型	资产总计					
	流动资产合计		固定资产合计	固定资产原价	累计折旧	
	存货	产成品				本年折旧
总　　计	**1575465**	**682475**	**5047738**	**5851587**	**1462809**	**301552**
内资企业	1544077	667635	4879627	5669699	1437288	293177
国有企业	10825	1314	589200	884979	429484	44806
中央企业	6516	435	28458	60718	32261	362
地方企业	4309	879	560742	824261	397224	44444
集体企业	2204	1221	11468	11642	1408	888
股份合作企业	1906	1812	8029	8135	106	106
有限责任公司	630921	278271	1623370	1736848	355825	97631
国有独资公司	13909	7588	119027	60793	23530	3396
其他有限责任公司	617013	270683	1504342	1676055	332296	94235
股份有限公司	100541	42735	565484	737790	253831	34966
私营企业	770372	338851	2060750	2269113	392421	114068
私营独资企业	51372	16061	136082	147090	30983	7439
私营合伙企业	512	249	19719	24548	5620	1177
私营有限责任公司	636027	263101	1695528	1871250	307889	89937
私营股份有限公司	82462	59440	209421	226225	47929	15515
其他企业	27307	3431	21326	21193	4212	713
港、澳、台商投资企业	17882	10948	116241	118160	11875	5055
合资经营企业(港或澳、台资)	15333	9822	29966	33336	7229	1762
港澳台商独资经营企业	1547	1021	85979	84389	4506	3253
港澳台商投资股份有限公司	1002	105	296	435	140	40
外商投资企业	13506	3892	51871	63728	13647	3320
中外合资经营企业	4893	3479	7436	11302	4242	828
外资企业	8172	212	29078	32595	3920	1887
外商投资股份有限公司	387	160	15356	19831	5485	606
其他外商投资企业	55	41	0	0	0	0

8-13续3　按登记注册类型分的规模以上工业企业主要经济指标（2015年）

单位：万元

类型	负债合计	流动负债合计	应付账款	非流动负债合计	所有者权益合计	实收资本
总　　计	**5551179**	**3539505**	**749454**	**929512**	**7309523**	**3136182**
内资企业	5419617	3445776	714737	911396	7127335	3004864
国有企业	824645	405341	141146	212153	40682	73154
中央企业	117482	72538	715	44944	7625	14000
地方企业	707163	332803	140431	167208	33057	59154
集体企业	8408	4510	2186	2966	18853	2983
股份合作企业	3226	3226	3226	0	8074	6000
有限责任公司	1642326	1077141	187227	188617	2670638	1174546
国有独资公司	98642	38529	27032	44070	90168	39291
其他有限责任公司	1543684	1038612	160195	144547	2580470	1135255
股份有限公司	793899	489258	116569	278333	548092	269219
私营企业	2079771	1427518	262096	211858	3703971	1422130
私营独资企业	124952	77955	7711	9636	321572	139058
私营合伙企业	1556	345	308	0	41909	32785
私营有限责任公司	1653063	1099602	167580	157082	3016805	1098273
私营股份有限公司	300200	249616	86496	45141	323686	152014
其他企业	67341	38782	2287	17469	137025	56833
港、澳、台商投资企业	74154	44463	25029	10575	137623	104627
合资经营企业(港或澳、台资)	68123	38530	23733	10477	41461	18725
港澳台商独资经营企业	5226	5128	629	98	94040	84502
港澳台商投资股份有限公司	806	806	668	0	2122	1400
外商投资企业	57408	49265	9688	7541	44565	26691
中外合资经营企业	16264	9707	2653	6063	11279	4500
外资企业	29689	28210	605	1479	16623	15452
外商投资股份有限公司	10797	10797	6430	0	15764	6082
其他外商投资企业	658	552	0	0	900	657

8-13续4 按登记注册类型分的规模以上工业企业主要经济指标（2015年）

单位：万元

类型	国家资本	集体资本	法人资本	个人资本	港澳台资本	外商资本
总 计	**132740**	**38385**	**1090110**	**1840361**	**8795**	**25793**
内资企业	132740	37728	997346	1831606	2907	2539
国有企业	52954	0	14000	6200	0	0
中央企业	0	0	14000	0	0	0
地方企业	52954	0	0	6200	0	0
集体企业	0	230	500	2253	0	0
股份合作企业	0	0	0	6000	0	0
有限责任公司	31943	4461	439194	695735	2713	500
国有独资公司	19384	0	19907	0	0	0
其他有限责任公司	12559	4461	419287	695735	2713	500
股份有限公司	45786	1529	113668	106390	0	1846
私营企业	1897	30967	429924	958955	194	194
私营独资企业	193	193	29958	108328	194	194
私营合伙企业	0	0	29130	3655	0	0
私营有限责任公司	1703	14240	326787	755542	0	0
私营股份有限公司	1	16535	44048	91430	0	0
其他企业	160	540	60	56073	0	0
港、澳、台商投资企业	0	0	92014	5475	5888	1250
合资经营企业(港或澳、台资)	0	0	12000	5475	0	1250
港澳台商独资经营企业	0	0	80000	0	4502	0
港澳台商投资股份有限公司	0	0	14	0	1386	0
外商投资企业	0	657	750	3280	0	22004
中外合资经营企业	0	0	750	1440	0	2310
外资企业	0	0	0	1520	0	13932
外商投资股份有限公司	0	0	0	320	0	5762
其他外商投资企业	0	657	0	0	0	0

8-13续5 按登记注册类型分的规模以上工业企业主要经济指标（2015年）

单位：万元

类型	营业收入	主营业务收入	营业成本	主营业务成本	营业税金及附加	主营业务税金及附加
总　　计	**22174786**	**22119352**	**19725576**	**19662277**	**123364**	**121376**
内资企业	21424015	21368758	19087558	19024469	116993	115008
国有企业	897767	874899	872627	852605	2504	2438
中央企业	22836	16919	26026	21892	0	0
地方企业	874931	857979	846600	830712	2504	2438
集体企业	131028	131028	116722	116722	588	588
股份合作企业	7197	7197	6134	6134	60	60
有限责任公司	7993156	7977316	7127341	7100690	57361	55652
国有独资公司	122180	121319	111753	110689	365	365
其他有限责任公司	7870976	7855996	7015587	6990001	56996	55288
股份有限公司	1840016	1830593	1623764	1616257	10153	10138
私营企业	9931143	9924018	8774574	8765665	43956	43761
私营独资企业	1043837	1043837	940712	940573	4637	4631
私营合伙企业	170671	170671	150319	150319	1577	1577
私营有限责任公司	7632188	7625062	6694719	6685949	34404	34248
私营股份有限公司	1084447	1084447	988824	988824	3339	3305
其他企业	623709	623709	566397	566397	2372	2372
港、澳、台商投资企业	612057	612022	517326	517296	3022	3022
合资经营企业(港或澳、台资)	516150	516150	430047	430047	2232	2232
港澳台商独资经营企业	84262	84262	76152	76152	790	790
港澳台商投资股份有限公司	11645	11610	11126	11097	1	1
外商投资企业	138714	138571	120692	120512	3349	3346
中外合资经营企业	41911	41911	39370	39370	15	15
外资企业	55310	55210	47620	47620	2720	2720
外商投资股份有限公司	36690	36646	29860	29680	422	418
其他外商投资企业	4803	4803	3843	3843	192	192

8-13续6　按登记注册类型分的规模以上工业企业主要经济指标（2015年）

单位：万元

类型	其他业务收入	其他业务利润	销售费用	管理费用	税金
总　　计	**55435**	**330**	**422795**	**426201**	**25310**
内资企业	55257	330	398261	401395	25054
国有企业	22868	258	1546	14914	216
中央企业	5916	0	1541	3619	0
地方企业	16952	258	5	11295	216
集体企业	0	0	2533	2188	14
股份合作企业	0	0	203	464	5
有限责任公司	15840	209	145609	148099	8318
国有独资公司	861	0	2423	3943	322
其他有限责任公司	14979	209	143187	144156	7996
股份有限公司	9424	-257	46755	25797	4637
私营企业	7125	121	192060	195758	11788
私营独资企业	0	0	16461	22256	795
私营合伙企业	0	0	3202	2656	2
私营有限责任公司	7125	121	159036	156868	10568
私营股份有限公司	0	0	13362	13978	424
其他企业	0	0	9554	14175	76
港、澳、台商投资企业	35	0	22465	20240	18
合资经营企业(港或澳、台资)	0	0	20427	18849	0
港澳台商独资经营企业	0	0	1363	831	15
港澳台商投资股份有限公司	35	0	675	561	3
外商投资企业	143	0	2070	4566	238
中外合资经营企业	0	0	108	658	24
外资企业	99	0	1138	2009	199
外商投资股份有限公司	44	0	680	1770	15
其他外商投资企业	0	0	144	130	0

8-13续7 按登记注册类型分的规模以上工业企业主要经济指标（2015年）

单位：万元

类型	财务费用	利息收入	利息支出	营业利润	资产减值损失	公允价值变动收益
总　　计	**222474**	**1737**	**162996**	**1251660**	**4463**	**481**
内资企业	206500	1730	152881	1210672	4463	481
国有企业	18822	-101	19934	-12053	77	532
中央企业	1404	-478	2260	-9761	0	0
地方企业	17418	377	17674	-2292	77	532
集体企业	1710	0	1706	7287	0	0
股份合作企业	82	4	86	254	0	0
有限责任公司	67388	973	46675	446062	549	51
国有独资公司	2737	43	2759	732	227	0
其他有限责任公司	64651	930	43916	445330	322	51
股份有限公司	37468	458	35924	94258	2009	102
私营企业	75147	390	43882	649333	1828	-204
私营独资企业	7890	80	2967	52363	0	0
私营合伙企业	1172	5	768	11746	0	0
私营有限责任公司	61285	247	38169	525080	1828	-204
私营股份有限公司	4800	58	1978	60144	0	0
其他企业	5882	6	4675	25530	0	0
港、澳、台商投资企业	14704	2	9132	34221	0	0
合资经营企业(港或澳、台资)	14156	0	9128	30439	0	0
港澳台商独资经营企业	545	0	0	4582	0	0
港澳台商投资股份有限公司	3	2	4	-799	0	0
外商投资企业	1270	5	983	6767	0	0
中外合资经营企业	405	0	274	1355	0	0
外资企业	604	0	470	1219	0	0
外商投资股份有限公司	259	5	236	3701	0	0
其他外商投资企业	3	0	3	491	0	0

8-13续8　按登记注册类型分的规模以上工业企业主要经济指标（2015年）

单位：万元

类型	投资收益	营业外收入	政府补助	营业外支出	利润总额	所得税费用
总　　计	**1261**	**21192**	**7596**	**7580**	**1265272**	**116156**
内资企业	1340	19196	6359	7429	1222439	111014
国有企业	140	3742	2599	995	-9307	1245
中央企业	-6	2755	2599	169	-7175	0
地方企业	146	986	0	826	-2132	1245
集体企业	0	23	17	2	7308	40
股份合作企业	0	0	0	0	254	26
有限责任公司	-799	8458	1271	3899	450622	45033
国有独资公司	0	2159	0	182	2709	1129
其他有限责任公司	-799	6299	1271	3717	447913	43904
股份有限公司	86	2710	1129	680	96288	7031
私营企业	1711	4225	1305	1852	651707	57411
私营独资企业	486	18	0	5	52377	3732
私营合伙企业	0	0	0	0	11746	0
私营有限责任公司	1225	3243	1255	1011	527312	49942
私营股份有限公司	0	964	49	836	60272	3738
其他企业	202	37	37	0	25567	227
港、澳、台商投资企业	-79	1250	1237	2	35470	4133
合资经营企业(港或澳、台资)	0	0	0	0	30439	4133
港澳台商独资经营企业	0	0	0	0	4582	0
港澳台商投资股份有限公司	-79	1250	1237	2	449	0
外商投资企业	0	746	0	149	7363	1009
中外合资经营企业	0	1	0	24	1333	0
外资企业	0	737	0	46	1910	376
外商投资股份有限公司	0	8	0	80	3629	633
其他外商投资企业	0	0	0	0	491	0

8-13续9 按登记注册类型分的规模以上工业企业主要经济指标（2015年）

单位：万元

类型	亏损企业亏损总额	利税总额	应交税金及附加	本年应付职工薪酬	本年应交增值税	从业人员平均人数
总　　计	**33750**	**1736198**	**612393**	**1296367**	**347563**	**341764**
内资企业	33621	1676114	589743	1232287	336682	325410
国有企业	21440	19767	30534	66461	26569	5056
中央企业	7175	-7175	0	6482	0	967
地方企业	14265	26941	30534	59979	26569	4089
集体企业	0	8978	1724	7389	1083	1586
股份合作企业	0	442	220	284	129	92
有限责任公司	8620	619102	221831	504851	111119	136548
国有独资公司	0	3618	2360	12671	544	2714
其他有限责任公司	8620	615484	219471	492180	110575	133834
股份有限公司	2474	138107	53487	75003	31666	21887
私营企业	1087	859670	277163	531497	164007	151772
私营独资企业	405	70266	22416	62430	13253	15995
私营合伙企业	0	14337	2592	4463	1014	984
私营有限责任公司	682	698048	231245	402275	136332	115982
私营股份有限公司	0	77020	20910	62329	13409	18811
其他企业	0	30048	4784	46802	2109	8469
港、澳、台商投资企业	0	48332	17013	56785	9840	14060
合资经营企业(港或澳、台资)	0	41667	15361	46752	8996	11573
港澳台商独资经营企业	0	6214	1648	9163	843	2424
港澳台商投资股份有限公司	0	451	4	870	1	63
外商投资企业	130	11753	5636	7295	1041	2294
中外合资经营企业	130	1394	85	1385	46	545
外资企业	0	5102	3767	4514	472	1297
外商投资股份有限公司	0	4550	1569	819	500	272
其他外商投资企业	0	707	216	577	24	180

8-14 按经济组织类型分的规模以上工业企业主要经济指标（2015年）

单位：万元

类型	企业单位数（个）	亏损企业	工业总产值（当年价格）	工业销售产值（当年价格）	出口交货值
独资企业	114	4	2326122	2254463	2002
国有企业	9	2	941337	896991	0
集体企业	7	0	124560	124337	0
私营独资企业	92	2	1116003	1098140	0
港澳台商独资经营企业	2	0	93150	84262	0
外资企业	4	0	51072	50733	2002
合作、合伙企业	37	0	804090	798208	0
股份合作企业	1	0	7197	7197	0
私营合伙企业	5	0	170936	170936	0
其他企业（内资）	30	0	621155	615273	0
其他外商投资企业	1	0	4803	4803	0
股份有限公司	87	5	3014849	2983995	85932
股份有限公司(内资)	46	5	1924224	1899478	0
私营股份有限公司	38	0	1035422	1030163	85932
港澳台商投资股份有限公司	1	0	11161	11097	0
外商投资股份有限公司	2	0	44042	43257	0
有限责任公司	881	19	16837653	16457270	387172
国有独资公司	3	0	125044	121503	8360
私营有限责任公司	362	2	8020307	7757621	7740
合资经营企业(港或澳、台资)	4	0	513541	512968	263859
中外合资经营企业	2	1	44791	44791	31924
其他有限责任公司	510	16	8133970	8020387	75289
在总计中:亏损企业	28	28	608907	603854	31924
在总计中:国有控股企业	25	4	1760840	1699903	8360
在总计中:农村工业	50	0	989956	983195	0
在总计中:轻工业	682	12	13567739	13334444	52007
重工业	437	16	9414974	9159491	423099
在总计中:大型企业	33	0	5438232	5411685	350052
中型企业	376	10	11662414	11347210	62529
小型企业	710	18	5882068	5735041	62526
纯小型企业	654	14	5574758	5438740	62526
微型企业	56	4	307310	296301	0

8-14续1 按经济组织类型分的规模以上工业企业主要经济指标（2015年）

单位：万元

类型	年初存货	产成品	资产总计	流动资产合计	应收账款
独资企业	62560	13021	1495567	331407	42103
国有企业	21205	115	865328	104482	5329
集体企业	1732	429	27262	12670	1601
私营独资企业	29998	11015	457401	193015	30772
港澳台商独资经营企业	1055	660	99266	9614	3093
外资企业	8570	801	46311	11626	1308
合作、合伙企业	15147	8197	263796	96577	23739
股份合作企业	1226	1203	11301	3272	703
私营合伙企业	473	273	44365	23428	586
其他企业（内资）	13393	6680	206573	69325	21969
其他外商投资企业	55	41	1558	552	481
股份有限公司	147707	71246	2004529	817645	158937
股份有限公司(内资)	83958	23065	1351155	484700	80458
私营股份有限公司	62338	48088	623886	324211	76924
港澳台商投资股份有限公司	1001	93	2927	2618	-70
外商投资股份有限公司	410	0	26561	6117	1625
有限责任公司	874805	314475	9294548	3739571	820170
国有独资公司	12874	7718	188811	42094	4550
私营有限责任公司	441925	147450	4778306	1805293	374020
合资经营企业(港或澳、台资)	15975	2152	122699	73492	41241
中外合资经营企业	4538	2006	27543	12360	4327
其他有限责任公司	399494	155150	4177189	1806332	396032
在总计中:亏损企业	61509	20547	587840	240797	10401
在总计中:国有控股企业	95787	23212	1692263	293616	54095
在总计中:农村工业	9648	5938	247868	89756	28382
在总计中:轻工业	753526	281557	7335300	3097506	605954
重工业	346693	125383	5723139	1887694	438996
在总计中:大型企业	221913	121198	2743850	889880	210555
中型企业	475527	179866	6185546	2284233	475383
小型企业	402778	105876	4129043	1811087	359012
纯小型企业	314703	102780	3528118	1581591	320298
微型企业	88076	3095	600925	229496	38714

8-14续2 按经济组织类型分的规模以上工业企业主要经济指标（2015年）

单位：万元

类型	资产总计					
	流动资产合计		固定资产合计	固定资产原价	累计折旧	
	存货	产成品				本年折旧
独资企业	74119	19830	851808	1160695	470301	58273
国有企业	10825	1314	589200	884979	429484	44806
集体企业	2204	1221	11468	11642	1408	888
私营独资企业	51372	16061	136082	147090	30983	7439
港澳台商独资经营企业	1547	1021	85979	84389	4506	3253
外资企业	8172	212	29078	32595	3920	1887
合作、合伙企业	29779	5532	49074	53876	9939	1996
股份合作企业	1906	1812	8029	8135	106	106
私营合伙企业	512	249	19719	24548	5620	1177
其他企业（内资）	27307	3431	21326	21193	4212	713
其他外商投资企业	55	41	0	0	0	0
股份有限公司	184393	102440	790557	984281	307384	51126
股份有限公司(内资)	100541	42735	565484	737790	253831	34966
私营股份有限公司	82462	59440	209421	226225	47929	15515
港澳台商投资股份有限公司	1002	105	296	435	140	40
外商投资股份有限公司	387	160	15356	19831	5485	606
有限责任公司	1287174	554673	3356300	3652735	675185	190158
国有独资公司	13909	7588	119027	60793	23530	3396
私营有限责任公司	636027	263101	1695528	1871250	307889	89937
合资经营企业(港或澳、台资)	15333	9822	29966	33336	7229	1762
中外合资经营企业	4893	3479	7436	11302	4242	828
其他有限责任公司	617013	270683	1504342	1676055	332296	94235
在总计中:亏损企业	64561	35487	181545	284663	110603	10233
在总计中:国有控股企业	76491	27730	1131830	1530639	651231	78748
在总计中:农村工业	36898	1960	32179	31607	5027	1347
在总计中:轻工业	1065263	454003	2598729	2805143	460970	140983
重工业	510203	228472	2449009	3046444	1001839	160570
在总计中:大型企业	264016	152100	1274924	1568360	512513	87772
中型企业	755558	286454	2628583	3073207	732078	160140
小型企业	555891	243921	1144231	1210020	218219	53640
纯小型企业	463647	210889	1128519	1188454	212356	53183
微型企业	92244	33032	15713	21566	5863	457

8-14续3 按经济组织类型分的规模以上工业企业主要经济指标（2015年）

单位：万元

类型	负债合计	流动负债合计	应付账款	非流动负债合计	所有者权益合计	实收资本
独资企业	992920	521144	152276	226331	491770	315150
国有企业	824645	405341	141146	212153	40682	73154
集体企业	8408	4510	2186	2966	18853	2983
私营独资企业	124952	77955	7711	9636	321572	139058
港澳台商独资经营企业	5226	5128	629	98	94040	84502
外资企业	29689	28210	605	1479	16623	15452
合作、合伙企业	72782	42905	5821	17469	187907	96275
股份合作企业	3226	3226	3226	0	8074	6000
私营合伙企业	1556	345	308	0	41909	32785
其他企业（内资）	67341	38782	2287	17469	137025	56833
其他外商投资企业	658	552	0	0	900	657
股份有限公司	1105701	750477	210163	323474	889663	428714
股份有限公司(内资)	793899	489258	116569	278333	548092	269219
私营股份有限公司	300200	249616	86496	45141	323686	152014
港澳台商投资股份有限公司	806	806	668	0	2122	1400
外商投资股份有限公司	10797	10797	6430	0	15764	6082
有限责任公司	3379777	2224980	381194	362238	5740182	2296044
国有独资公司	98642	38529	27032	44070	90168	39291
私营有限责任公司	1653063	1099602	167580	157082	3016805	1098273
合资经营企业(港或澳、台资)	68123	38530	23733	10477	41461	18725
中外合资经营企业	16264	9707	2653	6063	11279	4500
其他有限责任公司	1543684	1038612	160195	144547	2580470	1135255
在总计中:亏损企业	600354	264778	44119	86057	-12514	97329
在总计中:国有控股企业	1487414	742763	232396	427555	215709	203092
在总计中:农村工业	88128	45495	3269	22667	157534	75127
在总计中:轻工业	2704522	1892085	415477	390220	4439355	1843288
重工业	2846657	1647420	333977	539292	2870168	1292894
在总计中:大型企业	1382198	976651	338810	402877	1361652	498977
中型企业	2652147	1849522	277255	433544	3533399	1499133
小型企业	1516834	713332	133389	93091	2414472	1138073
纯小型企业	1018227	699770	128253	93091	2501085	1116357
微型企业	498607	13562	5136	0		21716

8-14续4　按经济组织类型分的规模以上工业企业主要经济指标（2015年）

单位：万元

类型	国家资本	集体资本	法人资本	个人资本	港澳台资本	外商资本
独资企业	53147	423	124458	118301	4696	14126
国有企业	52954	0	14000	6200	0	0
集体企业	0	230	500	2253	0	0
私营独资企业	193	193	29958	108328	194	194
港澳台商独资经营企业	0	0	80000	0	4502	0
外资企业	0	0	0	1520	0	13932
合作、合伙企业	160	1197	29190	65728	0	0
股份合作企业	0	0	0	6000	0	0
私营合伙企业	0	0	29130	3655	0	0
其他企业（内资）	160	540	60	56073	0	0
其他外商投资企业	0	657	0	0	0	0
股份有限公司	45787	18064	157730	198140	1386	7607
股份有限公司(内资)	45786	1529	113668	106390	0	1846
私营股份有限公司	1	16535	44048	91430	0	0
港澳台商投资股份有限公司	0	0	14	0	1386	0
外商投资股份有限公司	0	0	0	320	0	5762
有限责任公司	33646	18701	778731	1458193	2713	4060
国有独资公司	19384	0	19907	0	0	0
私营有限责任公司	1703	14240	326787	755542	0	0
合资经营企业(港或澳、台资)	0	0	12000	5475	0	1250
中外合资经营企业	0	0	750	1440	0	2310
其他有限责任公司	12559	4461	419287	695735	2713	500
在总计中:亏损企业	2450	2000	56558	34070	0	2250
在总计中:国有控股企业	127142	0	60121	15829	0	0
在总计中:农村工业	0	0	5522	69606	0	0
在总计中:轻工业	22913	28061	676247	1095630	4099	16338
重工业	109827	10323	413862	744731	4696	9455
在总计中:大型企业	49725	15000	267151	165851	0	1250
中型企业	77395	7263	499986	891986	7066	15439
小型企业	5621	16122	322973	782524	1730	9104
纯小型企业	5621	16122	310138	773643	1730	9104
微型企业	0	0	12836	8880	0	0

8-14续5　按经济组织类型分的规模以上工业企业主要经济指标（2015年）

单位：万元

类型	营业收入	主营业务收入	营业成本	主营业务成本	营业税金及附加	主营业务税金及附加
独资企业	2212203	2189236	2053832	2033671	11238	11167
国有企业	897767	874899	872627	852605	2504	2438
集体企业	131028	131028	116722	116722	588	588
私营独资企业	1043837	1043837	940712	940573	4637	4631
港澳台商独资经营企业	84262	84262	76152	76152	790	790
外资企业	55310	55210	47620	47620	2720	2720
合作、合伙企业	806380	806380	726692	726692	4200	4200
股份合作企业	7197	7197	6134	6134	60	60
私营合伙企业	170671	170671	150319	150319	1577	1577
其他企业（内资）	623709	623709	566397	566397	2372	2372
其他外商投资企业	4803	4803	3843	3843	192	192
股份有限公司	2972798	2963296	2653574	2645857	13914	13861
股份有限公司(内资)	1840016	1830593	1623764	1616257	10153	10138
私营股份有限公司	1084447	1084447	988824	988824	3339	3305
港澳台商投资股份有限公司	11645	11610	11126	11097	1	1
外商投资股份有限公司	36690	36646	29860	29680	422	418
有限责任公司	16183405	16160439	14291478	14256057	94011	92147
国有独资公司	122180	121319	111753	110689	365	365
私营有限责任公司	7632188	7625062	6694719	6685949	34404	34248
合资经营企业(港或澳、台资)	516150	516150	430047	430047	2232	2232
中外合资经营企业	41911	41911	39370	39370	15	15
其他有限责任公司	7870976	7855996	7015587	6990001	56996	55288
在总计中:亏损企业	504734	470315	505013	474301	709	621
在总计中:国有控股企业	1723113	1686334	1574397	1543123	5503	5348
在总计中:农村工业	980242	980242	918472	918472	3347	3347
在总计中:轻工业	13004953	12995365	11519999	11499064	86228	84474
重工业	9169833	9123987	8205577	8163214	37137	36901
在总计中:大型企业	5343638	5342483	4701721	4700744	19296	19252
中型企业	11186745	11157998	10025917	9991186	64875	63051
小型企业	5644404	5618871	4997938	4970347	39193	39073
纯小型企业	5365078	5355967	4743959	4734195	35090	34972
微型企业	279325	262903	253979	236152	4103	4100

8-14续6 按经济组织类型分的规模以上工业企业主要经济指标（2015年）

单位：万元

类型	其他业务收入	其他业务利润	销售费用	管理费用	税金
独资企业	22967	258	23041	42198	1239
国有企业	22868	258	1546	14914	216
集体企业	0	0	2533	2188	14
私营独资企业	0	0	16461	22256	795
港澳台商独资经营企业	0	0	1363	831	15
外资企业	99	0	1138	2009	199
合作、合伙企业	0	0	13104	17424	83
股份合作企业	0	0	203	464	5
私营合伙企业	0	0	3202	2656	2
其他企业（内资）	0	0	9554	14175	76
其他外商投资企业	0	0	144	130	0
股份有限公司	9502	-257	61471	42105	5079
股份有限公司(内资)	9424	-257	46755	25797	4637
私营股份有限公司	0	0	13362	13978	424
港澳台商投资股份有限公司	35	0	675	561	3
外商投资股份有限公司	44	0	680	1770	15
有限责任公司	22966	329	325180	324473	18909
国有独资公司	861	0	2423	3943	322
私营有限责任公司	7125	121	159036	156868	10568
合资经营企业(港或澳、台资)	0	0	20427	18849	0
中外合资经营企业	0	0	108	658	24
其他有限责任公司	14979	209	143187	144156	7996
在总计中:亏损企业	34419	180	8983	13917	863
在总计中:国有控股企业	36779	-125	26580	41853	1808
在总计中:农村工业	0	0	10945	16158	455
在总计中:轻工业	9588	282	281125	255456	18771
重工业	45847	48	141671	170745	6539
在总计中:大型企业	1155	178	167998	112987	9273
中型企业	28747	-178	163625	201013	11867
小型企业	25533	330	91172	112200	4170
纯小型企业	9111	150	84938	103635	3830
微型企业	16422	180	6234	8565	340

8-14续7　按经济组织类型分的规模以上工业企业主要经济指标（2015年）

单位：万元

类型	财务费用	利息收入	利息支出	营业利润	资产减值损失	公允价值变动收益
独资企业	29571	-21	25078	53398	77	532
国有企业	18822	-101	19934	-12053	77	532
集体企业	1710	0	1706	7287	0	0
私营独资企业	7890	80	2967	52363	0	0
港澳台商独资经营企业	545	0	0	4582	0	0
外资企业	604	0	470	1219	0	0
合作、合伙企业	7139	14	5531	38021	0	0
股份合作企业	82	4	86	254	0	0
私营合伙企业	1172	5	768	11746	0	0
其他企业（内资）	5882	6	4675	25530	0	0
其他外商投资企业	3	0	3	491	0	0
股份有限公司	42530	524	38141	157304	2009	102
股份有限公司(内资)	37468	458	35924	94258	2009	102
私营股份有限公司	4800	58	1978	60144	0	0
港澳台商投资股份有限公司	3	2	4	-799	0	0
外商投资股份有限公司	259	5	236	3701	0	0
有限责任公司	143234	1221	94246	1002937	2377	
国有独资公司	2737	43	2759	732	227	0
私营有限责任公司	61285	247	38169	525080	1828	
合资经营企业(港或澳、台资)	14156	0	9128	30439	0	0
中外合资经营企业	405	0	274	1355	0	0
其他有限责任公司	64651	930	43916	445330	322	51
在总计中:亏损企业	13012	-531	13769	-38123	102	0
在总计中:国有控股企业	41782	109	42664	32033	1638	532
在总计中:农村工业	6241	3	4620	25559	164	152
在总计中:轻工业	111612	1355	75931	750487	505	71
重工业	110863	383	87065	501172	3958	410
在总计中:大型企业	63423	843	50991	278237	15	0
中型企业	106787	570	80270	621973	3469	329
小型企业	52264	324	31735	351449	979	152
纯小型企业	44078	322	24652	352881	695	152
微型企业	8187	3	7083		284	0

8-14续8　按经济组织类型分的规模以上工业企业主要经济指标（2015年）

单位：万元

类型	投资收益	营业外收入	政府补助	营业外支出	利润总额	所得税费用
独资企业	626	4520	2617	1048	56870	5393
国有企业	140	3742	2599	995	-9307	1245
集体企业	0	23	17	2	7308	40
私营独资企业	486	18	0	5	52377	3732
港澳台商独资经营企业	0	0	0	0	4582	0
外资企业	0	737	0	46	1910	376
合作、合伙企业	202	37	37	0	38058	254
股份合作企业	0	0	0	0	254	26
私营合伙企业	0	0	0	0	11746	0
其他企业（内资）	202	37	37	0	25567	227
其他外商投资企业	0	0	0	0	491	0
股份有限公司	7	4932	2416	1598	160638	11402
股份有限公司(内资)	86	2710	1129	680	96288	7031
私营股份有限公司	0	964	49	836	60272	3738
港澳台商投资股份有限公司	-79	1250	1237	2	449	0
外商投资股份有限公司	0	8	0	80	3629	633
有限责任公司	426	11702	2526	4933	1009706	99108
国有独资公司	0	2159	0	182	2709	1129
私营有限责任公司	1225	3243	1255	1011	527312	49942
合资经营企业(港或澳、台资)	0	0	0	0	30439	4133
中外合资经营企业	0	1	0	24	1333	0
其他有限责任公司	-799	6299	1271	3717	447913	43904
在总计中:亏损企业	-1121	4983	3850	610	-33750	-211
在总计中:国有控股企业	140	7845	3548	1384	38494	8338
在总计中:农村工业	495	144	0	49	25654	63
在总计中:轻工业	393	9432	2845	3818	756103	69074
重工业	868	11759	4751	3762	509169	47082
在总计中:大型企业	40	3069	20	1991	279315	32676
中型企业	587	13375	4676	2237	633112	61753
小型企业	634	4747	2900	3352	352844	21727
纯小型企业	47	4628	2900	3252	354258	21520
微型企业	587	120	0	101		206

8-14续9 按经济组织类型分的规模以上工业企业主要经济指标（2015年）

单位：万元

类型	亏损企业亏损总额	利税总额	应交税金及附加	本年应付职工薪酬	本年应交增值税	从业人员平均人数
独资企业	21845	110327	60089	149957	42219	26358
国有企业	21440	19767	30534	66461	26569	5056
集体企业	0	8978	1724	7389	1083	1586
私营独资企业	405	70266	22416	62430	13253	15995
港澳台商独资经营企业	0	6214	1648	9163	843	2424
外资企业	0	5102	3767	4514	472	1297
合作、合伙企业	0	45534	7812	52126	3275	9725
股份合作企业	0	442	220	284	129	92
私营合伙企业	0	14337	2592	4463	1014	984
其他企业（内资）	0	30048	4784	46802	2109	8469
其他外商投资企业	0	707	216	577	24	180
股份有限公司	2474	220128	75970	139022	45576	41033
股份有限公司(内资)	2474	138107	53487	75003	31666	21887
私营股份有限公司	0	77020	20910	62329	13409	18811
港澳台商投资股份有限公司	0	451	4	870	1	63
外商投资股份有限公司	0	4550	1569	819	500	272
有限责任公司	9432	1360211	468522	955263	256493	264648
国有独资公司	0	3618	2360	12671	544	2714
私营有限责任公司	682	698048	231245	402275	136332	115982
合资经营企业(港或澳、台资)	0	41667	15361	46752	8996	11573
中外合资经营企业	130	1394	85	1385	46	545
其他有限责任公司	8620	615484	219471	492180	110575	133834
在总计中:亏损企业	33750	-30189	4213	33826	2852	6243
在总计中:国有控股企业	24930	99962	71614	109444	55965	12956
在总计中:农村工业	0	31797	6661	74177	2796	13669
在总计中:轻工业	6900	1030219	361961	831949	187888	234433
重工业	26850	705980	250432	464419	159674	107331
在总计中:大型企业	0	392946	155579	327760	94334	75550
中型企业	12089	878949	319456	706726	180961	184505
小型企业	21662	464304	137357	261882	72267	81709
纯小型企业	6697	457087	128179	258758	67738	80644
微型企业	14965	7218	9179	3124	4529	1065

8-15 分行业规模以上工业企业主要经济指标（2015年）

单位：万元

行业	企业单位数（个）	亏损企业	工业总产值（当年价格）	工业销售产值（当年价格）	出口交货值
总计	**1119**	**28**	**22982714**	**22493936**	**475106**
农副食品加工业	132	3	2542797	2490905	14524
食品制造业	70	1	1783339	1742828	7740
酒、饮料和精制茶制造业	42	0	713549	700268	0
纺织业	62	2	1911729	1889774	875
纺织服装、服饰业	155	0	2518535	2483814	0
皮革、毛皮、羽毛及其制品和制鞋业	36	1	733002	717281	17361
木材加工和木、竹、藤、棕、草制品业	59	1	524267	514218	0
家具制造业	10	0	36719	34963	0
造纸和纸制品业	14	0	207614	207020	242
印刷和记录媒介复制业	22	0	217495	215005	0
文教、工美、体育和娱乐用品制造业	17	0	399731	390037	2002
石油加工、炼焦和核燃料加工业	2	0	19043	18845	0
化学原料和化学制品制造业	53	2	1382790	1276281	0
医药制造业	36	1	1018084	1004401	0
化学纤维制造业	2	0	24114	23826	0
橡胶和塑料制品业	38	0	393501	386036	0
非金属矿物制品业	106	4	1714641	1681673	0
黑色金属冶炼和压延加工业	20	1	696538	689012	88400
有色金属冶炼和压延加工业	8	4	222057	223559	0
金属制品业	33	1	221037	219032	0
通用设备制造业	33	0	676077	664612	0
专用设备制造业	25	2	193095	183947	6502
汽车制造业	17	0	640818	637421	32415
铁路、船舶、航空航天和其他运输设备制造业	15	1	316862	312374	0
电气机械和器材制造业	39	1	1162239	1152498	8360
计算机、通信和其他电子设备制造业	11	1	505361	503509	295783
仪器仪表制造业	37	0	949184	926452	0
其他制造业	6	0	34305	34161	903
废弃资源综合利用业	3	0	68554	68549	0
电力、热力生产和供应业	11	1	1117630	1063853	0
燃气生产和供应业	1	0	28974	28974	0
水的生产和供应业	4	1	9034	8811	0

8-15续1 分行业规模以上工业企业主要经济指标（2015年）

单位：万元

行业	年初存货	产成品	资产总计	流动资产合计	应收账款
总　计	**1100219**	**406940**	**13058439**	**4985200**	**1044950**
农副食品加工业	184395	55617	1461693	649183	115784
食品制造业	94997	28999	1007525	442660	77225
酒、饮料和精制茶制造业	56100	21280	413598	187207	15718
纺织业	173256	68985	1418257	571099	92420
纺织服装、服饰业	50324	22454	919659	374794	124750
皮革、毛皮、羽毛及其制品和制鞋业	33116	10617	481930	169041	44872
木材加工和木、竹、藤、棕、草制品业	17749	8580	328840	125922	23610
家具制造业	1282	605	36535	19049	7639
造纸和纸制品业	9072	5774	222281	65038	18744
印刷和记录媒介复制业	17341	6591	118229	49528	10214
文教、工美、体育和娱乐用品制造业	10118	3538	212420	74343	10089
石油加工、炼焦和核燃料加工业	1730	825	11649	5536	3536
化学原料和化学制品制造业	60476	22116	1112327	360320	53432
医药制造业	38708	14689	402601	168907	27869
化学纤维制造业	599	25	11349	6428	960
橡胶和塑料制品业	12860	5472	224883	91945	24727
非金属矿物制品业	71775	24868	992734	418528	76263
黑色金属冶炼和压延加工业	14538	6513	235149	122828	10925
有色金属冶炼和压延加工业	20384	4403	183891	58509	5337
金属制品业	6332	3655	190039	63946	12389
通用设备制造业	36150	25013	336033	125797	46361
专用设备制造业	4991	825	130382	49701	14002
汽车制造业	11762	4467	215189	90720	22988
铁路、船舶、航空航天和其他运输设备制造业	12638	4776	99950	57498	7723
电气机械和器材制造业	69040	36378	508740	229702	59867
计算机、通信和其他电子设备制造业	10242	326	121248	70143	37156
仪器仪表制造业	54092	18972	454680	191716	65928
其他制造业	1008	485	9563	4127	787
废弃资源综合利用业	0	0	14607	3336	1527
电力、热力生产和供应业	24393	93	1111751	121762	29672
燃气生产和供应业	410	0	18905	4930	1625
水的生产和供应业	344	0	51803	10959	815

8-15续2　分行业规模以上工业企业主要经济指标（2015年）

单位：万元

行　　业	资产总计					
	流动资产合计		固定资产合计	固定资产原价	累计折旧	
	存货	产成品				本年折旧
总　　计	**1575465**	**682475**	**5047738**	**5851587**	**1462809**	**301552**
农副食品加工业	240564	98574	578503	649214	124779	27099
食品制造业	113286	49322	245915	286707	54214	14878
酒、饮料和精制茶制造业	73277	32809	135049	141595	31637	7926
纺织业	239731	106309	429455	474559	91366	19999
纺织服装、服饰业	127646	34022	362898	370546	44750	20385
皮革、毛皮、羽毛及其制品和制鞋业	43074	10391	224779	216935	20119	12063
木材加工和木、竹、藤、棕、草制品业	23623	13420	164691	179659	26224	9445
家具制造业	2299	1529	13249	12903	1009	636
造纸和纸制品业	19329	18113	145023	137467	8811	8369
印刷和记录媒介复制业	20467	10307	54123	54784	6469	2361
文教、工美、体育和娱乐用品制造业	13874	2717	72672	73444	12468	5275
石油加工、炼焦和核燃料加工业	1822	490	5403	5861	511	153
化学原料和化学制品制造业	157699	39524	259270	266107	32387	11452
医药制造业	51841	22429	124198	138817	18319	6596
化学纤维制造业	772	528	933	1945	1055	60
橡胶和塑料制品业	28869	10825	93148	99076	12237	4903
非金属矿物制品业	80419	37901	356782	418808	167497	21085
黑色金属冶炼和压延加工业	11229	7869	95945	67468	25583	8357
有色金属冶炼和压延加工业	16532	9380	47180	58602	15719	1953
金属制品业	15934	10263	79852	79271	5460	2321
通用设备制造业	53115	31822	69946	76289	16287	7025
专用设备制造业	12432	5887	35942	40611	6445	2309
汽车制造业	22480	8359	85047	114618	31508	8669
铁路、船舶、航空航天和其他运输设备制造业	19154	8604	26712	30068	3357	1076
电气机械和器材制造业	94114	55265	172422	202825	40252	15283
计算机、通信和其他电子设备制造业	19254	16781	29542	39853	10320	2010
仪器仪表制造业	57031	37958	153343	162704	23119	6301
其他制造业	1527	895	5420	7962	2542	370
废弃资源综合利用业	427	56	3350	3980	630	210
电力、热力生产和供应业	12904	4	929907	1370784	605225	71284
燃气生产和供应业	345	120	11690	17009	5329	580
水的生产和供应业	398	0	35352	51115	17186	1121

8-15续3　分行业规模以上工业企业主要经济指标（2015年）

单位：万元

行　业	负债合计	流动负债合计	应付账款	非流动负债合计	所有者权益合计	实收资本
总　计	**5551179**	**3539505**	**749454**	**929512**	**7309523**	**3136182**
农副食品加工业	586621	483770	89128	53914	861956	376670
食品制造业	489986	344256	103133	130817	513557	209013
酒、饮料和精制茶制造业	103334	89470	6892	4113	291447	119349
纺织业	549524	312752	72990	97209	810394	222928
纺织服装、服饰业	305237	200473	18457	44850	594212	279307
皮革、毛皮、羽毛及其制品和制鞋业	95416	73134	3572	3185	348906	170682
木材加工和木、竹、藤、棕、草制品业	101818	65223	12372	7094	219297	132917
家具制造业	8588	1068	503	110	27947	25170
造纸和纸制品业	21386	17506	5084	3411	199064	148978
印刷和记录媒介复制业	40582	31968	9595	5110	77648	29114
文教、工美、体育和娱乐用品制造业	71778	51989	9540	10587	140642	28085
石油加工、炼焦和核燃料加工业	5720	4095	2541	1624	5929	722
化学原料和化学制品制造业	542001	248397	15184	8198	590616	296352
医药制造业	157848	98627	13684	25085	218210	90952
化学纤维制造业	575	575	309	0	10773	1070
橡胶和塑料制品业	61912	43070	2111	2446	162971	126850
非金属矿物制品业	451827	298538	16673	104338	533005	253983
黑色金属冶炼和压延加工业	56869	40388	11357	2150	178280	70367
有色金属冶炼和压延加工业	291348	75651	14152	4832	-107457	29524
金属制品业	28371	17220	5176	4241	157408	79097
通用设备制造业	72068	56758	15751	11501	263965	44671
专用设备制造业	58447	34957	9141	291	71935	50633
汽车制造业	91175	83616	5779	5632	124014	24299
铁路、船舶、航空航天和其他运输设备制造业	25085	20648	4541	2266	74865	26649
电气机械和器材制造业	227584	165003	72420	10236	270179	99807
计算机、通信和其他电子设备制造业	78276	43206	23101	14256	36257	14103
仪器仪表制造业	100822	72702	21040	28120	353859	42351
其他制造业	1909	1806	1073	50	7654	3020
废弃资源综合利用业	6500	210	112	0	8108	1489
电力、热力生产和供应业	861873	525741	173728	336132	249878	120193
燃气生产和供应业	10667	10667	6430	0	8238	5762
水的生产和供应业	46036	26022	3888	7716	5768	12079

8-15续4　分行业规模以上工业企业主要经济指标（2015年）

单位：万元

行　业	国家资本	集体资本	法人资本	个人资本	港澳台资本	外商资本
总　计	**132740**	**38385**	**1090110**	**1840361**	**8795**	**25793**
农副食品加工业	960	4645	89032	280647	1386	0
食品制造业	693	1557	116159	90604	0	0
酒、饮料和精制茶制造业	333	2247	49877	51858	0	15034
纺织业	0	15500	29622	177807	0	0
纺织服装、服饰业	101	4	58417	220785	0	0
皮革、毛皮、羽毛及其制品和制鞋业	0	0	99205	68414	2563	500
木材加工和木、竹、藤、棕、草制品业	0	500	67561	64796	0	60
家具制造业	0	0	13024	12146	0	0
造纸和纸制品业	0	2050	143000	3928	0	0
印刷和记录媒介复制业	0	0	3632	25482	0	0
文教、工美、体育和娱乐用品制造业	0	0	18410	8932	0	744
石油加工、炼焦和核燃料加工业	0	0	122	600	0	0
化学原料和化学制品制造业	0	6531	29828	255490	4502	0
医药制造业	3376	530	13291	73605	150	0
化学纤维制造业	0	0	940	130	0	0
橡胶和塑料制品业	0	1000	70405	55445	0	0
非金属矿物制品业	3043	193	90039	160322	194	194
黑色金属冶炼和压延加工业	0	2000	43465	24903	0	0
有色金属冶炼和压延加工业	0	0	22712	6812	0	0
金属制品业	592	1629	16022	60855	0	0
通用设备制造业	0	0	24458	20213	0	0
专用设备制造业	0	0	26724	23909	0	0
汽车制造业	0	0	7101	17198	0	0
铁路、船舶、航空航天和其他运输设备制造业	0	0	6257	20391	0	0
电气机械和器材制造业	15000	0	29124	55683	0	0
计算机、通信和其他电子设备制造业	0	0	3976	6626	0	3500
仪器仪表制造业	0	0	8300	34051	0	0
其他制造业	0	0	0	3020	0	0
废弃资源综合利用业	0	0	700	789	0	0
电力、热力生产和供应业	106193	0	0	14000	0	0
燃气生产和供应业	0	0	0	0	0	5762
水的生产和供应业	2450	0	8708	921	0	0

8-15续5　分行业规模以上工业企业主要经济指标（2015年）

单位：万元

行　业	营业收入	主营业务收入	营业成本	主营业务成本	营业税金及附加	主营业务税金及附加
总　计	**22174786**	**22119352**	**19725576**	**19662277**	**123364**	**121376**
农副食品加工业	2423172	2422595	2171868	2161283	10350	10172
食品制造业	1644693	1644693	1484007	1484007	4172	4172
酒、饮料和精制茶制造业	680393	676717	537031	531260	26261	26231
纺织业	1859780	1859780	1653891	1653891	7358	6466
纺织服装、服饰业	2507272	2507272	2283537	2283537	16562	16109
皮革、毛皮、羽毛及其制品和制鞋业	715899	715899	627200	627200	4777	4725
木材加工和木、竹、藤、棕、草制品业	508073	506918	438375	436410	6876	6876
家具制造业	42159	42159	37943	37943	113	113
造纸和纸制品业	210123	210123	174022	174022	2799	2799
印刷和记录媒介复制业	230510	230478	205329	205329	922	888
文教、工美、体育和娱乐用品制造业	364818	364719	304368	304368	2458	2360
石油加工、炼焦和核燃料加工业	20147	20147	19054	19054	39	39
化学原料和化学制品制造业	1302028	1298294	1193966	1190763	3564	3554
医药制造业	1000093	1000053	874133	873980	5807	5801
化学纤维制造业	20327	20327	16959	16959	127	127
橡胶和塑料制品业	366954	366954	327482	327434	1707	1697
非金属矿物制品业	1688919	1681586	1508592	1501976	7109	7107
黑色金属冶炼和压延加工业	681458	681458	592658	592655	3803	3803
有色金属冶炼和压延加工业	215716	190523	216036	191472	159	72
金属制品业	229214	229214	201073	201073	1440	1440
通用设备制造业	699919	699919	596897	596897	1969	1968
专用设备制造业	152847	152572	134719	134339	931	896
汽车制造业	636204	635854	570113	567723	2232	2232
铁路、船舶、航空航天和其他运输设备制造业	304492	304022	281897	281857	633	633
电气机械和器材制造业	1014009	1009315	879386	875048	3561	3557
计算机、通信和其他电子设备制造业	470694	470351	399678	399678	723	718
仪器仪表制造业	961842	961713	874129	874121	2170	2150
其他制造业	34693	34693	30292	30292	128	128
废弃资源综合利用业	47397	47397	45780	45780	37	37
电力、热力生产和供应业	1090471	1083181	1005377	1002322	4117	4049
燃气生产和供应业	28974	28930	23990	23810	216	213
水的生产和供应业	21498	21498	15796	15796	245	245

8-15续6　分行业规模以上工业企业主要经济指标（2015年）

单位：万元

行　　业	其他业务收入	其他业务利润	销售费用	管理费用	税金
总　　计	**55435**	**330**	**422795**	**426201**	**25310**
农副食品加工业	577	196	42347	40766	2487
食品制造业	0	0	45101	24059	1591
酒、饮料和精制茶制造业	3676	0	29163	18959	3646
纺织业	0	0	24461	35802	673
纺织服装、服饰业	0	0	27283	35262	1178
皮革、毛皮、羽毛及其制品和制鞋业	0	0	13521	12049	133
木材加工和木、竹、藤、棕、草制品业	1155	0	9740	11332	228
家具制造业	0	0	464	513	20
造纸和纸制品业	0	0	7954	3649	111
印刷和记录媒介复制业	32	32	5117	5450	180
文教、工美、体育和娱乐用品制造业	99	0	10825	10833	333
石油加工、炼焦和核燃料加工业	0	0	96	94	0
化学原料和化学制品制造业	3735	0	17163	22710	657
医药制造业	40	0	29777	25388	511
化学纤维制造业	0	0	442	337	16
橡胶和塑料制品业	0	0	6794	6475	758
非金属矿物制品业	7333	107	23918	28229	1466
黑色金属冶炼和压延加工业	0	0	13754	15193	205
有色金属冶炼和压延加工业	25193	0	2771	2099	330
金属制品业	0	0	4439	4399	58
通用设备制造业	0	0	25237	19204	738
专用设备制造业	275	0	2321	5161	238
汽车制造业	350	0	10792	11049	129
铁路、船舶、航空航天和其他运输设备制造业	470	0	2941	3145	37
电气机械和器材制造业	4694	54	43062	38135	8084
计算机、通信和其他电子设备制造业	343	0	15667	16767	183
仪器仪表制造业	129	121	4201	7128	469
其他制造业	0	0	894	952	111
废弃资源综合利用业	0	0	535	704	0
电力、热力生产和供应业	7291	-179	326	15505	460
燃气生产和供应业	44	0	450	1540	15
水的生产和供应业	0	0	1243	3313	265

8-15续7　分行业规模以上工业企业主要经济指标（2015年）

单位：万元

行　　业	财务费用	利息收入	利息支出	营业利润	资产减值损失	公允价值变动收益
总　　计	**222474**	**1737**	**162996**	**1251660**	**4463**	**481**
农副食品加工业	22514	-40	16750	134099	130	0
食品制造业	18297	137	16298	69056	0	0
酒、饮料和精制茶制造业	6111	29	5797	63293	181	5
纺织业	15885	579	12966	122320	62	0
纺织服装、服饰业	18014	412	9360	127299	113	66
皮革、毛皮、羽毛及其制品和制鞋业	5861	10	2184	52494	0	0
木材加工和木、竹、藤、棕、草制品业	4851	13	2087	36641	490	102
家具制造业	249	17	124	2877	0	0
造纸和纸制品业	3805	12	315	17894	0	0
印刷和记录媒介复制业	3728	5	1236	9965	0	0
文教、工美、体育和娱乐用品制造业	6568	21	4684	29770	-3	0
石油加工、炼焦和核燃料加工业	64	0	64	799	0	0
化学原料和化学制品制造业	9599	13	5670	54349	679	0
医药制造业	6210	135	3802	58861	0	0
化学纤维制造业	65	0	0	2397	0	0
橡胶和塑料制品业	2672	11	919	21772	52	0
非金属矿物制品业	19687	-455	15088	101380	0	0
黑色金属冶炼和压延加工业	8322	89	3855	47729	0	0
有色金属冶炼和压延加工业	8611	3	8540	-14033	72	0
金属制品业	1871	32	442	15897	105	0
通用设备制造业	4644	50	4124	52117	0	0
专用设备制造业	1102	6	366	8603	8	0
汽车制造业	2513	69	2175	39506	0	0
铁路、船舶、航空航天和其他运输设备制造业	336	2	276	15540	0	0
电气机械和器材制造业	4711	20	3484	45201	22	0
计算机、通信和其他电子设备制造业	12568	18	9789	25291	0	0
仪器仪表制造业	1845	3	1519	71493	946	-269
其他制造业	240	0	204	2187	0	0
废弃资源综合利用业	48	0	44	386	63	45
电力、热力生产和供应业	30126	538	30491	34155	1543	532
燃气生产和供应业	241	5	236	2537	0	0
水的生产和供应业	1116	4	111		0	0

8-15续8 分行业规模以上工业企业主要经济指标（2015年）

单位：万元

行　　业	投资收益	营业外收入	政府补助	营业外支出	利润总额	所得税费用
总　　计	**1261**	**21192**	**7596**	**7580**	**1265272**	**116156**
农副食品加工业	-1096	2541	1703	387	136253	10747
食品制造业	0	1525	0	2067	68515	7335
酒、饮料和精制茶制造业	596	830	38	61	64062	6441
纺织业	0	240	149	91	122471	13492
纺织服装、服饰业	738	167	16	130	127335	9636
皮革、毛皮、羽毛及其制品和制鞋业	3	10	0	20	52484	3510
木材加工和木、竹、藤、棕、草制品业	129	150	66	264	36527	1775
家具制造业	0	0	0	0	2877	232
造纸和纸制品业	0	0	0	0	17895	206
印刷和记录媒介复制业	0	0	0	0	9965	753
文教、工美、体育和娱乐用品制造业	0	1085	0	280	30575	1953
石油加工、炼焦和核燃料加工业	0	0	0	0	799	112
化学原料和化学制品制造业	0	1698	805	33	56015	4646
医药制造业	83	157	0	149	58869	7732
化学纤维制造业	0	0	0	2	2396	0
橡胶和塑料制品业	0	567	0	472	21867	573
非金属矿物制品业	-6	3700	3468	292	104787	15823
黑色金属冶炼和压延加工业	0	816	0	1008	47537	850
有色金属冶炼和压延加工业	0	15	0	1	-14019	0
金属制品业	3	15	15	70	15841	820
通用设备制造业	148	1	0	33	52085	964
专用设备制造业	0	790	45	220	9173	454
汽车制造业	0	182	26	349	39339	1905
铁路、船舶、航空航天和其他运输设备制造业	0	29	4	27	15542	1813
电气机械和器材制造业	68	2739	920	137	47803	7449
计算机、通信和其他电子设备制造业	0	377	0	324	25343	3361
仪器仪表制造业	337	766	0	0	72258	10615
其他制造业	0	0	0	0	2187	141
废弃资源综合利用业	111	54	0	6	435	0
电力、热力生产和供应业	146	2509	342	1064	35600	2074
燃气生产和供应业	0	8	0	80	2465	633
水的生产和供应业	0	221	0	17		113

8-15续9　分行业规模以上工业企业主要经济指标（2015年）

单位：万元

行　　业	亏损企业亏损总额	利税总额	应交税金及附加	本年应付职工薪酬	本年应交增值税	从业人员平均人数
总　　计	**33750**	**1736198**	**612393**	**1296367**	**347563**	**341764**
农副食品加工业	3107	175671	52651	101281	29067	30778
食品制造业	238	88198	28609	108575	15511	27685
酒、饮料和精制茶制造业	0	102856	48880	36202	12532	10983
纺织业	365	166238	57932	107245	36410	34633
纺织服装、服饰业	0	171059	54538	228930	27162	58205
皮革、毛皮、羽毛及其制品和制鞋业	358	73583	24742	55402	16322	16216
木材加工和木、竹、藤、棕、草制品业	232	51760	17236	35376	8357	10267
家具制造业	0	3706	1082	2732	717	842
造纸和纸制品业	0	25489	7911	23823	4796	6151
印刷和记录媒介复制业	0	12622	3589	14709	1734	4946
文教、工美、体育和娱乐用品制造业	0	40435	12146	21846	7403	6966
石油加工、炼焦和核燃料加工业	0	1123	436	2096	284	376
化学原料和化学制品制造业	179	65814	15103	36490	6236	11429
医药制造业	45	86942	36315	39520	22265	10735
化学纤维制造业	0	3387	1007	853	865	246
橡胶和塑料制品业	0	26925	6388	32488	3351	9025
非金属矿物制品业	7916	146394	58896	71936	34498	21313
黑色金属冶炼和压延加工业	514	63530	17048	34336	12190	7521
有色金属冶炼和压延加工业	16098	-13389	959	3850	471	912
金属制品业	295	19846	4882	14310	2564	4509
通用设备制造业	0	62312	11929	36174	8258	7042
专用设备制造业	647	11516	3035	11200	1412	3640
汽车制造业	0	48322	11016	16145	6751	4798
铁路、船舶、航空航天和其他运输设备制造业	434	21325	7633	15350	5149	4986
电气机械和器材制造业	44	63180	30910	74622	11816	19540
计算机、通信和其他电子设备制造业	130	31508	9709	29541	5442	6821
仪器仪表制造业	0	96236	35063	53079	21808	12223
其他制造业	0	2960	1026	3191	645	818
废弃资源综合利用业	0	526	91	1928	54	762
电力、热力生产和供应业	1082	81796	48730	77312	42079	5594
燃气生产和供应业	0	3131	1314	530	450	136
水的生产和供应业	2066	1199	1587	5294	964	1666

8-16 规模以上工业高技术产业增加值（2015年）

指标名称	增加值（万元）	增速（%）
高技术产业	683361	21.2
医药制造业	225263	30.9
化学药品制造	129080	37.9
中成药生产	18209	45.3
兽用药品制造	52454	14.3
生物药品制造	3560	10825.5
卫生材料及医药用品制造	21961	19.7
电子及通信设备制造业	188937	4.8
锂离子电池制造	8225	75.3
视听设备制造	1180	-70.8
电子器件制造	2758	-76.8
电子元件制造	133540	12.5
其他电子设备制造	43234	15.3
医疗仪器设备及仪器仪表制造业	269162	43.5
医疗仪器设备及器械制造	7179	58.8
仪器仪表制造	261983	43.2

主要指标解释

工业 指从事自然资源的开采，对采掘品和农产品进行加工和再加工的物质生产部门。具体包括：（1）对自然资源的开采，如采矿、晒盐、森林采伐等（不包括禽兽捕猎和水产捕捞）；（2）对农副产品的加工、再加工，如粮油加工、食品加工、轧花、缫丝、纺织、制革等；（3）对采掘品的加工、再加工，如炼铁、炼钢、化工生产、石油加工、机器制造、木材加工等，以及电力、自来水、煤气的生产和供应等；（4）对工业品的修理、翻新，如机器设备的修理、交通运输工具（包括小卧车的修理等。1984 年以前农村的村及村以下办工业归属农业，1984 年以后划归工业。

国有控股企业 指在企业的全部实收资本中，国有资本绝对控股、相对控股或协议控股的企业。包括国有经济成分的出资人拥有的实收资本（股本）所占企业全部实收资本（股本）的比例大于 50% 的绝对控股企业，或虽未大于 50%，但相对大于其他任何一方经济成分的出资人所占比例的企业，或者虽不大于其他经济成分，但根据协议规定拥有企业实际控制权的企业。对于投资双方各占 50%，且未明确由谁绝对控股的企业，若其中一方为国有经济成分的，一律按国有控股统计。

轻工业 指主要提供生活消费品和制作手工工具的工业。按其所使用的原料不同，可分为两大类：（1）以农产品为原料的轻工业，是指直接或间接以农产品为基本原料的轻工业。主要包括食品制造、饮料制造、烟草加工、纺织、缝纫、皮革和毛皮制作、造纸以及印刷等工业；（2）以非农产品为原料的轻工业，是指以工业品为原料的轻工业。主要包括文教体育用品、化学药品制造、合成纤维制造、日用化学制品、日用玻璃制品、日用金属制品、手工工具制造、医疗器械制造、文化和办公用机械制造等工业。

重工业 指为国民经济各部门提供物质技术基础的主要生产资料的工业。按其生产性质和产品用途，可以分为下列三类：（1）采掘（伐）工业，是指对自然资源的开采，包括石油开采、煤炭开采、金属矿开采、非金属矿开采等工业；（2）原材料工业，指向国民经济各部门提供基本材料、动力和燃料的工业。包括金属冶炼及加工、炼焦及焦炭、化学、化工原料、水泥、人造板以及电力、石油和煤炭加工等工业；（3）加工工业，是指对工业原材料进行再加工制造的工业。包括装备国民经济各部门的机械设备制造工业、金属结构、水泥制品等工业，以及为农业提供的生产资料如化肥、农药等工业。

工业增加值 是指工业企业在报告期内以货币形式表现的工业生产活动的最终成果，是企业全部生产活动的总成果扣除了在生产过程中消耗或转换的物质产品和劳务价值后的余额，是企业生产过程中新增加的价值。

实收资本 指企业实际收到的投资人投入的资本。按投资主体可分为国家资本、集体资本、法人资本、个人资本、港澳台资本和外商资本等。

资产合计 指企业拥有或控制的能以货币计量的经济资源。包括各种财产、债权和其他权利。资产按其流动性划分为流动资产、长期投资、固定资产、无形及递延资产和其他资产。

（1）流动资产 指企业可以在一年内或者超过一年的一个生产周期内变现或耗用的资产合计。包括现金及各种存款、短期投资、应收及预付款项、存货等。

（2）固定资产 指企业固定资产净值、固定资产清理、在建工程、待处理固定资产损失所占用的资金合计。

（3）无形资产 指企业长期使用而没有实物形态的资产。包括专利权、非专利技术、商标权、著作权、土地使用权、商誉等。

负债合计 指企业承担的能以货币计量，将以资产或劳务偿付的债务。负债一般按偿还期长短分为流动负债和长期负债、递延税项等。

（1）流动负债 指企业在一年内或者超过一年的一个营业周期内需要偿还的债务合计，其中包括短期借款、应付及预收款项、应付工资、应交税金和应交利润等。

（2）长期负债 指企业在一年以上或者超过一年的一个营业周期以上需要偿还的债务合计，其中包括长期借款、应付债务、长期应付款项等。

所有者权益 指企业投资人对企业净资产的所有权。企业净资产等于企业全部资产减去全部负债后的余额，其中包括投资者对企业的最初投入，以及资本公积金、盈余公积金和未分配利润，对股份制企业即为股东权益。

固定资产原价 指企业在建造、购置、安装、改建、扩建、技术改造某项固定资产时所支出的全部货币总额。它一般包括买价、包装费、运杂费和安装费等。

固定资产净值 是指固定资产原价减去历年已提折旧额后的净额。

产品销售收入 指企业销售产品和提供劳务等主要经营业务取得的收入总额。

产品销售成本 指企业销售产品和提供劳务等主要经营业务的实际成本。

产品销售税金及附加 指企业销售产品和提供工业性劳务等主要经营业务应负担的城市维护建设税、消费税、资源税和教育费附加。

应交增值税 指企业在报告期内应交纳的增值税额。它等于本年销项税额加上出口退税加上进项税额转出数减去本年进项税额。小规模纳税企业直接按全年计税销售额乘以征收率计算取得。

总资产贡献率 反映企业全部资产的获利能力，是企业经营业绩和管理水平的集中体现，是评价和考核企业盈利能力的核心指标。计算公式为：

总资产贡献率 =(利润总额 + 税金总额 + 利息支出)/ 平均资产总额 ×100%

资产负债率 该指标既反映企业经营风险的大小，也反映企业利用债权人提供的资金从事经营活动的能力。计算公式为：

资产负债率＝负债总额／资产总额 ×100%

工业成本费用利润率 指在一定时期内实现的利润与成本费用之比，是反映工业生产成本及费用投入的经济效益指标，同时也是反映降低成本的经济效益的指标。计算公式为：

工业成本费用利润率（%）＝利润总额／成本及费用总额 ×100%

工业增加值率 指在一定时期内工业增加值占同期工业总产出的比重，反映降低中间消耗的经济效益。计算公式为：

工业增加值率（%）＝工业增加值（现价）/工业总产出 ×100%

流动资产周转次数 指在一定时期内流动资产完成的周转次数，反映流动资产的周转速度。计算公式为：

流动资产周转次数＝产品销售收入／全部流动资产平均余额

产品销售率 指报告期工业销售产值与同期全部工业总产值之比，是反映工业产品已实现销售的程度，分析工业产销衔接情况，研究工业产品满足社会需求程度的指标。计算公式为：

产品销售率（%）＝工业销售产值／工业总产值（现价）×100%

全员劳动生产率 指根据产品的价值量指标计算的平均每一个就业人员在单位时间内的产品生产量。是考核企业经济活动的重要指标，是企业生产技术水平、经营管理水平、职工技术熟练程度和劳动积极性的综合表现。目前我国的全员劳动生产率是将工业企业的工业增加值除以同一时期全部就业人员的平均人数来计算的。计算公式为：

全员劳动生产率（%）＝工业增加值／全部就业人员平均人数 ×100%

人民生活

● 资料整理：权新红　焦开宇

9-1 农村居民收支情况

单位：元/人

指标名称	2010年	2011年	2012年	2013年	2014年	2015年
一、可支配收入	4718	5690	6486	7284	8100	8885
(一)工资性收入	1643	2169	2705	3166	3500	3884
(二)经营净收入	2164	2588	2850	2831	2992	3271
(三)财产净收入	91	68	10	65	95	103
(四)转移净收入	819	864	922	1223	1513	1627
二、消费支出	3142	3762	4316	5189	5721	6328
(一)食品	1073	1421	1560	1860	1978	2159
(二)衣着	195	336	375	479	521	580
(三)居住	865	643	758	793	1029	1119
(四)家庭设备用品及服务	171	251	296	411	424	480
(五)交通和通讯	290	436	525	658	634	732
(六)教育文化娱乐服务	248	262	329	426	474	543
(七)医疗保健	250	354	398	483	561	603
(八)其他商品和服务	50	60	76	78	101	112

9-2 各县（市、区）农村居民人均可支配收入(2015年)

单位：元

县（市、区）	可支配收入	工资性收入	经营净收入	财产净收入	转移净收入
商丘市	**8885**	**3884**	**3271**	**103**	**1627**
梁园区	9264	7296	1348	109	511
睢阳区	9289	2229	4100	6	2954
民权县	8463	4006	3373	8	1076
睢县	8453	1900	2700	464	3389
宁陵县	8417	3276	3870	85	1186
柘城县	8574	4951	3320	9	294
虞城县	8795	3763	2886	80	2065
夏邑县	8698	4300	4238	137	23
永城市	11097	4258	3839	87	2913

9-3 农村住户

指 标 名 称	单位	商丘市	梁园区	睢阳区
现金可支配收入	元	8109	13169	6836
一、现金工资性收入	元	3884	7296	2229
（一）工资	元	2946	6022	134
1. 按月发放的工资	元	2504	5865	69
2. 补发工资	元	15	15	55
3. 不按月发放的奖金津贴过节费等	元	427	141	10
（二）其他工资性收入	元	938	1274	2095
1. 住房公积金	元	3		
2. 辞退金	元	2		
3. 自由职业劳动所得（如稿费翻译费）	元	2		
4. 其他劳动所得	元	931	1274	2095
二、现金经营净收入	元	2649	5400	2259
（一）第一产业现金经营净收入	元	1854	5152	1668
1. 农业	元	1498	5157	737
2. 林业	元	105	9	102
3. 牧业	元	251	-14	830
（二）第二产业现金经营净收入	元	223	-3	301
1. 制造业	元	97		290
2. 电力热力燃气及水生产和供应业	元	3		
3. 建筑业	元	124	-3	11
（三）第三产业现金经营净收入	元	572	251	290
1. 批发和零售业	元	224	277	81
2. 交通运输仓储和邮政业	元	167		68
3. 住宿和餐饮业	元	49		
5. 租赁和商务服务业	元	36		
6. 居民服务修理和其他服务业	元	72	-20	81
7. 其他行业	元	19		59
8. 农林牧渔服务业	元	5	-6	
三、现金财产净收入	元	111	109	6
（一）利息净收入	元	17		6
（二）红利收入	元	1		
其他红利收入	元	1		
（三）转让承包土地经营权租金净收入	元	29	22	
（四）出租房屋财产性收入	元	48	79	
（五）出租机械专利版权等资产的收入	元	1	5	
（六）其他财产净收入	元	15	3	
四、现金转移净收入	元	1465	364	2342
（一）现金转移性收入	元	1651	445	2506
1. 养老金或离退休金	元	260	91	197
（1）离退休金	元	168	18	16
（2）（城镇）居民社会养老保险	元	1		3
（3）新型农村养老保险	元	88	67	178
（4）其他养老金	元	2	5	
2. 社会救济和补助	元	25	28	31
（1）最低生活保障费	元	17	19	11

现金收支情况(2015年)

民权县	睢县	宁陵县	柘城县	虞城县	夏邑县	永城市
6803	7038	6706	7896	7232	7810	10834
4006	1899	3276	4951	3763	4300	4258
3379	1779	659	4910	3758	2105	3896
2143	1706	640	4907	1726	2105	3735
	73	13				
1236		6	3	2032		161
627	120	2617	42	5	2196	363
2	23			4		
						10
					19	
624	98	2617	42	1	2177	352
1933	1260	2359	2644	1502	3366	3684
1688	303	1641	2254	870	771	3038
1631	107	1311	1432	870	526	2418
32	94	74	162	24	11	352
25	102	256	659	-24	235	268
29	66	6		31	1441	
	21				523	
16					8	
14	45	6		31	911	
216	891	712	390	600	1153	646
35	239	459	222	363	234	207
174	144		81		669	239
	6	150		143	112	33
6	384		-12			
1	118		62	19	157	167
		114		8	27	
		-12	37	67	-46	
8	541	85	9	80	137	87
	32	15	5	4	4	68
						7
						7
5	82	11		41	87	11
	427					
3						
		59	4	35	46	
856	3337	987	291	1887	7	2806
1018	3549	1287	454	1999	472	2894
126	170	296	131	279	261	636
98		244	32	239	164	534
				2	1	2
26	170	31	99	38	96	99
2		21				
15	82	7		6	22	41
11	53	4		6	7	41

9-3续1 农村住户

指标名称	单位	商丘市	梁园区	睢阳区
（2）五保户救助金	元	3		20
（3）扶贫款	元	1		
（4）救灾款	元			
（5）抚恤金	元	2	1	
（6）其他社会救济收入	元	1	8	
3.政策性生活补贴（只含政策生活	元	2	8	
4.家庭外出从业人员寄回带回收入	元	1044	125	1840
5.赡养收入	元	151	115	131
6.其他经常转移收入	元	38	45	208
（1）经常性捐赠收入	元	1		
（2）其他转移性收入	元	38	45	208
7.现金政策性惠农补贴	元	131	34	98
第六部分 现金支出	元	8686	7087	10999
一、现金消费支出	元	5357	5126	5595
（一）食品烟酒	元	2066	2135	2330
1.食品	元	1522	1749	1005
（1）谷物	元	250	235	146
（2）薯类	元	33	35	14
（3）豆类	元	22	45	4
（4）食用油	元	97	132	74
（5）蔬菜和食用菌	元	172	207	123
（6）肉类	元	265	318	243
（7）禽类	元	60	89	36
（8）水产品	元	30	46	15
（9）蛋类	元	86	86	44
（10）奶类	元	154	135	81
（11）干鲜瓜果类	元	147	182	57
（12）糖果糕点类	元	37	51	14
（13）其他食品	元	168	188	155
2.烟酒	元	305	161	1023

现金收支情况(2015年)

民权县	睢县	宁陵县	柘城县	虞城县	夏邑县	永城市
					9	
4	5				3	
					1	
	21				1	
	4	3			1	
9			2	4	1	
682	2434	802	77	1290	116	1864
7	580		103	252	56	142
3	19			83	1	
				4	1	
3	19			79		
175	265	183	142	84	16	211
7595	6996	11887	7130	8323	7063	12305
5270	3180	6479	4309	5696	4292	8344
1880	1382	2243	1251	2200	1767	3326
1384	1124	1595	919	1646	1556	2575
182	193	196	98	340	418	368
19	37	27	24	7	71	56
23	28	18	11	13	37	26
87	65	80	104	112	84	138
136	137	164	120	178	201	268
203	169	273	213	308	192	451
62	44	56	40	65	45	104
28	27	50	28	32	19	42
86	91	112	67	102	94	108
227	78	196	34	158	48	380
147	142	145	67	158	183	231
57	47	25	34	44	55	23
127	66	253	81	129	109	379
271	115	324	132	255	101	402

9-3续2 农村住户

指 标 名 称	单位	商丘市	梁园区	睢阳区
（1）烟草	元	139	94	438
（2）酒类	元	166	67	586
3. 饮料	元	62	55	144
4. 饮食服务	元	177	170	157
（1）食堂用餐	元	7	3	
（2）其他在外饮食	元	165	164	155
（3）食品加工服务费	元	5	3	2
（二）衣着	元	580	484	601
1. 衣类	元	417	363	380
2. 鞋类	元	163	122	221
（三）居住	元	402	485	507
1. 租赁房房租	元	3	1	
2. 住房维修及管理	元	139	95	192
3. 水电燃料及其他	元	260	390	315
（四）生活用品及服务	元	477	357	685
1. 家具及室内装饰品	元	136	68	281
2. 家用器具	元	99	54	289
3. 家用纺织品	元	40	29	17
4. 家庭日用杂品	元	148	149	67
5. 个人用品	元	36	55	9
6. 家庭服务	元	19	2	22
（五）交通通信	元	732	363	593
1. 交通	元	496	100	418
（1）交通工具	元	351	27	200
（2）交通费	元	42	22	7

现金收支情况（2015年）

民权县	睢县	宁陵县	柘城县	虞城县	夏邑县	永城市
167	65	136	69	113	61	144
104	49	187	63	142	39	259
58	39	30	19	41	22	130
167	105	295	182	258	89	219
14				1	43	
148	100	291	176	245	38	219
5	5	4	6	12	7	
660	389	707	585	580	521	763
476	283	541	459	416	326	570
183	106	166	126	163	195	193
664	67	627	708	142	228	422
23		2			1	
355	9	341	389	2	51	4
286	58	284	319	141	176	418
559	269	561	493	606	343	509
264	13	147	270	178	31	44
46	37	126	80	126	90	72
53	51	60	29	53	31	44
167	99	125	109	153	151	275
21	66	81	5	59	15	37
9	4	23		36	25	38
388	387	1269	803	829	462	1427
154	201	1000	626	505	299	1090
56	40	788	585	301	202	877
19	38	35	14	48	26	132

9-3续3 农村住户

指标名称	单位	商丘市	梁园区	睢阳区
（3）交通工具用燃料	元	53	16	95
（4）交通工具使用及维修	元	51	34	116
其中：车辆保险支出	元	1		
2.通信	元	235	264	175
（1）通信工具	元	86	77	37
（2）通信服务	元	149	187	139
（六）教育文化娱乐	元	543	585	804
1.教育	元	354	507	232
（1）学前教育	元	36	62	47
（2）小学教育	元	36	48	7
（3）初中教育	元	41	103	89
（4）高中教育	元	92	140	70
（5）中专职高教育	元			
（6）大专及以上教育	元	122	146	19
（7）成人教育	元	27	7	1
2.文化娱乐	元	190	77	572
（1）文娱耐用消费品	元	85	1	426
（2）其他文娱用品	元	66	38	35
（3）文化娱乐服务	元	38	38	112
（七）医疗保健	元	444	584	-41
1.医疗器具及药品	元	152	176	94
2.医疗服务（不含报销医疗费）	元	292	408	-135
（1）门诊费用（不含报销医疗费）	元	114	119	61
（2）住院费用（不含报销医疗费）	元	178	289	-196
（八）其他用品和服务	元	112	132	116
1.其他用品	元	87	104	110
2.其他服务	元	25	28	6
二、生产经营现金费用支出	元	1596	1035	2740
（一）第一产业经营现金费用支出	元	1349	806	2470
1.农业	元	1263	658	2261
2.林业	元	7	1	7
3.牧业	元	79	147	202

现金收支情况（2015年）

民权县	睢县	宁陵县	柘城县	虞城县	夏邑县	永城市
54	61	62	19	90	42	42
24	63	115	8	65	31	39
		8				
234	185	268	177	324	163	336
108	77	120	76	148	32	111
126	108	149	101	177	131	225
423	352	611	274	480	648	747
254	264	436	153	357	456	540
39	24	18	14	40	19	57
27	32	44	22	82	32	31
12	14	34	2	85	14	32
74	103	207	84	86	102	45
	2	2		1		
96	86	131	31	26	274	252
6	3			39	15	123
169	89	175	121	122	193	208
96	21	87	19	1	109	42
53	55	76	58	89	54	121
20	12	12	45	32	29	44
428	232	291	187	728	240	1087
199	175	112	37	229	146	195
229	57	179	151	498	94	891
28	23	216	151	230	69	144
200	34	-37		268	25	747
269	103	169	8	131	83	64
242	82	129		99	59	21
26	21	40	8	32	24	43
1026	1370	2356	1090	1492	1513	2041
966	1053	2203	1052	1005	1290	1669
964	1010	2068	972	976	1121	1644
1	12	31	3	3	9	7
2	31	104	76	26	161	18

9-3续4 农村住户

指 标 名 称	单位	商丘市	梁园区	睢阳区
（二）第二产业经营现金费用支出	元	36	3	83
1.制造业	元	15		83
2.电力热力燃气及水生产和供应业	元			
3.建筑业	元	21	3	
（三）第三产业经营现金费用支出	元	211	227	187
1.批发和零售业	元	88	146	17
2.交通运输仓储和邮政业	元	26		26
3.住宿和餐饮业	元	40		
5.租赁和商务服务业	元	16		
6.居民服务修理和其他服务业	元	19	71	53
7.其他	元	11		91
8.农林牧渔服务业	元	12	10	
三、现金财产性支出	元	1	1	
（二）其他财产性支出	元	1	1	
1.非储蓄性财产保险支出	元			
2.其他财产性支出	元	1	1	
四、现金转移性支出	元	186	81	164
（一）个人所得税	元		1	
（二）社会保障支出	元	135	80	140
1.个人缴纳的养老保险	元	42	23	37
2.个人缴纳的医疗保险	元	87	56	102
3.其他社会保障支出	元	6		
（三）外来从业人员寄给家人的支出	元			
2.城镇外来从业人员寄给家人的支出	元			
（四）赡养支出	元	18		14
（五）其他转移性支出	元	33		10
1.经常性捐赠支出	元	7		
2.其他经常转移支出	元	26		10
五、部分商业保险支出	元	18	2	10
（一）意外伤害保险	元	3		10
（二）商业医疗保险（含大病险）	元			
（三）其他非储蓄性商业保险	元	4	2	
（四）其他储蓄性商业保险	元	11		
六、购置资产及非经常性转移支出	元	1446	826	2489

现金收支情况(2015年)

民权县	睢县	宁陵县	柘城县	虞城县	夏邑县	永城市
54	50	1		13	122	
	3				45	
					2	
54	46	1		13	75	
6	268	152	38	474	101	372
3	68	92	25	254	8	156
	25				28	113
		45		157	4	103
2	149		12			
	26		1	23	14	
				8		
		15		32	46	
		12		1	1	
		12		1	1	
		12		1	1	
161	212	300	163	112	465	89
89	154	69	163	100	353	73
25	66	16	66	5	112	29
64	88	53	97	93	193	44
				1	48	
16	57			2	51	16
55	1	231		10	62	
					59	
55	1	231		10	3	
9	62	106		13		
	1			13		
4		1				
		44				
5	61	61				
1035	1819	2197	1567	999	791	1818

9-3续5 农村住户

指 标 名 称	单位	商丘市	梁园区	睢阳区
（一）购置资产支出	元	498	40	1021
1.建造住房支出	元	90	40	3
（1）建造住房材料	元	88	40	3
（2）建造住房雇工	元	2		
2.购买住房支出	元	187		572
3.购建第一产业生产性固定资产	元	207		447
（1）购买或建造农业生产性用房	元	9		
①购买用房建筑材料	元	6		
②建筑农业生产用房雇工	元	2		
③其他	元	1		
（4）购买或建造农业设施	元	15		
大棚温室	元	14		
（5）购买农业机械	元	183		447
①大中型农用拖拉机	元	11		
②小型（手扶）农用拖拉机	元	6		
③收割机	元	146		328
④脱粒机	元	3		
⑤其他农业机械	元	17		118
4.购建第二产业生产性固定资产支出	元	10		
（1）电力热力燃气及水生产和供应业	元	10		
（2）建筑业	元			
5.购建第三产业生产性固定资产支出	元	4		
交通运输仓储和邮政业	元	2		
七、借贷性支出	元	12	3	
（一）存入储蓄款	元	65	38	125
（二）归还其他贷款	元	9		

现金收支情况(2015年)

民权县	睢县	宁陵县	柘城县	虞城县	夏邑县	永城市
315	71	1467	1326	151	519	122
212	52	594	29	89		
207	52	593	29	76		
5		1		12		
			1252			
7	19	874	16	62	519	115
		15		62	3	
		14		35	3	
				19		
		1		8		
		190	4			
		188				
7	19	669	12		515	115
						70
		13				35
		631			515	
7	6		7			5
	13	25	4			5
95						
95						
			28			7
			22			
2	15	28			44	14
37	100	43	77	44	88	44
89						

9-4 农村住户

指 标 名 称	单位	商丘市	梁园区	睢阳区
可支配收入	元	8885	9264	9289
一、工资性收入	元	3884	7296	2229
（一）工资	元	2946	6022	134
1. 按月发放的工资	元	2504	5865	69
2. 补发工资	元	15	15	55
3. 不按月发放的奖金津贴过节费等	元	427	141	10
（二）实物福利	元			
1. 从单位或雇主得到的实物产品折价	元			
（1）食品	元			
①食用油（植物油）	元			
②糖烟酒饮料类	元			
（三）其他	元	938	1274	2095
1. 住房公积金	元	3		
2. 辞退金	元	2		
3. 自由职业劳动所得（如稿费翻译费）	元	2		
4. 其他劳动所得	元	931	1274	2095
二、经营净收入	元	3271	1348	4100
（一）第一产业经营净收入	元	2552	1136	3514
1. 农业	元	2201	1141	2582
2. 林业	元	108	9	102
3. 牧业	元	243	-14	830
（二）第二产业经营净收入	元	213	-16	301
1. 制造业	元	95		290

可支配收入情况（2015年）

民权县	睢县	宁陵县	柘城县	虞城县	夏邑县	永城市
8463	8453	8417	8574	8795	8698	11097
4006	1900	3276	4951	3763	4300	4258
3379	1779	659	4910	3758	2105	3896
2143	1706	640	4907	1726	2105	3735
	73	13				
1236		6	3	2032		161
	1					
	1					
	1					
	1					
627	120	2617	42	5	2196	363
2	23			4		
						10
					19	
624	98	2617	42	1	2177	352
3373	2700	3870	3320	2886	4238	3839
3245	2029	3157	2931	2371	1712	3254
3187	1795	2829	2192	2370	1466	2634
32	133	74	162	24	11	352
25	101	253	578	-23	234	268
5	53	6		28	1405	
	14				515	

9-4续1 农村住户

指 标 名 称	单位	商丘市	梁园区	睢阳区
2. 电力热力燃气及水生产和供应业	元	1		
3. 建筑业	元	117	-16	11
（三）第三产业经营净收入	元	506	228	285
1. 批发和零售业	元	209	270	77
2. 交通运输仓储和邮政业	元	133		68
3. 住宿和餐饮业	元	45	-2	
4. 租赁和商务服务业	元	29		
5. 居民服务修理和其他服务业	元	66	-34	81
6. 其他	元	18		59
7. 农林牧渔服务业	元	5	-6	
三、财产净收入	元	103	109	6
（一）利息净收入	元	17		6
（二）红利收入	元	1		
其他红利收入	元	1		
（三）转让承包土地经营权租金净收入	元	29	22	
（四）出租房屋财产性收入	元	48	79	
（五）出租机械专利版权等资产的收入	元	-7	5	
（六）其他财产净收入	元	15	3	
四、转移净收入	元	1627	511	2954
（一）转移性收入	元	1813	592	3117
1. 养老金或离退休金	元	260	91	197
（1）离退休金	元	168	18	16
（2）（城镇）居民社会养老保险	元	1		3

可支配收入情况(2015年)

民权县	睢县	宁陵县	柘城县	虞城县	夏邑县	永城市
2					8	
3	39	6		28	882	
124	618	707	388	487	1121	585
29	133	457	222	349	233	205
92	90		80	-93	649	203
-4	6	149		143	112	10
6	307		-12			
1	84		61	19	148	167
	-1	114		3	27	
		-13	37	67	-48	
8	464	85	9	80	137	87
	32	15	5	4	4	68
						7
						7
5	82	11		41	87	11
	427					
3	-77					
		59	4	35	46	
1076	3389	1186	294	2065	23	2913
1238	3601	1487	457	2177	488	3002
126	170	296	131	279	261	636
98		244	32	239	164	534
				2	1	2

9-4续2　农村住户

指　标　名　称	单位	商丘市	梁园区	睢阳区	民权县
（3）新型农村养老保险	元	88	67	178	26
（4）其他养老金	元	2	5		2
2. 社会救济和补助	元	25	28	31	15
（1）最低生活保障费	元	17	19	11	11
（2）五保户救助金	元	3		20	
（3）扶贫款	元	1			4
（4）救灾款	元				
（5）抚恤金	元	2	1		
（6）其他社会救济收入	元	1	8		
3. 政策性生活补贴	元	2	8		9
（1）家电补贴	元	1			9
（2）其他生活补贴	元	1	8		
4. 报销医疗费	元	159	147	611	220
5. 家庭外出从业人员寄回带回收入	元	1044	125	1840	682
6. 赡养收入	元	151	115	131	7
7. 其他经常转移收入	元	38	45	208	3
（1）经常性捐赠收入	元	1			
（2）其他转移性收入	元	38	45	208	3
8. 从政府和组织得到的实物产品和服务折价	元	3			
（1）食品	元				
①. 谷物薯类及豆类	元				
②. 食用油（植物油）	元				
（2）家庭设备和日用品	元	3			
（3）其他用品	元				
9. 现金政策性惠农补贴	元	131	34	98	175

可支配收入情况(2015年)

睢县	宁陵县	柘城县	虞城县	夏邑县	永城市
170	31	99	38	96	99
	21				
82	7		6	22	41
53	4		6	7	41
				9	
5				3	
				1	
21				1	
4	3			1	
		2	4	1	
		2	3		
			1	1	
24	200	3	178	16	108
2434	802	77	1290	116	1864
580		103	252	56	142
19			83	1	
			4	1	
19			79		
27					
1					
1					
26					
265	183	142	84	16	211

9-5 农村住户

指 标 名 称	单位	商丘市	梁园区	睢阳区
总收入（未扣除生产费用）	元	10876	10418	12331
一、工资性收入	元	3884	7296	2229
（一）工资	元	2946	6022	134
（二）实物福利	元			
（三）其他	元	938	1274	2095
二、经营性收入	元	5067	2420	6979
（一）第一产业经营收入	元	4025	1943	6118
1.第一产业经营收入（不含惠农补贴）	元	4025	1943	6118
（1）农业	元	3578	1800	4977
（2）林业	元	116	10	109
（3）牧业	元	331	134	1031
（二）第二产业经营收入	元	259		384
1.制造业	元	111		373
2.电力热力燃气及水生产和供应业	元	3		
3.建筑业	元	145		11
（三）第三产业经营收入	元	783	477	477
1.批发和零售业	元	312	422	97
2.交通运输仓储和邮政业	元	193		94
3.住宿和餐饮业	元	89		
4.租赁和商务服务业	元	52		
5.居民服务修理和其他服务业	元	91	51	135
6.其他	元	30		150
7.农林牧渔服务业	元	17	4	
三、财产性收入	元	112	111	6
（一）利息收入	元	17		6
（二）红利收入	元	1		
（三）转让承包土地经营权租金净收入	元	29	22	
（四）出租房屋财产性净收入	元	48	79	

总收支情况(2015年)

民权县	睢县	宁陵县	柘城县	虞城县	夏邑县	永城市
9864	10597	11482	9912	10671	10841	13353
4006	1900	3276	4951	3763	4300	4258
3379	1779	659	4910	3758	2105	3896
	1					
627	120	2617	42	5	2196	363
4613	4555	6624	4494	4650	5914	6007
4308	3280	5752	4066	3531	3096	4989
4308	3280	5752	4066	3531	3096	4989
4249	2994	5288	3165	3501	2680	4344
33	145	104	166	27	21	359
27	140	360	735	3	396	286
83	115	8		45	1563	
	24				567	
16					10	
68	91	8		45	986	
221	1159	864	428	1074	1254	1018
38	307	552	247	617	242	363
174	169		81		697	352
	6	195		299	117	137
9	534					
1	143		63	43	172	167
		114		16	27	
		3	37	98		
8	541	96	9	81	138	87
	32	15	5	4	4	68
						7
5	82	11		41	87	11
	427					

9-5续1　农村住户

指 标 名 称	单位	商丘市	梁园区	睢阳区
（五）出租机械专利版权等资产的净收入	元	1	5	
（六）其他财产净收入	元	17	5	
四、转移性收入	元	1813	592	3117
（一）养老金或离退休金	元	260	91	197
（二）社会救济和补助	元	25	28	31
（三）政策性生活补贴	元	2	8	
（四）家庭外出从业人员寄回带回收入	元	1044	125	1840
（五）赡养收入	元	151	115	131
（六）报销医疗费	元	159	147	611
（七）从政府和组织得到的实物产品和服务折价	元	3		
（八）现金政策性惠农补贴	元	131	34	98
（九）其他转移性收入	元	38	45	208
五、非收入所得	元	274	241	354
（一）出售资产所得	元	74		61
1. 拆迁征地补偿所得	元	62		
2. 出售其他财物和收回其他投资本金所得	元	12		61
（二）非经常性转移所得	元	198	237	293
1. 博彩所得	元			
2. 婚丧嫁娶礼金所得	元	84	41	177
3. 遗产及一次性馈赠所得	元	17	16	
4. 一次性赔偿所得	元			
5. 调查补贴	元	93	178	116
6. 其他非经常性转移所得	元	4	2	
（三）其他非收入所得	元	2	4	
六、借贷性所得	元	408	56	900
（一）提取储蓄存款	元	312		900
（二）借入款	元	89	56	
（三）收回借出款	元	7		

总收支情况(2015年)

民权县	睢县	宁陵县	柘城县	虞城县	夏邑县	永城市
3						
		70	4	37	47	
1238	3601	1487	457	2177	488	3002
126	170	296	131	279	261	636
15	82	7		6	22	41
9			2	4	1	
682	2434	802	77	1290	116	1864
7	580		103	252	56	142
220	24	200	3	178	16	108
	27					
175	265	183	142	84	16	211
3	19			83	1	
5	317	302	11	836	121	257
	16	8		511		5
				489		
	16	8		22		5
5	301	294	11	316	119	253
		2			1	
	229	115		125	94	21
	14		1	95	3	10
						2
5	57	156	10	96	7	218
		21			14	2
				9	2	
14	873	609	1252	341		50
14	72	568	1252	314		
	791	40		23		14
	10	1		4		36

9-5续2 农村住户

指标名称	单位	商丘市	梁园区	睢阳区
总支出	元	9670	8111	12669
一、消费支出	元	6328	6150	7265
（一）食品烟酒	元	2159	2135	2330
1. 食品	元	1615	1749	1005
（1）谷物	元	332	235	146
（2）薯类	元	36	35	14
（3）豆类	元	22	45	4
（4）食用油	元	97	132	74
（5）蔬菜和食用菌	元	178	207	123
（6）肉类	元	265	318	243
（7）禽类	元	60	89	36
（8）水产品	元	30	46	15
（9）蛋类	元	87	86	44
（10）奶类	元	154	135	81
（11）干鲜瓜果类	元	147	182	57
（12）糖果糕点类	元	38	51	14
（13）其他食品	元	168	188	155
2. 烟酒	元	305	161	1023
（1）烟草	元	139	94	438
（2）酒类	元	166	67	586
3. 饮料	元	62	55	144
4. 饮食服务	元	177	170	157
（1）食堂用餐	元	7	3	
（2）其他在外饮食	元	165	164	155
（3）食品加工服务费	元	5	3	2
（二）衣着	元	580	484	601
1. 衣类	元	417	363	380
2. 鞋类	元	163	122	221
（三）居住	元	1119	1362	1566
1. 租赁房房租	元	3	1	

总收支情况（2015年）

民权县	睢县	宁陵县	柘城县	虞城县	夏邑县	永城市
8522	7677	12748	8259	9204	7938	13331
6197	3844	7305	5357	6577	5165	9369
2050	1642	2287	1696	2208	1768	3327
1554	1383	1638	1364	1654	1557	2576
352	381	209	542	342	418	368
19	45	56	24	7	71	56
23	28	18	11	13	37	26
87	66	80	104	112	84	138
136	191	167	120	183	201	269
203	169	273	213	308	192	451
62	44	56	40	65	45	104
28	27	50	28	32	19	42
86	98	112	67	102	94	108
227	78	196	34	158	48	380
147	142	145	67	158	183	231
57	47	25	34	44	55	23
127	66	253	81	129	109	379
271	115	324	132	255	101	402
167	65	136	69	113	61	144
104	49	187	63	142	39	259
58	39	30	19	41	22	130
167	105	295	182	258	89	219
14				1	43	
148	100	291	176	245	38	219
5	5	4	6	12	7	
660	389	707	585	580	521	763
476	283	541	459	416	326	570
183	106	166	126	163	195	193
1202	420	1210	1308	838	1084	1339
23		2			1	

9-5续3 农村住户

指标名称	单位	商丘市	梁园区	睢阳区
2.住房维修及管理	元	139	95	192
3.水电燃料及其他	元	264	390	315
4.自有住房折算租金	元	714	877	1059
租赁私房房租	元	3	1	
5.物业管理费	元			
（四）生活用品及服务	元	480	357	685
1.家具及室内装饰品	元	136	68	281
2.家用器具	元	99	54	289
3.家用纺织品	元	40	29	17
4.家庭日用杂品	元	151	149	67
5.个人用品	元	36	55	9
6.家庭服务	元	19	2	22
其中：家政服务	元	1		
（五）交通通信	元	732	363	593
1.交通	元	496	100	418
（1）交通工具	元	351	27	200
（2）交通费	元	42	22	7
（3）交通工具用燃料	元	53	16	95
（4）交通工具使用及维修	元	51	34	116
其中：车辆保险支出	元	1		
2.通信	元	235	264	175
（1）通信工具	元	86	77	37
（2）通信服务	元	149	187	139
（六）教育文化娱乐	元	543	585	804
1.教育	元	354	507	232
（1）学前教育	元	36	62	47
（2）小学教育	元	36	48	7
（3）初中教育	元	41	103	89
（4）高中教育	元	92	140	70

总收支情况(2015年)

民权县	睢县	宁陵县	柘城县	虞城县	夏邑县	永城市
355	9	341	389	2	51	4
286	97	284	319	141	176	418
538	314	583	600	695	856	917
23		2			1	
559	296	561	493	606	343	509
264	13	147	270	178	31	44
46	37	126	80	126	90	72
53	51	60	29	53	31	44
167	125	125	109	153	151	275
21	66	81	5	59	15	37
9	4	23		36	25	38
		15				
388	387	1269	803	829	462	1427
154	201	1000	626	505	299	1090
56	40	788	585	301	202	877
19	38	35	14	48	26	132
54	61	62	19	90	42	42
24	63	115	8	65	31	39
		8				
234	185	268	177	324	163	336
108	77	120	76	148	32	111
126	108	149	101	177	131	225
423	352	611	274	480	648	747
254	264	436	153	357	456	540
39	24	18	14	40	19	57
27	32	44	22	82	32	31
12	14	34	2	85	14	32
74	103	207	84	86	102	45

9-5续4　农村住户

指　标　名　称	单位	商丘市	梁园区	睢阳区
（5）中专职高教育	元			
（6）大专及以上教育	元	122	146	19
（7）成人教育	元	27	7	1
2. 文化娱乐	元	190	77	572
（1）文娱耐用消费品	元	85	1	426
（2）其他文娱用品	元	66	38	35
（3）文化娱乐服务	元	38	38	112
（七）医疗保健	元	603	732	570
1. 医疗器具及药品	元	152	176	94
2. 医疗服务	元	451	555	476
（1）门诊总费用	元	133	134	128
（2）住院总费用	元	317	421	348
（八）其他用品和服务	元	112	132	116
1. 其他用品	元	87	104	110
2. 其他服务	元	25	28	6
消费支出中服务消费支出	元	687	813	757
二、生产经营费用支出	元	1609	1035	2740
（一）第一产业经营费用支出	元	1362	806	2470
1. 农业	元	1267	658	2261
2. 林业	元	7	1	7
3. 牧业	元	88	147	202
（二）第二产业经营费用支出	元	36	3	83
1. 制造业	元	15		83
2. 电力热力燃气及水生产和供应业	元			
3. 建筑业	元	21	3	
（三）第三产业经营费用支出	元	211	227	187
1. 批发和零售业	元	88	146	17
2. 交通运输仓储和邮政业	元	26		26
3. 住宿和餐饮业	元	40		

总收支情况（2015年）

民权县	睢县	宁陵县	柘城县	虞城县	夏邑县	永城市
	2	2		1		
96	86	131	31	26	274	252
6	3			39	15	123
169	89	175	121	122	193	208
96	21	87	19	1	109	42
53	55	76	58	89	54	121
20	12	12	45	32	29	44
648	256	491	191	905	256	1194
199	175	112	37	229	146	195
449	81	379	154	676	110	999
51	27	266	154	261	74	144
398	54	113		415	36	855
269	103	169	8	131	83	64
242	82	129		99	59	21
26	21	40	8	32	24	43
635	231	606	313	964	327	1349
1026	1387	2391	1171	1492	1515	2041
966	1070	2238	1133	1005	1293	1669
964	1019	2103	972	976	1122	1644
1	12	31	3	3	10	7
2	38	104	158	26	161	18
54	50	1		13	122	
	3				45	
					2	
54	46	1		13	75	
6	268	152	38	474	101	372
3	68	92	25	254	8	156
	25				28	113
		45		157	4	103

9-5续5 农村住户

指 标 名 称	单位	商丘市	梁园区	睢阳区
4. 租赁和商务服务业	元	16		
5. 居民服务修理和其他服务业	元	19	71	53
6. 其他	元	11		91
7. 农林牧渔服务业	元	12	10	
三、财产性支出	元	1	1	
其他财产性支出	元	1	1	
其他财产性支出	元	1	1	
三、转移性支出	元	186	81	164
（一）个人所得税	元		1	
（二）社会保障支出	元	135	80	140
1. 个人缴纳的养老保险	元	42	23	37
2. 个人缴纳的医疗保险	元	87	56	102
3. 其他社会保障支出	元	6		
（三）外来从业人员寄给家人的支出	元			
（四）赡养支出	元	18		14
（五）其他转移性支出	元	33		10
四、部分商业保险支出	元	18	2	10
（一）意外伤害保险	元	3		10
（二）商业医疗保险（含大玻险）	元			
（三）其他非储蓄性商业保险	元	4	2	
（四）其他储蓄性商业保险	元	11		
五、购置资产及非经常性转移支出	元	1446	826	2489
（一）购置资产支出	元	498	40	1021
1. 建造住房支出	元	90	40	3
（1）建造住房材料	元	88	40	3
（2）建造住房雇工	元	2		
2. 购买住房支出	元	187		572
3. 购建第一产业生产性固定资产	元	207		447
（1）购买或建造农业生产性用房	元	9		

总收支情况(2015年)

民权县	睢县	宁陵县	柘城县	虞城县	夏邑县	永城市
2	149		12			
	26		1	23	14	
				8		
		15		32	46	
		12		1	1	
		12		1	1	
		12		1	1	
161	212	300	163	112	465	89
89	154	69	163	100	353	73
25	66	16	66	5	112	29
64	88	53	97	93	193	44
				1	48	
16	57			2	51	16
55	1	231		10	62	
9	62	106		13		
	1			13		
4		1				
		44				
5	61	61				
1035	1819	2197	1567	999	791	1818
315	71	1467	1326	151	519	122
212	52	594	29	89		
207	52	593	29	76		
5		1		12		
			1252			
7	19	874	16	62	519	115
		15		62	3	

9-5续6　农村住户

指 标 名 称	单位	商丘市	梁园区	睢阳区
①购买用房建筑材料	元	6		
②建筑农业生产用房雇工	元	2		
③其他	元	1		
（2）购买或建造农业设施	元	15		
①大棚温室	元	14		
②自备井	元			
③喷灌设施	元			
④其他农业设施	元			
（3）购买农业机械	元	183		447
①大中型农用拖拉机	元	11		
②小型（手扶）农用拖拉机	元	6		
⑤收割机	元	146		328
⑥脱粒机	元	3		
⑦其他农业机械	元	17		118
4.购建第二产业生产性固定资产支出	元	10		
电力热力燃气及水生产和供应业	元	10		
5.购建第三产业生产性固定资产支出	元	4		
（1）交通运输仓储和邮政业	元	2		
（2）居民服务修理和其他服务业	元	2		
（二）非经常性转移支出	元	948	785	1468
1.博彩支出	元	3	2	6
2.婚丧嫁娶礼金支出	元	630	595	1274
3.一次性馈赠支出	元	281	183	170
4.其他非经常性转移支出	元	34	6	17
六、借贷性支出	元	82	16	
（一）存入储蓄款	元	6	1	
（二）借出款	元	10		
（三）归还借款	元	56	14	
（四）归还其他贷款	元	9		

总收支情况(2015年)

民权县	睢县	宁陵县	柘城县	虞城县	夏邑县	永城市
		14		35	3	
				19		
		1		8		
		190	4			
		188				
		1				
			4			
		1				
7	19	669	12		515	115
						70
		13				35
		631			515	
7	6		7			5
	13	25	4			5
95						
95						
			28			7
			22			
			7			7
720	1748	729	242	848	272	1696
2	1			3		6
284	1159	468	123	556	257	997
397	585	26	118	275	12	646
38	3	235		14	3	47
94	353	437		10		14
		38		10		14
	96	11				
5	257	388				
89						

9-6 城镇居民收支及恩格尔系数

年份	城镇居民家庭人均可支配收入（元）	城市居民人均消费支出（元）	恩格尔系数（%）
1987	629	643	58.1
1988	837	889	52.5
1989	904	911	57.3
1990	1024	969	57.8
1991	1214	1259	54.4
1992	1486	1387	51.6
1993	1724	1674	48.7
1994	2505	2189	50.0
1995	3030	2706	50.2
1996	3782	2902	50.3
1997	4272	3465	42.9
1998	4481	3999	37.2
1999	4878	3897	38.2
2000	4215	3345	37.5
2001	4406	3688	32.3
2002	5154	3780	35.5
2003	5552	4018	35.9
2004	6322	4230	38.4
2005	7247	4838	36.4
2006	8346	5715	32.9
2007	10166	6401	37.6
2008	11752	6969	37.2
2009	12716	8035	36.3
2010	14178	8734	38.0
2011	16151	10361	34.8
2012	18312	11936	33.9
2013	20214	12604	32.5
2014	22273	13739	31.4
2015	23571	14592	29.3

注：2001年以后(包括2001年)为城镇数,2001年以前为城市数，2015年以后为新口径数据。

9-7　城镇居民家庭平均每百户主要消费品年末拥有量

项　　目	计量单位	2009年	2010年	2011年	2012年	2013年	2014年	2015年
1.摩托车	辆	31.29	31.83	21.95	22.29	11.68	19.65	25.75
2.助力车	辆	64.14	67.77	92.89	95.58	94.34	112.28	129.55
3.家用汽车	辆	4.40	5.62	19.21	21.51	22.99	25.26	27.20
4.洗衣机	台	95.00	95.95	100.42	101.58	98.94	98.25	98.89
5.电冰箱	台	79.08	80.45	86.68	88.43	86.20	84.91	88.14
6.彩色电视机	台	129.68	131.09	133.88	140.16	120.39	122.46	118.55
7.家用电脑	台	39.94	43.34	68.04	68.99	70.70	71.93	66.06
8.组合音响	套	15.99	15.99	11.17	9.83	2.60	3.51	3.21
9.摄像机	架	2.67	2.67	1.92	2.57	3.95	4.21	3.08
10.照相机	架	14.85	15.72	19.86	22.46	16.12	13.33	10.42
11.钢琴	架	0.54	0.54	1.88	1.37			
12.其它中高档乐器	件	1.32	1.41	1.93	0.9	1.56	2.11	2.69
13.微波炉	台	24.98	25.35	27.00	29.47	21.23	22.11	27.26
14.空调器	台	90.43	92.95	121.05	124.62	99.99	104.91	106.75
15.淋浴热水器	台	20.33	23.27	52.01	49.99	66.53	68.77	77.92
16.消毒碗柜	台	5.26	5.26	5.08	5.74	2.57	3.16	3.87
17.洗碗机	台	0.22	0.22			0.94	0.35	0.79
18.健身器材	套	2.33	2.33	1.50	1.87	2.29	2.11	4.59
19.固定电话	部	84.49	84.49	77.67	75.15	41.59	41.05	31.13
20.移动电话	部	154.59	157.45	194.15	201.42	212.72	221.05	213.24
21.接入互联网的移动电话	部	5.13	7.30	14.46	17.51	78.01	104.21	117.37
22.接入有线电视网络的电视机	台	90.93	91.10	112.24	115.25	91.84	99.65	95.87
23.接入互联网的计算机	台	22.81	25.48	52.29	53.59	66.30	64.91	58.45

注：2015年为新口径数据。

9-8 城镇居民家庭平均每人可支配收入情况

项　　目	计量单位	2010年	2011年	2012年	2013年	2014年	2015年
可支配收入	元	13842.38	15769.23	17879.32	19736.08	21746.99	23571.51
一、工资性收入	元	7481.71	8359.97	9426.22	13007.70	14493.18	15662.26
（一）工资	元						14505.16
1.按月发放的工资	元						12211.85
2.补发工资	元						45.00
3.不按月发放的奖金津贴过节费等	元						2248.31
（二）实物福利	元						6.47
1.从单位或雇主得到的实物产品折价	元						4.42
2.从单位或雇主得到的服务折价	元						2.05
（三）其他	元						1150.63
1.住房公积金	元						31.64
2.辞退金	元						18.64
3.自由职业劳动所得（如稿费翻译费）	元						25.69
4.其他劳动所得	元						1074.67
二、经营净收入	元	1836.67	2148.90	2796.77	3145.44	3379.99	3676.37
（一）第一产业经营净收入	元						1088.47
（二）第二产业经营净收入	元						408.88
（三）第三产业经营净收入	元						2179.01
三、财产净收入	元	525.31	274.23	339.22	832.42	1006.88	1080.02
（一）利息净收入	元						63.14
（二）红利收入	元						102.76
（三）储蓄性保险净收益	元						2.79
（四）转让承包土地经营权租金净收入	元						12.24
（五）出租房屋财产性收入	元						377.62
（六）出租机械专利版权等资产的收入	元						12.24
（七）其他财产净收入	元						77.11
（八）房屋虚拟租金	元						432.13
四、转移净收入	元	3998.69	4986.14	5317.11	2750.52	2866.94	3152.86
（一）转移性收入	元						3793.04
1.养老金或离退休金	元						1726.47
2.社会救济和补助	元						70.13
3.政策性生活补贴	元						24.85
4.报销医疗费	元						275.60
5.家庭外出从业人员寄回带回收入	元						1196.18
6.赡养收入	元						380.41
7.其他经常转移收入	元						59.25
8.从政府和组织得到的实物产品和服务折价	元						3.14
9.现金政策性惠农补贴	元						57.02
（二）转移性支出	元						640.19
1.个人所得税	元						13.20
2.社会保障支出	元						360.52
3.外来从业人员寄给家人的支出	元						
4.赡养支出	元						115.76
5.其他转移性支出	元						150.70

注：2010～2014年为新口径推算数。

9-9 城镇居民家庭平均每人全年消费性支出

项目	计量单位	2010年	2011年	2012年	2013年	2014年	2015年
消费支出	元	8719.86	10344.37	11915.69	12581.77	13714.13	14591.84
一、食品烟酒	元	3029.25	3423.60	3846.67	3912.01	4126.80	4279.79
（一）食品	元						2768.93
1、谷物	元						472.77
2、薯类	元						51.00
3、豆类	元						41.79
4、食用油	元						151.39
5、蔬菜和食用菌	元						355.46
6、肉类	元						479.87
7、禽类	元						117.01
8、水产品	元						73.15
9、蛋类	元						133.45
10、奶类	元						197.18
11、干鲜瓜果类	元						308.32
12、糖果糕点类	元						77.05
13、其他食品	元						310.50
（二）烟酒	元						540.76
1、烟草	元						214.84
2、酒类	元						325.93
（三）饮料	元						74.16
（四）饮食服务	元						895.94
1、食堂用餐	元						12.09
2、其他在外饮食	元						882.47
3、食品加工服务费	元						1.38
二、衣着	元	1085.00	1569.06	1815.36	1823.96	1921.89	1955.68
（一）衣类	元						1428.37
（二）鞋类	元						527.32
三、居住	元	1358.53	1230.97	1508.23	1813.04	2072.20	2248.47
（一）租赁房房租	元						7.48
（二）住房维修及管理	元						616.63
（三）水电燃料及其他	元						456.92
（四）自有住房折算租金	元						1167.45
1、租赁公房房租	元						
2、租赁私房房租	元						7.48
（五）物业管理费	元						11.60

注：2010～2014年为新口径推算数。

9-9续　城镇居民家庭平均每人全年消费性支出

项　　目	计量单位	2010年	2011年	2012年	2013年	2014年	2015年
四、生活用品及服务	元	575.97	813.16	837.00	1011.01	1202.20	1230.46
1.家具及室内装饰品	元/件						368.80
2.家用器具	元						327.30
3.家用纺织品	元/双						77.18
4.家庭日用杂品	元						257.35
5.个人用品	元						137.95
6.家庭服务	元						61.87
其中：家政服务	元						2.11
五、交通通信	元	1446.14	1607.53	1875.81	1838.16	1943.23	2106.23
1.交通	元						1509.91
（1）交通工具	元						1280.14
（2）交通费	元						56.24
（3）交通工具用燃料	元						102.14
（4）交通工具使用及维修	元						71.38
其中：车辆保险支出	元						11.37
2.通信	元						596.32
（1）通信工具	元						256.86
（2）通信服务	元						339.46
六、教育文化娱乐	元	493.14	712.68	819.26	942.34	1101.94	1279.07
1.教育	元						604.90
（1）学前教育	元						73.87
（2）小学教育	元						111.18
（3）初中教育	元						55.70
（4）高中教育	元						108.77
（5）中专职高教育	元						3.88
（6）大专及以上教育	元						184.81
（7）成人教育	元						66.68
2.文化娱乐	元						674.17
（1）文娱耐用消费品	元						194.85
（2）其他文娱用品	元						123.74
（3）文化娱乐服务	元						355.58
七、医疗保健	元	472.66	662.38	829.32	865.30	925.76	1053.42
1.医疗器具及药品	元						244.47
2.医疗服务	元						808.95
（1）门诊总费用	元						197.02
（2）住院总费用	元						611.93
八、其他用品和服务	元	259.18	325.00	384.03	375.95	420.11	438.71
1.其他用品	元						338.38
2.其他服务	元						100.32

9-10 按收入等级分的城镇居民家庭平均每人收支情况(2015年)

指　　标	计量单位	合计	低20%	较低20%	中20%	较高20%	高20%
可支配收入	元	23571.51	9927.02	18327.95	23281.94	29249.47	42652.96
一、工资性收入	元	15662.26	6817.81	11692.25	17366.17	19773.27	25821.48
（一）工资	元	14505.16	5046.34	11087.76	16331.12	18600.89	24506.84
1.按月发放的工资	元	12211.85	3882.95	9167.99	14278.68	16478.99	19655.24
（二）实物福利	元	6.47	0.40	0.00	1.08	28.06	5.01
1.从单位或雇主得到的实物产品折价	元	4.42	0.40	0.00	0.18	22.46	0.00
2.从单位或雇主得到的服务折价	元	2.05	0.00	0.00	0.90	5.60	5.01
3.单位或雇主实物福利报销所得	元		0.00	0.00	0.00	0.00	0.00
（三）其他	元	1150.63	1771.07	604.49	1033.97	1144.32	1309.63
二、经营净收入	元	3676.37	1328.77	3975.56	2947.97	4333.20	6481.76
（一）第一产业经营净收入	元	1088.47	550.78	1554.69	916.79	1267.63	1115.65
1.农业	元	993.45	926.26	1316.67	682.06	1040.21	964.10
2.林业	元	49.80	35.72	32.52	7.88	97.28	92.26
3.牧业	元	45.23	-411.19	205.51	226.85	130.14	59.29
4.渔业	元		0.00	0.00	0.00	0.00	0.00
（二）第二产业经营净收入	元	408.88	539.36	258.88	200.93	277.95	896.69
1.采矿业	元	-5.04	0.00	0.00	0.00	0.00	-31.91
2.制造业	元	216.37	452.00	115.83	0.00	0.00	608.53
3.电力热力燃气及水生产和供应业	元		0.00	0.00	0.00	0.00	0.00
4.建筑业	元	197.55	87.36	143.05	200.93	277.95	320.08
（三）第三产业经营净收入	元	2179.01	238.64	2161.98	1830.25	2787.62	4469.42
1.批发和零售业	元	1322.53	329.70	942.77	827.34	2070.37	2937.10
2.交通运输仓储和邮政业	元	323.79	181.49	275.33	677.42	228.73	223.35
3.住宿和餐饮业	元	56.09	-245.38	149.04	8.31	227.89	168.65
4.房地产业	元	79.27	0.00	277.09	0.00	7.50	83.88
5.租赁和商务服务业	元	-5.26	-36.79	13.49	0.00	-38.90	42.01
6.居民服务修理和其他服务业	元	341.00	11.14	381.44	314.75	229.83	882.27
7.其他	元	63.86	9.23	122.91	2.44	62.23	132.25
8.农林牧渔服务业	元	-2.26	-10.75	-0.08	0.00	-0.04	-0.09

9-10续　按收入等级分的城镇居民家庭平均每人收支情况(2015年)

指　　标	计量单位	合计	低20%	较低20%	中20%	较高20%	高20%
三、财产净收入	元	1080.02	752.90	659.39	1174.28	1200.89	1855.94
（一）利息净收入	元	63.14	127.20	0.00	28.50	70.73	109.75
（二）红利收入	元	102.76	165.78	0.00	158.38	70.25	137.05
1.集体分配的红利	元		0.00	0.00	0.00	0.00	0.00
2.其他红利收入	元	102.76	165.78	0.00	158.38	70.25	137.05
（三）储蓄性保险净收益	元	2.79	0.00	11.96	0.00	0.00	0.00
（四）转让承包土地经营权租金净收入	元	12.24	14.30	13.36	0.00	4.28	33.91
（五）出租房屋财产性收入	元	377.62	79.41	164.85	594.39	562.40	567.57
（六）出租机械专利版权等资产的收入	元	12.24	-70.44	0.00	0.00	14.39	152.16
（七）其他财产净收入	元	77.11	116.94	178.80	3.15	21.26	41.55
（八）房屋虚拟租金	元	432.13	319.71	290.42	389.86	457.58	813.95
四、转移净收入	元	3152.86	1027.53	2000.75	1793.52	3942.11	8493.79
（一）转移性收入	元	3793.04	1558.31	2614.27	2264.69	4614.05	9504.01
1.养老金或离退休金	元	1726.47	721.92	1083.49	861.00	1907.28	4927.49
2.社会救济和补助	元	70.13	120.17	54.03	36.25	50.32	97.82
3.政策性生活补贴	元	24.85	2.60	5.06	0.00	0.00	146.49
3.政策性生活补贴	元	24.85	2.60	5.06	0.00	0.00	146.49
4.报销医疗费	元	275.60	47.61	124.16	325.10	336.24	657.42
5.家庭外出从业人员寄回带回收入	元	1196.18	401.30	1149.12	824.99	1737.29	2145.51
6.赡养收入	元	380.41	73.62	127.49	180.21	408.50	1388.60
7.其他经常转移收入	元	59.25	132.80	0.00	1.85	107.22	69.24
8.从政府和组织得到的实物产品和服务折价	元	3.14	4.25	1.53	1.66	5.28	3.44
9.现金政策性惠农补贴	元	57.02	54.04	69.40	33.63	61.92	68.00
实物可支配收入	元	1129.69	522.41	895.28	1004.28	1407.17	2101.00
支出							
一、消费支出	元	14591.84	9816.59	11993.44	13038.72	16781.47	24093.63
（一）食品烟酒	元	4279.79	3265.48	3584.43	3841.53	4697.79	6441.71
（二）衣着	元	1955.68	1365.46	2101.07	2325.36	2173.45	2740.18
（三）居住	元	2248.47	1434.71	1584.60	1921.46	2504.66	4013.93
（四）生活用品及服务	元	1230.46	881.69	908.62	958.60	1315.32	2422.30
（五）交通通信	元	2106.23	989.86	1537.43	1536.38	3160.49	3579.17
（六）教育文化娱乐	元	1279.07	945.32	1197.98	1228.60	1590.50	1525.15
（七）医疗保健	元	1053.42	504.48	933.05	975.98	791.45	2369.65
（八）其他用品和服务	元	438.71	429.58	146.26	250.82	547.80	1001.53
二、生产经营费用支出	元	1619.21	2871.80	931.19	759.48	1418.52	2391.15
（一）第一产业经营费用支出	元	908.26	2457.95	598.37	459.29	440.33	507.92
（二）第二产业经营费用支出	元	244.63	118.06	9.06	0.47	8.62	1370.50
（三）第三产业经营费用支出	元	466.32	295.79	323.77	299.72	969.58	512.73
三、财产性支出	元	0.69	0.00	0.20	0.68	2.40	0.22
三、转移性支出	元	645.05	530.78	633.80	471.17	672.63	1010.22

9-11 全体居民家庭平均每人可支配收入情况

项　　目	计量单位	2010年	2011年	2012年	2013年	2014年	2015年
可支配收入	元	7594.90	9054.37	9875.84	11211.60	12670.48	14025.41
一、工资性收入	元	3484.17	4235.83	4704.51	6269.75	7181.34	8006.21
（一）工资	元						6991.73
1.按月发放的工资	元						5901.97
2.补发工资	元						25.52
3.不按月发放的奖金津贴过节费等	元						1064.24
（二）实物福利	元						2.33
1.从单位或雇主得到的实物产品折价	元						1.62
2.从单位或雇主得到的服务折价	元						0.72
（三）其他	元						1012.15
1.住房公积金	元						13.02
2.辞退金	元						7.57
3.自由职业劳动所得（如稿费翻译费）	元						10.49
4.其他劳动所得	元						981.07
二、经营净收入	元	2061.05	2441.27	2834.13	2930.34	3122.21	3413.18
（一）第一产业经营净收入	元						2040.02
（二）第二产业经营净收入	元						281.71
（三）第三产业经营净收入	元						1091.44
三、财产净收入	元	228.01	137.06	107.96	306.84	400.57	445.23
（一）利息净收入	元						33.09
（二）红利收入	元						36.68
（三）储蓄性保险净收益	元						0.98
（四）转让承包土地经营权租金净收入	元						23.06
（五）出租房屋财产性收入	元						163.30
（六）出租机械专利版权等资产的收入	元						-0.07
（七）其他财产净收入	元						36.95
（八）房屋虚拟租金	元						151.24
四、转移净收入	元	1821.67	2240.22	2229.24	1704.67	1966.35	2160.79
（一）转移性收入	元						2505.85
1.养老金或离退休金	元						772.97
2.社会救济和补助	元						41.10
3.政策性生活补贴	元						10.24
4.报销医疗费	元						199.59
5.家庭外出从业人员寄回带回收入	元						1096.97
6.赡养收入	元						231.61
7.其他经常转移收入	元						45.69
8.从政府和组织得到的实物产品和服务折价	元						2.82
9.现金政策性惠农补贴	元						104.86
（二）转移性支出	元						345.07
1.个人所得税	元						4.67
2.社会保障支出	元						213.86
3.外来从业人员寄给家人的支出	元						0.02
4.赡养支出	元						52.02
5.其他转移性支出	元						74.48

注：2010～2014年为新口径推算数。

9-12　全体居民家庭平均每人全年消费性支出

项　　目	计量单位	2010年	2011年	2012年	2013年	2014年	2015年
消费支出	元	4900.99	5959.38	6576.90	7520.38	8398.09	9220.18
一、食品烟酒	元	1689.84	2089.21	2240.05	2507.36	2697.61	2901.10
（一）食品	元						2018.74
1、谷物	元						381.09
2、薯类	元						41.14
3、豆类	元						28.98
4、食用油	元						116.30
5、蔬菜和食用菌	元						240.08
6、肉类	元						340.44
7、禽类	元						80.20
8、水产品	元						45.42
9、蛋类	元						103.27
10、奶类	元						169.33
11、干鲜瓜果类	元						203.42
12、糖果糕点类	元						51.36
13、其他食品	元						217.73
（二）烟酒	元						387.62
1、烟草	元						165.65
2、酒类	元						221.97
（三）饮料	元						66.16
（四）饮食服务	元						428.58
1、食堂用餐	元						8.90
2、其他在外饮食	元						416.15
3、食品加工服务费	元						3.54
二、衣着	元	475.80	747.50	803.45	903.45	989.89	1061.48
（一）衣类	元						770.90
（二）鞋类	元						290.58
三、居住	元	1020.68	839.23	981.50	1114.41	1378.09	1514.47
（一）租赁房房租	元						4.45
（二）住房维修及管理	元						306.01
（三）水电燃料及其他	元						331.39
（四）自有住房折算租金	元						872.62
1、租赁公房房租	元						
2、租赁私房房租	元						4.45
（五）物业管理费	元						4.10

注：2010～2014年为新口径推算数。

9-12续　全体居民家庭平均每人全年消费性支出

项　　　目	计量单位	2010年	2011年	2012年	2013年	2014年	2015年
（四）生活用品及服务	元	298.87	438.56	456.70	600.59	684.64	742.63
1.家具及室内装饰品	元/件						217.41
2.家用器具	元						178.98
3.家用纺织品	元/双						52.73
4.家庭日用杂品	元						187.90
5.个人用品	元						71.63
6.家庭服务	元						33.99
其中：家政服务	元						1.50
（五）交通通信	元	654.64	827.22	2240.05	1030.10	1072.74	1212.69
1.交通	元						851.19
（1）交通工具	元						675.90
（2）交通费	元						46.96
（3）交通工具用燃料	元						69.95
（4）交通工具使用及维修	元						58.39
其中：车辆保险支出	元						4.35
2.通信	元						361.50
（1）通信工具	元						145.67
（2）通信服务	元						215.82
（六）教育文化娱乐	元	325.29	412.25	474.61	589.16	684.01	800.91
1.教育	元						441.70
（1）学前教育	元						49.01
（2）小学教育	元						62.02
（3）初中教育	元						46.19
（4）高中教育	元						97.63
（5）中专职高教育	元						1.65
（6）大专及以上教育	元						144.11
（7）成人教育	元						41.08
2.文化娱乐	元						359.22
（1）文娱耐用消费品	元						123.70
（2）其他文娱用品	元						86.18
（3）文化娱乐服务	元						149.34
（七）医疗保健	元	320.22	457.26	526.56	603.40	683.40	760.58
1.医疗器具及药品	元						184.59
2.医疗服务	元						575.99
（1）门诊总费用	元						155.62
（2）住院总费用	元						420.37
（八）其他用品和服务	元	115.65	148.15	167.39	171.91	207.71	226.32
1.其他用品	元						174.73
2.其他服务	元						51.58

9-13 全省及各省辖市城乡居民收支(2015年)

单位：元

地　区	全体居民人均可支配收入	增速（%）	城镇居民人均可支配收入	增速（%）	农村居民人均可支配收入	增速（%）
全　省	**17125**	**9.1**	**25576**	**8.0**	**10853**	**8.9**
郑州市	26502	9.2	31099	8.7	17125	8.9
开封市	15490	10.7	22923	9.3	10304	9.5
洛阳市	19569	10.1	28686	8.5	10667	8.8
平顶山市	17476	9.0	25592	7.1	10450	8.7
安阳市	18200	9.3	26513	7.7	11721	8.6
鹤壁市	19091	9.6	24540	8.3	12995	9.5
新乡市	18031	9.4	25349	8.0	11772	8.5
焦作市	19723	8.7	25236	7.5	13751	8.6
濮阳市	15345	10.0	24928	7.4	9790	9.8
许昌市	18602	9.8	25225	8.8	13355	9.0
漯河市	17626	9.9	24755	8.8	11980	8.9
三门峡市	17314	8.9	23825	7.0	11084	9.7
南阳市	16278	10.5	25140	8.6	10777	9.6
商丘市	**14025**	**10.7**	**23572**	**8.4**	**8885**	**9.7**
信阳市	14842	10.8	22434	9.1	9844	9.9
周口市	12906	11.0	21019	9.2	8576	9.9
驻马店市	13862	10.9	22608	8.7	9173	10.0
济源市	21080	8.6	26532	7.4	14469	8.5

主要指标解释

一、农村居民

可支配收入 指调查户可用于最终消费支出和储蓄的总和，即调查户可以用来自由支配的收入。可支配收入既包括现金，也包括实物收入。按照收入的来源，可支配收入包含五项，分别为：工资性收入、经营净收入、财产净收入、转移净收入和自有住房折算净租金。

工资性收入 指就业人员通过各种途径得到的全部劳动报酬和各种福利，包括受雇于单位或个人、从事各种自由职业、兼职和零星劳动得到的全部劳动报酬和福利。

经营净收入 指住户或住户成员从事生产经营活动所获得的净收入，是全部经营收入中扣除经营费用、生产性固定资产折旧和生产税净额（生产税减去生产补贴）之后得到的净收入。

财产净收入 指住户或住户成员将其所拥有的金融资产和自然资源交由其他机构单位、住户或个人支配而获得的回报并扣除相关的费用之后得到的净收入。财产净收入包括利息净收入、红利收入、储蓄性保险净收益和转让承包土地经营权租金净收入等。

转移净收入 指国家、单位、社会团体对住户的各种经常性转移支付和住户之间的经常性收入转移。包括政府、非行政事业单位、社会团体对居民转移的养老金或退休金、社会救济和补助、政策性生活补贴、救灾款、经常性捐赠和赔偿以及报销医疗费等；住户之间的赡养收入、经常性捐赠和赔偿以及农村地区（村委会）在外（含国外）工作的本住户非常住成员寄回带回的收入等。

自有住房折算净租金 指现住房产权为自有住房（含自建住房、自购商品房、自购房改住房、自购保障性住房、拆迁安置房、继承或获赠住房）的住户为自身消费提供住房服务的折算价值扣除缴纳的各项税费后得到的净租金。

消费支出 指住户用于满足家庭日常生活消费需要的全部支出，包括用于消费品的支出和用于服务性消费的支出。根据用途不同，消费支出可划分为食品烟酒、衣着、居住、生活用品及服务、交通通信、教育文化娱乐、医疗保健、其他用品及服务八大类。根据来源不同，消费支出可划分为现金消费支出、实物消费支出（含自产自用、来自单位、来自政府和其他社会组织）。

二、城镇居民

可支配收入 指调查户在调查期内获得的、可用于最终消费支出和储蓄的总和，即调查户可以用来自由支配的收入。可支配收入既包括现金，也包括实物收入。按照收入的来源，可支配收入包含四项，分别为：工资性收入、经营净收入、财产净收入、转移净收入。计算公式为：

可支配收入 = 工资性收入 + 经营净收入 + 财产净收入 + 转移净收入

工资性收入 指就业人员通过各种途径得到的全部劳动报酬和各种福利，包括受雇于单位或个人、从事各种自由职业、兼职和零星劳动得到的全部劳动报酬和福利。

经营净收入 指住户或住户成员从事生产经营活动所获得的净收入，是全部经营收入中扣除经营费用、生产性固定资产折旧和生产税之后得到的净收入。计算公式具体为：

经营净收入 = 经营收入 – 经营费用 – 生产性固定资产折旧 – 生产税

财产净收入 指住户或住户成员将其所拥有的金融资产、住房等非金融资产和自然资源交由其他机构单位、住户或个人支配而获得的回报并扣除相关的费用之后得到的净收入。财产净收入包括利息净收入、红利收入、储蓄性保险净收益、转让承包土地经营权租金净收入、出租房屋净收入、出租其他资产净收入和自有住房折算净租金等。

转移性收入 指国家、单位、社会团体对住户的各种经常性转移支付和住户之间的经常性收入转移。包括养老金或退休金、社会救济和补助、政策性生活补贴、救灾款、经常性捐赠和赔偿、报销医疗费等、住户之间的赡养收入，以及本住户非常住成员寄回带回的收入等。

转移净收入 计算公式为：转移净收入 = 转移性收入 – 转移性支出

消费支出 指住户用于满足家庭日常生活消费需要的全部支出，包括用于消费品的支出和用于服务性消费的支出。根据用途不同，消费支出可划分为食品烟酒、衣着、居住、生活用品及服务、交通通信、教育文化娱乐、医疗保健、其他用品及服务八大类。根据来源不同，消费支出可划分为现金消费支出、实物消费支出（含自产自用、来自单位、来自政府和其他社会组织）。

批发和零售业、住宿和餐饮业

● 资料整理：方学志

10-1 各县（市、区）社会消费品零售总额（2015年）

单位：亿元

县（市、区）	社会消费品零售总额	城镇	乡村	批发和零售业	住宿和餐饮业
商丘市	**813.18**	**599.38**	**212.89**	**675.36**	**138.45**
梁园区	183.79	176.03	7.76	180.79	3.00
睢阳区	107.50	98.81	8.69	93.31	14.19
民权县	57.56	40.81	16.74	47.14	10.41
睢　县	56.81	37.80	19.01	46.36	10.45
宁陵县	38.97	25.58	13.39	36.31	2.67
柘城县	63.23	30.00	14.06	106.54	7.97
虞城县	65.07	54.87	10.19	57.71	7.35
夏邑县	70.25	58.40	11.85	57.53	12.72
示范区	43.28	33.83	9.45	42.77	0.51
物流集聚区	26.20	17.97	8.23	26.20	
开发区	17.08	15.86	1.22	16.57	0.51
永城市	146.96	116.05	30.01	106.34	41.26

10-2 各县（市、区）批发和零售业、住宿和餐饮业销售额(营业额)（2015年）

单位：亿元

县（市、区）	销售总额	批发业销售额	零售业销售额	住宿业营业额	餐饮业营业额
商丘市	**2186.31**	**1079.37**	**895.21**	**17.94**	**148.78**
梁园区	475.08	194.71	249.02	7.14	24.21
睢阳区	316.31	150.74	147.79	2.25	15.53
民权县	131.17	76.87	42.26	1.40	10.63
睢　县	98.65	23.64	62.14	0.52	12.36
宁陵县	70.54	12.57	51.24	1.35	5.38
柘城县	110.67	25.51	70.74	1.51	12.91
虞城县	134.58	53.79	62.98	2.54	15.27
夏邑县	124.12	45.80	63.92	0.35	14.05
示范区	245.13	197.81	46.69	0.34	0.37
物流集聚区	192.56	163.58	28.98		
开发区	52.57	34.23	17.71	0.34	0.37
永城市	626.33	474.68	107.63	2.41	41.61

10-3 各县（区）限额以上批发和零售业法人企业基本情况（2015年）

指标名称	法人企业数（个）	从业人员期末人数（人）		法人所属产业活动单位数（个）		
			其中：女性		批发和零售业	其他
批发零售业总计	**453**	**40071**	**17947**	**677**	**242**	**435**
一、批发业						
商丘市	156	15128	5410	192	39	153
梁园区	11	1028	301	12	1	11
睢阳区	23	3164	849	29	7	22
民权县	17	831	228	17		17
睢　县	7	338	205	7		7
宁陵县	17	916	311	17		17
柘城县	17	1740	830	17		17
虞城县	23	2812	1211	23		23
夏邑县	13	646	159	39	27	12
物流区	23	2909	996	23		23
开发区	5	744	320	8	4	4
二、零售业						
商丘市	297	24943	12537	485	203	282
梁园区	64	9693	4787	169	112	57
睢阳区	27	1912	729	61	37	24
民权县	15	633	309	20	6	14
睢　县	52	2761	1639	52		52
宁陵县	22	1050	476	22		22
柘城县	44	3042	1788	44		44
虞城县	21	2637	1531	21		21
夏邑县	34	1760	877	77	46	31
物流区	7	471	148	7		7
开发区	11	984	253	12	2	10

注：表中数据不含永城。

10-4 各县（区）限额以上住宿和餐饮业法人企业基本情况（2015年）

指标名称	法人企业数（个）	从业人员期末人数（人）		法人所属产业活动单位数（个）		
			其中：女性		住宿和餐饮业	其他
住宿餐饮业总计	**80**	**6823**	**4023**	**83**	**5**	**78**
一、住宿业						
商丘市	42	4100	2495	43	2	41
梁园区	6	312	188	7	2	5
睢阳区	8	688	292	8		8
民权县	3	148	98	3		3
睢　县	6	455	294	6		6
宁陵县	3	252	177	3		3
柘城县	7	876	541	7		7
虞城县	8	1361	899	8		8
夏邑县						1
开发区	1	8	6	1		1
二、餐饮业						
商丘市	38	2723	1528	40	3	37
梁园区	3	130	87	5	3	2
睢阳区	8	461	264	8		8
民权县	4	208	142	4		4
睢　县	6	420	272	6		6
宁陵县	1	35	15	1		1
柘城县	4	235	111	4		4
虞城县	6	726	458	6		6
夏邑县	4	295	139	4		4
开发区	2	213	40	2		2

注：表中数据不含永城。

10-5 限额以上批发和零售业商品销售分类情况（2015年）

单位：万元

指标名称	批发业		零售业	
	销售额	零售额	销售额	零售额
总　　计	**4356768**	**342392**	**2527964**	**2340625**
1. 粮油、食品类	341324	62361	75786	74802
其中:粮油类	138470	23166	18161	18027
肉禽蛋类	14010	5206	8853	8787
水产品类			1052	1052
蔬菜类	31665	3305	2875	2875
干鲜果品类	7671	1920	3910	3910
2. 饮料类	485373	59936	31502	31051
3. 烟酒类	842439	32819	38148	36756
4. 服装、鞋帽、针纺织品类	276182	33501	75978	75277
(1)服装类	163634	22591	50749	50349
(2)鞋帽类	13726	204	15789	15664
(3)针纺织品类	98822	10706	9440	9264
5. 化妆品类			19346	19094
6. 金银珠宝类			5162	5162
7. 日用品类	4363		23272	22994
其中：儿童玩具类			2198	2144
8. 五金、电料类	18499	7960	12480	11975
9. 体育、娱乐用品类	66019	18838	4363	4336
其中：照相器材类			7	7
10. 书报杂志类			25967	25947
11. 电子出版物及音像制品类			3312	3193
12. 家用电器和音像器材类	14446	6907	149365	85487
13. 中西药品类	631781	29137	47238	38321
其中:西药类	564220	7098	24942	20529
中草药及中成药类	51001	5479	15905	12513
14. 文化办公用品类	27492	8437	9395	9395
其中：计算机及其配套产品			3527	3527
15. 家具类	4087	1354	24344	23698
16. 通讯器材类			4758	4649
17. 煤炭及制品类	614633	35962	180	
18. 木材及制品类	7150			
19. 石油及制品类	42315	4632	379770	338978
20. 化工材料及制品类	276374		11934	
其中：化肥类	55627		10069	
21. 金属材料类	145125			
22. 建筑及装潢材料类	40195	1907	1027	1027
23. 机电产品及设备类	326672	16183	2939	1534
其中：农机类	29610		110	
24. 汽车类	85824	12414	1507791	1461138
25. 种子饲料类	15893		1763	
26. 棉麻类	49837	8372		
27. 其他类	40746	1671	72146	65812

注：表中数据不含永城。

10-6 各县（区）限额以上批发零售企业商品购销存总额(2015年)

单位：万元

县（区）	商品购进总额	销售总额			年末商品库存总额
		合计	批发额	零售额	
商丘市	**6088919**	**6676872**	**3887208**	**2789664**	**328846**
梁园区	1730522	1884761	347626	1537135	79492
睢阳区	1039570	1318754	1130576	188178	90941
民权县	648354	665114	565610	99504	12028
睢　县	171689	182572	41354	141217	26501
宁陵县	121853	158913	91661	67252	11301
柘城县	173576	180648	87218	93430	16874
虞城县	278967	319435	200268	119168	20182
夏邑县	168963	168180	60466	107715	9966
物流区	1464198	1497679	1147666	350014	38698
开发区	291228	300816	214763	86053	22866

注：全市数据不含永城。

10-7　各县（区）限额以上住宿和餐饮业法人经营情况（2015年）

单位：万元

县（区）	营业额	住宿业	餐饮业
商丘市	**118488**	**77930**	**40557**
梁园区	5467	3810	1657
睢阳区	16345	10317	6028
民权县	13530	4395	9136
睢　县	12590	9282	3309
宁陵县	26161	25892	268
柘城县	13376	10792	2583
虞城县	23120	13418	9702
夏邑县	6125		6125
物流区			
开发区	1774	24	1750

注：全市数据不含永城。

10-8 限额以上批发和零售业、住宿和餐饮业主要财务指标(2015年)

单位：万元

指标名称	批发业	零售业	住宿业	餐饮业
期末资产负债				
流动资产合计	734699	639202	53030	17934
应收帐款	120173	33629	1539	1044
存货	195626	135710	1989	2386
固定资产合计	153744	206191	30613	20706
固定资产原价	207782	257208	36645	26010
累计折旧	54524	51940	6493	5344
本年折旧	7952	13098	2211	1200
在建工程	19742	13265	5360	9
资产总计	1000984	1098636	101604	46552
流动负债合计	513809	589604	30489	19161
应付账款	141385	54390	12150	827
非流动负债合计	24569	19359	11722	806
负债合计	537964	611010	42566	19969
所有者权益合计	463020	487626	59038	26583
实收资本	200372	233857	25483	18207
损益及分配				
营业收入	4013053	2437016	76821	41684
主营业务收入	4012455	2425399	76821	41684
营业成本	3530234	2163266	48675	26477
主营业务成本	3529953	2157260	48675	26477
营业税金及附加	80110	28551	2912	2160
主营业务税金及附加	79999	28388	2908	2158
其他业务利润	3009	4191		20
销售费用	90166	61971	4211	3536
管理费用	74213	47128	5578	2998
税金	3007	3482	332	334
财务费用	6955	12295	2223	522
利息收入	2765	261	2	11
利息支出	2360	4308	65	137
资产减值损失	345	24	16	
公允价值变动收益	25	8	118	
投资收益	323	111		
营业利润	234167	125687	13649	6169
营业外收入	3123	2261	38	11
营业外支出	562	1722	2	1
利润总额	227068	116126	11219	5601
应交所得税	26635	5364	1909	295
人工成本及增值税				
应付职工薪酬	77146	74361	12624	7283
应交增值税	51774	79564	3026	116

注：表中数据不含永城。

10-9 全省及各省辖市社会消费品零售总额、批发零售业和住宿餐饮业销售额(2015年)

单位：亿元

地区	社会消费品零售总额	批发和零售业商品销售额	住宿和餐饮业营业额
全省	**15740.43**	**30239.30**	**3217.32**
郑州市	3294.71	7647.97	618.95
开封市	747.14	1203.98	139.99
洛阳市	1605.08	2707.11	308.69
平顶山市	690.15	1645.72	156.39
安阳市	675.52	1466.00	112.95
鹤壁市	183.67	346.19	34.38
新乡市	777.51	1515.43	107.91
焦作市	624.72	949.48	133.49
濮阳市	470.68	1098.70	116.07
许昌市	707.19	1210.87	160.45
漯河市	437.41	852.64	88.06
三门峡市	396.86	833.06	78.25
南阳市	1570.19	2623.76	307.00
商丘市	**813.18**	**1974.59**	**166.72**
信阳市	880.28	1182.91	311.47
周口市	974.73	1654.68	239.85
驻马店市	755.11	1223.55	160.36
济源市	136.29	205.85	34.22

主要指标解释

社会消费品零售总额 指企业（单位、个体户）通过交易直接售给个人、社会集团非生产、非经营用的实物商品金额，以及提供餐饮服务所取得的收入金额。个人包括城乡居民和入境人员，社会集团包括机关、社会团体、部队、学校、企事业单位、居委会或村委会等。

批发业 指批发商向批发、零售单位及其他企事业、机关单位批量销售生活用品和生产资料的活动，以及从事进出口贸易和贸易经纪与代理的活动。批发商可以对所批发的货物拥有所有权，并以本单位、公司的名义进行交易活动；也可以不拥有货物的所有权，而以中介身份做代理销售商。还包括各类商品批发市场中固定摊位的批发活动。

零售业 指百货商店、超级市场、专门零售商店、品牌专卖店、售货摊等主要面向最终消费者（如居民等）的销售活动。包括以互联网、邮政、电话、售货机等方式的销售活动，还包括在同地点，后面加工生产，前面销售的店铺（如前店后厂的面包房）。不包括：谷物、种子、饲料、牲畜、矿产品、生产用原料、化工原料、农用化工产品、机械设备（用车、计算机及通信设备等除外）等生产资料的销售（批发业）；非零售单位附带的零售活动（如汽车修理单位销售汽车零件）；商业零售单位所在商厦的物业管理（物业管理）；商业零售单位所在的商品市场、商业大厦的市场管理活动（市场管理）。

批发和零售业商品购、销、存总额 指各种登记注册类型的批发、零售业企业（单位）以本企业（单位）为总体的，从国内、国外市场购进的商品总量，销售和出口的商品总量、库存商品总量等情况。该指标可以反映商品流转过程中商品的购进、销售、库存之间的比例关系和存在的问题。

商品购进额 指从本企业（单位）以外的单位和个人购进（包括从境外直接进口）作为转卖或加工后转卖的商品总额。它反映批发和零售业从国内、国外市场上购进商品的总量。商品购进总额包括：(1) 从工农业生产者购进的商品；(2) 从出版社、报社的出版发行部门购进的图书、杂志和报纸；(3) 从各种登记注册类型的批发和零售企业（单位）购进的商品；(4) 从其他单位购进的商品，如从机关、团体、企业等单位购进的剩余物资，从餐饮业、服务业购进的商品，从海关、市场管理部门购进的缉私和没收的商品，从居民手中收购的废旧商品等；(5) 从国（境）外直接进口的商品。不包括企业（单位）为自身经营用和未通过买卖行为而收入的商品以及销售退回、商品升溢等。

商品销售额 指对本企业（单位）以外的单位和个人出售（包括对境外直接出口）的商品总额。它反映批发和零售业在国内市场上销售商品以及出口商品的总量。商品销售总额包括：(1) 售给城乡居民和社会集团消费用的商品；(2) 售给工业、农业、建筑业、运输邮电业、批发和零售业、住宿和餐饮业、服务业等作为生产、经营使用的商品；(3) 售给批发和零售业作为转卖或加工后转卖的商品；(4) 对国（境）外直接出口的商品。不包括出售本企业（单位）自用的废旧包装用品；未通过买卖行为付出的商品；经本单位介绍，由买卖双方直接结算，本单位只收取手续费的业务；购货退出的商品以及商品损耗和损失等。

商品库存额 对于批发和零售业法人单位和个体经营户，是指报告期末取得所有权的全部商品金额（含增值税）；对于批发和零售业产业活动单位，是指报告期末实际在库且归属法人具有所有权的全部商品金额（含增值税）。这个指标反映批发和零售业的商品库存情况，以及对市场商品供应的保证程度。库存商品包括：（1）存放在本单位（如门市部、批发站、采购站、经营处）的仓库、货场、货柜和货架中的商品；（2）挑选、整理、包装中的商品；（3）已记入购进而尚未运到本单位的商品，即发货单或银行承兑凭证已到而货未到的商品；（4）寄放他处的商品，如因购货方拒绝付款而暂时存在购货方的商品；（5）委托其他单位代销（未作销售或调出）尚未售出的商品；（6）代其他单位购进尚未交付的商品。

批发额 指售给国民经济各行业用于生产、经营用的商品金额。商品批发包括：（1）售给农业、工业、建筑业等行业用于生产的各种机器设备、工具、原料、材料、燃料、建筑材料，售给农民的农业生产资料，售给交通运输、仓储和邮政业用于业务活动的设备、车辆和燃料等；（2）售给信息传输、软件和信息技术服务，科学研究和技术服务业，水利、环境和公共设施管理业等行业用于生产经营、勘察设计、科研试验等业务经营使用的商品，售给批发和零售业、住宿和餐饮业使用的各种设备、工具、原材料、燃料、仓储运输用的商品；（3）售给居民服务、修理和其他服务业各种营业用品，如售给理发业的理发工具、毛巾等，日用品修理业的设备、工具、材料、零配件等，售给民政部门救灾用的商品等；（4）售给批发和零售业作为转卖用的商品；售给餐饮业用于烹饪、调制加工后出售的商品和转卖的商品；售给服务业转卖的商品；（5）出口的商品。

零售额 指售给城乡居民用于生活消费和社会集团用于公共消费的商品金额。商品零售包括：（1）售给城乡居民的各种生活消费品，售给入境旅游的外国人、华侨、港澳台同胞的各类商品；（2）售给行政事业单位、社会团体、军队和武警等机构的商品，以及以零售方式售给各类企业的商品。具体包括：用于非生产和社会交往的办公用品，如通讯设备、计算器具和设备、电讯网络设备、文印设备、音像视听器材和设备、纸张、本册、文具及装订文印材料、家具、日用电器、针纺织品、清洁卫生用品、文体用品、奖品、纪念品、礼品等；供内部人员乘坐的交通工具和燃料；用于办公设施修缮的各类配件、材料、工具等；用于取暖和防暑降温的设备、燃料、材料及食品等；专用于教学的用品和设备；非营利医疗机构的中、西药品、中药材和医疗设备器材；非专用的劳动保护用品；不对外营业的内部食堂用的餐具、炊具、设备、清洁卫生工具和食品、燃料等；军队、武警用于其人员生活的衣着品和个人用品；其他各类非生产性设备和用品。

住宿业 指有偿为顾客提供临时住宿的服务活动。不包括：提供长期住宿场所的活动（如出租房屋、公寓等）。

餐饮业 指在一定场所，对食物进行现场烹饪、调制，并出售给顾客主要供现场消费的服务活动。

营业额 指住宿和餐饮业单位在经营活动中因提供服务或销售商品等取得的全部收入，包括：客房收入、餐费收入、商品销售额（含增值税）和其他收入。不包括法人企业附营的其他行业产业活动单位的餐费收入、商品销售收入等各项收入。

批发零售、住宿餐饮财务指标

资产总计 指企业过去的交易或者事项形成的、由企业拥有或者控制的、预期会给企业带来经济利益的资源。资产一般按流动性（资产的变现或耗用时间长短）分为流动资产和非流动资产。其中流动资产可分为货币资金、交易性金融资产、应收票据、应收账款、预付款项、其他应收款、存货等；非流动资产可分为长期股权投资、固定资产、无形资产及其他非流动资产等。根据会计"资产负债表"中"资产总计"项目的期末余额数填报。

执行2006年《企业会计准则》的企业：资产总计=流动资产合计+非流动资产合计；未执行2006年《企业会计准则》企业的资产包括流动资产、长期投资、固定资产、无形资产和其他资产等。

负债合计 指企业过去的交易或者事项形成的，预期会导致经济利益流出企业的现时义务。负债一般按偿还期长短分为流动负债和非流动负债。根据会计"资产负债表"中"负债合计"项目的期末余额数填报。

执行2006年《企业会计准则》的企业：负债合计=流动负债合计+非流动负债合计；未执行2006年《企业会计准则》企业的负债包括流动负债和长期负债。

主营业务收入 指企业确认的销售商品、提供劳务等主营业务的收入。根据会计"主营业务收入"科目的期末贷方余额（结转前）填报。执行2006年《企业会计准则》的企业，如未设置该科目，以"营业收入"代替填报。

主营业务成本 指企业经营主要业务所发生的成本总额。根据会计"主营业务成本"科目的期末借方余额（结转前）填报。执行2006年《企业会计准则》的企业，如未设置该科目，以"营业成本"代替填报。

主营业务税金及附加 指企业经营主要业务应负担的营业税、消费税、城市维护建设税、教育费附加等。根据会计"主营业务税金及附加"科目的期末借方余额（结转前）填报。执行2006年《企业会计准则》的企业，如未设置该科目，以"营业税金及附加"代替填报。

营业利润 指企业从事生产经营活动所取得的利润。执行2006年《企业会计准则》的企业，营业利润为营业收入减去营业成本、营业税金及附加、销售费用、管理费用、财务费用、资产减值损失，再加上公允价值变动收益和投资收益。未执行2006年《企业会计准则》的企业，营业利润为主营业务收入减去主营业务成本、主营业务税金及附加，加上其他业务利润后，再减去销售费用、管理费用、财务费用后的金额。根据会计"利润表"中"营业利润"项目的本期金额数填报。

利润总额 指企业在一定会计期间的经营成果，是生产经营过程中各种收入扣除各种耗费后的盈余，反映企业在报告期内实现的亏盈总额。根据会计"利润表"中"利润总额"项目的本期金额数填报。执行2006年《企业会计准则》的企业，利润总额为营业利润加上营业外收入，减去营业外支出后的金额；未执行2006年《企业会计准则》的企业，利润总额为营业利润加上投资收益、补贴收入、营业外收入，再减去营业外支出后的金额。

应交增值税 指企业按税法规定，从事货物销售或提供加工、修理修配劳务等增加货物价值的活动本期应交纳的税金。根据会计相关科目贷方累计发生额，按下述公式计算填报：

应交增值税=销项税额-（进项税额-进项税额转出）-出口抵减内销产品应纳税额-减免税款+出口退税

对外经济贸易、旅游

● 资料整理：张素芹

11-1 各县（市、区）出口总值

单位：万美元

县（市、区）	2010年	2011年	2012年	2013年	2014年	2015年
商丘市	**10285**	**16589**	**19575**	**21185**	**28433**	**30067**
梁园区	1282	2067	2489	2190	3315	3510
睢阳区	1310	1763	2165	1369	1703	1886
民权县	207	332	240	365	1659	1982
睢　县	917	1010	1195	877	981	1146
宁陵县	205	349	362	604	642	1071
柘城县	545	1355	1602	1188	1232	2271
虞城县	1985	3377	4318	6746	9092	9660
夏邑县	612	1908	2322	3183	4818	4719
永城市	1142	1155	501	412	4588	
开发区	2080	3273	4381	4125	403	3493

注：以上数据由市商务局提供。

11-2　各县（市、区）实际利用外资情况（2015年）

县（市、区）	实际利用外商直接投资(万美元)	实际利用省外资金(亿元)
商丘市	**30920**	**539.0**
梁园区	3255	65.3
睢阳区	3300	66.0
民权县	3060	66.3
睢　县	3330	54.2
宁陵县	3135	49.8
柘城县	3100	53.9
虞城县	3450	65.0
夏邑县	3270	66.1
示范区	5020	52.6
永城市	3426	56.2

注：本表数据由市商务局提供。

11-3　接待国际、国内旅游者人数和收入（2015年）

	单　位	数　值
一、接待国际旅游者	万人次	0.8
二、接待国际旅游者收入	万美元	216.5
三、接待国内旅游者	万人次	1077.1
四、接待国内旅游者收入	亿元	22.1
五、国内外旅游者总数	万人次	1077.9
六、国内外旅游收入总数	亿元	22.2

注：本表数据由市旅游局提供。

11-4 全省及各省辖市贸易外经主要指标(2015年)

单位：万美元

地区	货物进出口总额	进口额	出口额	外商直接投资实际使用额
全省	**7383586**	**3076949**	**4306637**	**1608637**
郑州市	5702634	2578048	3124586	382661
开封市	52102	7342	44760	58807
洛阳市	195077	32199	162878	255371
平顶山市	71711	9316	62395	40633
安阳市	98655	58515	40140	49454
鹤壁市	33881	6294	27587	77067
新乡市	106175	31928	74248	95072
焦作市	205559	57388	148172	78735
濮阳市	58686	8185	50501	57544
许昌市	191021	20521	170500	68090
漯河市	74112	23906	50206	85574
三门峡市	43779	26240	17539	100817
南阳市	192792	45440	147352	57136
商丘市	**30067**	**3440**	**26628**	**34346**
信阳市	64318	25331	38987	49517
周口市	78175	16307	61868	49052
驻马店市	51346	5039	46307	36888
济源市	133495	121513	11983	31873

主要指标解释

对外贸易实际出口 指在对外贸易中实际离开我国口岸或边境直接出口或转口的商品，包括来料加工费（工缴费）和补偿贸易出口。

利用外资 是指我国各级政府、部门、企业、中国银行和其他单位通过对外借款、吸收外商直接投资和外商其他投资方式，从国外和港澳台地区筹措的资金。

外商直接投资 是指外国企业和经济组织或个人（包括华侨、港澳台胞以及我国在境外注册的企业）按我国有关政策、法规，用现汇、实物、技术等在我国的境内开办外商独资企业、与我国境内的企业或经济组织共同举办中外合资经营企业、合作经营企业或合作开发资源的投资（包括外商投资收益的再投资）以及经政府有关部门批准的项目投资总额内，企业从境外借入的资金。

对外贸易的统计范围 海关统计是中国的官方对外贸易统计。统计的依据是中国各地海关对进出口货物执行实际监管的进出口报关单。

一般贸易 是指我国境内有进出口经营权的企业单边进口或单边出口的货物。

旅游人数 指来我国参观、访问、旅行、探亲、访友、休养、考察、参加会议和从事经济、科技、文化、教育、体育、宗教等活动的国内外人数。

财政、金融、税收和保险

● 资料整理：朱 丹　朱贤佑

12-1 地方公共财政预算收入

单位：万元

项目	2010	2011	2012	2013	2014	2015
收入总计	**430028**	**564443**	**701907**	**858381**	**1007474**	**1107127**
税收收入	338152	453159	528961	632576	727452	764845
增值税	75588	95278	93872	89556	103034	95910
营业税	103780	153502	187115	235489	269586	260715
企业所得税	30144	34635	40070	46684	54694	52379
个人所得税	13293	13775	16550	17162	17718	19682
资源税	8715	8706	9953	8509	8207	11649
城市维护建设税	21866	30463	37805	36764	37900	35765
房产税	5241	6456	9358	8425	12619	16996
印花税	4075	7023	7916	8936	12252	12710
城镇土地使用税	10272	15126	20100	20053	34688	48353
土地增值税	13483	19452	28228	44831	54361	43786
车船税	5624	7202	8398	9067	11020	12247
耕地占用税	10630	15165	20578	34287	49278	103898
契税	33892	45042	47395	71172	60526	49304
烟叶税	1549	1334	1623	1641	1569	1451
非税收入	91876	111284	172946	225805	280022	342282
专项收入	17503	22867	32581	30364	28486	39525
行政事业性收费收入	46236	45613	73458	77615	86597	96668
罚没收入	20774	24347	41278	48144	54640	69915
国有资本经营收入	2081	1500				
国有资源（资产）有偿使用收入	4606	13056	24717	67448	96592	128432
其他收入	676	3901	912	2234	13707	7742

12-2 地方公共财政预算支出

单位：万元

项 目	2010	2011	2012	2013	2014	2015
本年支出总计	**1799813**	**2290374**	**2863059**	**3148354**	**3520995**	**3817032**
一般公共服务	245352	276884	343639	395020	359269	374738
国防	1464	4074	3738	3915	3488	2918
公共安全	97740	98281	117810	119448	149049	171049
教育	435776	615974	739538	793936	798039	705502
科学技术	12405	15847	18657	20104	22843	19306
文化体育与传媒	18067	17526	22796	26969	29429	34353
社会保障和就业	240584	312613	367825	431625	452656	565378
医疗卫生	180850	247894	296509	364365	437994	516999
节能环保	30414	41490	44180	37659	35225	27571
城乡社区事务	48626	44608	65032	59241	96291	259088
农林水事务	187701	227438	377263	429591	473785	553509
交通运输	65756	119394	166795	136708	168968	178910
资源勘探电力信息等事务	22876	24731	26151	32823	23174	53002
商业服务业等事务	64651	46311	24035	13663	13548	18510
金融监管等事务支出	623	1795	2938	2476	4714	2337
地震灾后恢复重建支出	1669					
国土资源气象等事务	16243	23875	20535	30166	36123	39685
住房保障支出	82534	133379	193781	172737	349758	224892
粮油物资储备管理事务	6624	3296	4127	5192	8019	10570
储备事务支出		2156				
国债还本付息支出	48	312	1312	1120	2756	7244
其他支出	39810	32496	26398	71596	55867	51471

12-3 各县（市、区）公共财政预算收入（2015年）

单位：万元

项目	商丘市	市直	梁园区	睢阳区	虞城县	民权县
本年收入合计	**1107127**	**151885**	**90139**	**88881**	**79046**	**78522**
一、税收收入	764845	85899	67476	64451	54578	56721
增值税	95910	9737	7778	5854	7697	5907
营业税	260715	32237	24588	27438	17006	23459
企业所得税	52379	3982	6772	4150	4518	4637
个人所得税	19682	5472	2030	844	705	499
资源税	11649			80	121	85
城市维护建设税	35765	8033	3079	2910	1589	1946
房产税	16996	2026	2144	801	691	1214
印花税	12710	684	828	493	433	378
城镇土地使用税	48353	2229	3134	3398	676	1594
土地增值税	43786	4357	3474	5311	4127	3328
车船税	12247	1984	2109	2444	406	500
耕地占用税	103898	5373	11540	10352	12155	6930
契税	49304	9785		216	4011	6244
烟叶税	1451			160	443	
二、非税收入	342282	65986	22663	24430	24468	21801
专项收入	39525	11243	2388	2117	2143	2184
行政事业性收费收入	96668	27780	4374	5389	6903	8106
罚没收入	69915	13821	2971	3726	12555	9066
国有资源(资产)有偿使用收入	128432	7865	12840	13198	1246	2233
其他收入	7742	5277	90		1621	212

12-3续　各县（市、区）公共财政预算收入（2015年）

单位：万元

项　　目	宁陵县	睢县	夏邑县	柘城县	永城市	开发区	商务中心区
本年收入合计	**40009**	**54806**	**65178**	**62638**	**335186**	**46818**	**14019**
一、税收收入	28247	39839	47419	46139	218113	42148	13815
增值税	2966	5182	5591	3469	38000	3709	20
营业税	8824	14965	20179	15965	55896	15929	4229
企业所得税	1964	2453	4568	2133	12019	3479	1704
个人所得税	340	536	698	419	7586	552	1
资源税	9	171	40	2	11139	2	
城市维护建设税	871	1059	1621	1081	11525	1754	297
房产税	455	823	335	2699	5128	649	31
印花税	157	461	303	202	5235	3489	47
城镇土地使用税	4244	1688	320	5213	22465	3042	350
土地增值税	1109	1622	5524	2953	7489	2766	1726
车船税	267	584	1316	535	2100	2	
耕地占用税	559	6346	4022	7981	31709	4844	2087
契税	6482	3439	2814	3237	7822	1931	3323
烟叶税		510	88	250			
二、非税收入	11762	14967	17759	16499	117073	4670	204
专项收入	915	1479	2013	1599	12341	951	152
行政事业性收费收入	5402	2191	6330	7806	22029	358	
罚没收入	616	5381	4998	6576	8892	1313	
国有资源(资产)有偿使用收入	4789	5791	4418	484	73468	2048	52
其他收入	40	125		34	343		

12-4 各县（市、区）公共财政预算支出（2015年）

单位：万元

项　　目	商丘市	市直	梁园区	睢阳区	虞城县	民权县
本年支出合计	**3817032**	**371496**	**290789**	**333896**	**388119**	**335335**
一、一般公共服务	374738	33385	20035	50289	35822	33133
二、国防	2918	1623	69		9	7
三、公共安全	171049	52175	7547	8075	17668	13194
四、教育	705502	51462	46977	50317	76730	67303
五、科学技术	19306	2717	1962	434	1353	364
六、文化体育与传媒	34353	8005	1725	4456	1508	2191
七、社会保障和就业	565378	35246	48875	52507	62520	53523
八、医疗卫生	516999	21625	36716	45883	55926	50906
九、节能环保	27571	5317	1517	901	3488	1727
十、城乡社区事务	259088	34460	32757	15562	12477	9259
十一、农林水事务	553509	25869	26205	43220	78039	59202
十二、交通运输	178910	36014	11422	12229	10816	14139
十三、资源勘探电力信息等事务	53002	5496	1104	305	4540	14102
十四、商业服务业等事务	18510	475	2472	2179	1211	772
十五、金融监管等事务支出	2337	749			527	49
十六、国土资源气象等事务	39685	7620	158	56	1620	2629
十七、住房保障支出	224892	10814	49317	46703	20984	9806
十八、粮油物资储备事务支出	10570	713	679	193	1983	1394
十九、国债还本付息支出	7244	936	845	587	638	463
二十、其他支出	51471	36795	407		260	1172

12-4续　各县（市、区）公共财政预算支出（2015年）

单位:万元

项　　目	宁陵县	睢县	夏邑县	柘城县	永城市	开发区	商务中心区
本年支出合计	**251826**	**300667**	**408699**	**356976**	**673260**	**82638**	**23331**
一、一般公共服务	17723	26664	30094	41460	78707	6850	576
二、国防	5	7	11	261	926		
三、公共安全	11999	8683	12311	13082	25034	1202	79
四、教育	61550	45290	92928	76428	120845	14463	1209
五、科学技术	3997	234	916	4948	2111	270	
六、文化体育与传媒	2544	2652	3569	3263	4060	380	
七、社会保障和就业	41599	53974	69809	63985	72717	10623	
八、医疗卫生	40937	47543	63636	53717	93726	6384	
九、节能环保	1485	1583	3688	873	6357	635	
十、城乡社区事务	4546	30570	14161	2900	65687	24121	12588
十一、农林水事务	37807	54489	69022	65824	87848	5979	5
十二、交通运输	16168	9282	10723	11339	45458	1320	
十三、资源勘探电力信息等事务	551	1735	3181	387	18000	3601	
十四、商业服务业等事务	676	4436	1928	486	3021	626	228
十五、金融监管等事务支出	6	72	104		830		
十六、国土资源气象等事务	1534	1046	2224	1073	21533	192	
十七、住房保障支出	7101	9093	24477	15228	22740	5069	3560
十八、粮油物资储备事务支出	601	944	1428	910	1719	6	
十九、国债还本付息支出	305	514	458	728	945	739	86
二十、其他支出	692	1856	4031	84	996	178	5000

12-5 中原银行信贷收支情况(2015年)

单位:万元

项　　目	绝对额	项　　目	绝对额
资金运用总计	2300852	资金来源总计	2300852
一、各项存款	1983739	一、各项贷款	1053957
（一）境内存款	1983739	（一）境内贷款	1053957
1. 个人存款	1074050	1. 短期贷款	723125
其中：活期储蓄存款	313963	（1）个人贷款及透支	201165
定期储蓄存款	634202	其中：个人消费贷款	4496
结构性存款	1630	（2）单位贷款及透支	521960
2. 单位存款	909689	经营贷款及透支	520960
其中：活期存款	560218	固定资产贷款	
定期存款	150002	并购贷款	
保证金存款	189469	贸易融资	1000
结构性存款		（3）非存款类金融机构贷款	
3. 国库定期存款		2. 中长期贷款	221883
4. 非存款类金融机构存款		（1）个人贷款	26710
（二）境外存款		其中：个人消费贷款	17434
二、代理财政性存款	254	（2）单位贷款	195173
三、金融债券		经营贷款	165828
其中：境外发行		固定资产贷款	29345
四、卖出回购资产		并购贷款	
五、向中央银行借款		贸易融资	
六、银行业存款类金融机构往来	8285	（3）非存款类金融机构贷款	
七、借款及非存款类金融机构拆入		3. 票据融资	105062
八、联行往来（净）		4. 融资租赁	
九、外汇买卖（净）		5. 各项垫款	3887
十、应付及暂收款	52237	（二）境外贷款	
其中：应付利息	20790	二、债券投资	
十一、其他负债	219465	三、股权及其他投资	105043
十二、所有者权益	36872	四、买入返售资产	
其中：实收资本		五、存放中央银行存款	17324
		六、缴存中央银行财政性存款	7596
		七、银行业存款类金融机构往来	45009
		八、存放非存款类金融机构款项	
		九、联行往来	979175
		其中：境内存放二级准备金	
		十、外汇买卖（净）	
		十一、库存现金	15185
		十二、应收及预付款	53130
		其中：应收利息	4563
		十三、投资性房地产	
		十四、固定资产	39927
		十五、其他资产	15139
		十六、减：各项准备	30633
		其中：贷款损失准备	26483

12-6 农村信用社信贷收支情况（2015年）

单位:万元

项　　目	绝对额	项目	绝对额
资金运用总计	**4816767**	**资金来源总计**	**4816767**
一、各项存款	4157162	一、各项贷款	2352705
（一）境内存款	4157162	（一）境内贷款	2352705
1. 个人存款	3833289	1. 短期贷款	1465563
其中：活期储蓄存款	1283143	（1）个人贷款及透支	637461
定期储蓄存款	2489580	其中：个人消费贷款	25173
结构性存款		（2）单位贷款及透支	828102
2. 单位存款	323873	经营贷款及透支	828102
其中：活期存款	232930	固定资产贷款	
定期存款	45414	并购贷款	
保证金存款	15917	贸易融资	
结构性存款		（3）非存款类金融机构贷款	
3. 国库定期存款		2. 中长期贷款	887142
4. 非存款类金融机构存款		（1）个人贷款	356247
（二）境外存款		其中：个人消费贷款	172742
二、代理财政性存款	30	（2）单位贷款	530895
三、金融债券		经营贷款	530895
其中：境外发行		固定资产贷款	
四、卖出回购资产	30100	并购贷款	
五、向中央银行借款	114979	贸易融资	
六、银行业存款类金融机构往来	109039	（3）非存款类金融机构贷款	
七、借款及非存款类金融机构拆入		3. 票据融资	
八、联行往来（净）		4. 融资租赁	
九、外汇买卖（净）		5. 各项垫款	
十、应付及暂收款	108337	（二）境外贷款	
其中：应付利息	76631	二、债券投资	239391
十一、其他负债	53670	三、股权及其他投资	165961
十二、所有者权益	243450	四、买入返售资产	513680
其中：实收资本	205026	五、存放中央银行存款	474188
		六、缴存中央银行财政性存款	168
		七、银行业存款类金融机构往来	448787
		八、存放非存款类金融机构款项	
		九、联行往来	205129
		其中：境内存放二级准备金	
		十、外汇买卖（净）	
		十一、库存现金	48584
		十二、应收及预付款	80312
		其中：应收利息	13497
		十三、投资性房地产	
		十四、固定资产	126580
		十五、其他资产	272598
		十六、减：各项准备	111316
		其中：贷款损失准备	111300

12-7 金融机构综合信贷收支情况（2015年）

单位:万元

项　目	绝对额	项　目	绝对额
资金来源总计	**18860924**	**资金运用总计**	**18860924**
一、各项存款	19780716	一、各项贷款	11377461
（一）境内存款	19779936	（一）境内贷款	11346247
1.住户存款	14592002	1.住户贷款	3677000
（1）活期存款	6068520	（1）短期贷款	1398753
（2）定期及其他存款	8523482	消费贷款	221639
2.非金融企业存款	2172761	经营贷款	1177115
（1）活期存款	1319160	（2）中长期贷款	2278247
（2）定期及其他存款	853601	消费贷款	1747455
3.广义政府存款	3000976	经营贷款	530792
（1）财政性存款	405485	2.非金融企业及机关团体贷款	7669247
（2）机关团体存款	2595490	（1）短期贷款	4664878
4.非银行业金融机构存款	14197	（2）中长期贷款	2710963
（二）境外存款	780	（3）票据融资	280050
二、金融债券		（4）融资租赁	
其中：境外发行		（5）各项垫款	13355
三、卖出回购资产	25100	3.非银行业金融机构贷款	
四、借款及非银行业金融机构拆入		（二）境外贷款	31214
五、联行往来（净）		二、债券投资	396055
六、应付及暂收款	401570	其中：境外债券	
七、各项准备	293118	三、股权及其他投资	271084
八、所有者权益	510662	四、买入返售资产	538170
其中：实收资本	303026	五、存放非银行业金融机构款项	
九、其他	-2150241	六、联行往来（净）	5775463
		其中：境内存放二级准备金	804787
		七、金银占款	
		八、外汇买卖	-198
		九、应收及预付款	215727
		十、投资性房地产	
		十一、固定资产	287161

12-8 各县（市、区）金融主要指标

单位：万元

项　　目	合计	市 区	虞城县	民权县	宁陵县	睢县	夏邑县	柘城县	永城市
一、城乡居民储蓄存款余额									
2005	2924967	1140440	239178	180539	136467	196359	358517	217663	455802
2006	3526565	1310382	294559	222595	166265	243799	452616	267282	569067
2007	3879794	1368664	333045	252222	198579	282640	498338	305272	641033
2008	4728627	1662275	403598	312774	237196	345373	583716	367390	816304
2009	5518191	1951020	466290	366343	267446	391711	653389	425068	996924
2010	6672823	2270828	594463	468396	342496	485879	784655	529059	1197047
2011	7903660	2567800	730530	571589	412850	617792	954020	655948	1393131
2012	9689057	3069819	905998	724800	496932	782816	1140078	831086	1737528
2013	10985785	3388607	1049698	859554	562139	913567	1298892	939923	1973403
2014	12331998	3866040	1216928	965487	657126	874649	1464841	1064729	2222198
2015	14592002	4589600	1453883	1122868	758743	1159241	1714240	1241024	2552404
二、金融机构存款余额									
2005	3736506	1589325	273393	221238	154218	227624	398723	242079	629905
2006	4538318	1863451	339106	270872	195601	283929	507150	303021	775188
2007	5028380	1921641	383332	319125	235814	329680	557030	351648	930110
2008	6027311	2261161	461669	400789	292664	402896	659065	428372	1120695
2009	7224835	2756780	575104	502387	346618	464468	767071	498377	1314030
2010	9011587	3412797	738079	626624	470750	590159	956577	614430	1602171
2011	10982379	4049593	935932	778896	593044	741285	1185350	772443	1925835
2012	13538295	4857804	1168466	1015974	686505	948723	1450454	1001789	2408577
2013	15591126	5551342	1345528	1172788	774550	1143238	1663371	1165964	2774347
2014	17598779	6223905	1562188	1307311	889261	1315574	1863326	1313358	3123856
2015	19780716	6961875	1871151	1435814	1007466	1437521	2109853	1458176	3498859
三、金融机构贷款余额									
2005	2936920	1366155	189892	181361	145825	194912	234278	171560	452936
2006	3527726	1377559	270379	245187	210815	277871	339543	238108	568264
2007	4113419	1598329	266467	259168	282421	269171	341644	222489	873731
2008	4099671	1595723	210284	355293	284223	214886	320129	165350	953783
2009	5189467	2084390	280661	392548	431192	219819	386701	180101	1214055
2010	6076665	2536036	319053	431996	510899	235439	437046	221638	1384558
2011	5879897	2472025	306770	453338	353199	250074	437000	266491	1340999
2012	7009361	2972024	481931	507815	328091	306018	471161	304144	1638178
2013	8334072	3265108	663440	671334	287609	413020	583002	402292	2048267
2014	10071910	4042956	817854	841530	438209	508439	675755	523465	2223702
2015	11377461	4828111	868673	579317	503150	572017	841664	727817	2456711

12-9 全省及各省辖市金融主要指标(2015年)

单位：亿元

地区	金融机构人民币存款余额	#储蓄存款	金融机构人民币贷款余额	#短期贷款	#中长期贷款
全 省	**47629.91**	**26048.49**	**31432.62**	**3642.78**	**6399.09**
郑州市	16936.27	5695.49	12650.26	910.78	2618.03
开封市	1452.18	996.21	1018.06	127.17	265.27
洛阳市	4182.98	2064.07	2635.68	297.11	424.29
平顶山市	2010.48	1259.62	1405.26	138.63	144.95
安阳市	1994.95	1373.81	1009.64	156.39	274.26
鹤壁市	536.77	339.86	484.60	32.18	81.15
新乡市	2112.34	1411.54	1276.15	70.45	324.40
焦作市	1443.96	935.21	944.58	106.51	140.34
濮阳市	1165.31	841.74	543.35	109.14	135.03
许昌市	1733.10	1117.92	1357.02	185.53	212.68
漯河市	846.11	579.76	504.18	68.17	102.34
三门峡市	1037.59	655.31	671.76	170.51	65.15
南阳市	3072.31	2053.10	1723.16	397.12	352.45
商丘市	**1978.07**	**1459.20**	**1137.75**	**139.88**	**227.82**
信阳市	2375.36	1706.19	1290.94	271.70	381.78
周口市	2109.92	1731.80	917.97	132.09	178.71
驻马店市	2235.47	1610.23	1114.67	120.10	326.41
济源市	317.65	210.89	227.36	37.30	39.55

12-10 各县（市、区）地税收入完成情况（2015年）

单位：万元

项　目	合计	梁园区	睢阳区	契税分局	民权县	宁陵县	睢县
总　计	**769116**	**70697**	**70254**	**11384**	**57126**	**26923**	**38270**
一、地方税收合计	736794	68017	67689	11384	54877	25832	36653
营业税	265261	26077	29944		23635	8824	15064
企业所得税	85978	9523	7962		6557	1943	2841
#国有企业	18745	76	5		114		10
集体企业	1675	27	142		26		28
股份制企业	64541	9386	7780		6237	1923	2788
私营企业	1017	34	35		180	20	15
个人所得税	49402	5146	2136		1484	851	1340
资源税	11648	0	80		86	8	171
城市维护建设税	35764	3170	3086		2149	870	1059
房产税	16997	2144	801		1214	455	823
印花税	12708	844	533		388	157	461
城镇土地使用税	48353	3134	3398		1594	4244	1688
土地增值税	43787	4331	6577		3327	1110	1622
车船税	12246	2108	2444		500	267	584
烟叶税	1451		160				510
耕地占用税	103897	11540	10352	1598	7699	621	7051
契税	49302		216	9786	6244	6482	3439
二、教育费附加收入	17967	1377	1336		1342	547	842
三、文化事业建设费收入	42	16	13				
四、其他收入	14313	1287	1216		907	544	775

12-10续　各县（市、区）地税收入完成情况（2015年）

单位：万元

项　　目	柘城县	虞城县	夏邑县	永城市	直属局	直属局-商务区	开发区
总　计	**47187**	**55377**	**47056**	**219219**	**76992**		**48631**
一、地方税收合计	45979	53370	45044	209720	71323		46906
营业税	16072	17462	20329	56055	33159		18640
企业所得税	3820	8144	6588	30088	3298		5214
#国有企业	1	17	119	17836	567		0
集体企业	640	632	8	34	133		5
股份制企业	2550	7494	6441	12140	2598		5204
私营企业	629	1	20	78	0		5
个人所得税	1045	1762	1745	18965	12307		2621
资源税	2	120	40	11139	0		2
城市维护建设税	1081	1589	1621	11525	7489		2125
房产税	2700	691	335	5128	1737		969
印花税	202	433	303	5235	578		3574
城镇土地使用税	5213	675	320	22466	2042		3579
土地增值税	2954	4128	5524	7489	3320		3405
车船税	535	406	1316	2100	1984		2
烟叶税	250	443	88	0	0		0
耕地占用税	8868	13506	4022	31709	2087		4844
契税	3237	4011	2813	7821	3322		1931
二、教育费附加收入	700	1089	1043	5532	3249		910
三、文化事业建设费收入	1	0	3	7	2		0
四、其他收入	507	918	966	3960	2418		815

12-11　国税收入情况

单位：万元

项　　目	2010年	2011年	2012年	2013年	2014年	2015年
税收总计	**445435**	**564799**	**618459**	**569415**	**599514**	**576435**
一、税收合计	439562	555995	606235	559684	576513	558543
（一）增值税	309308	383793	375639	345559	335424	307340
卷烟						
酒	747	2566	1651	1575	1187	1759
纺织品	5188	6018	5469	5091	8303	9856
煤炭	155422	196610	182171	170585	136298	81868
发供电	28676	31906	47251	44949	42840	56924
化工产品	2035	4507	3454	2130	1860	2024
有色金属产品	5892	757	993	477	821	779
建材产品	4503	4557	4509	5432	4440	2198
商业	81843	108427	90715	71809	71671	73387
其他	17930	16943	22693	23412	28881	36159
（二）消费税	17923	25553	26837	29146	32368	51658
卷烟	15017	19727	22111	24114	27108	46905
酒	2845	4416	4627	4878	5051	4442
其他	61	1410	96	153	205	102
（三）营业税						
（四）企业所得税	68697	98773	143720	106743	120315	108931
国有企业	7697	14669	15036	14400	13289	22270
集体企业	95	291	452	1043	6271	8498
股份制企业	23470	23216	53682	55237	52041	50041
其他	16	68	2	14	901	803
（五）外商投资和外国企业所得税	37327	60376	72947	35180	45888	24158
（六）个人所得税	628	236	95	30	4	1
（七）车辆购置税	42999	47640	59944	78206	88402	90613
二、出口退税	-6742	-9354	-18125	-15794	-20468	-24208
三、其他收入	457	528	186	985	2062	1855

12-12　各县（市、区）国税收入完成情况（2015年）

单位：万元

项　　目	合 计	梁园区	睢阳区	开发区	永城市	夏邑县	虞城县	柘城县	宁陵县	睢 县	民权县	车管局
税收总计	**576435**	**36039**	**55036**	**108007**	**174978**	**30374**	**31708**	**16052**	**16144**	**21835**	**31588**	**54674**
一、税收收入合计	558543	36039	55036	90115	174978	30374	31708	16052	16144	21835	31588	54674
中央级收入	418984	22559	36235	74480	124799	22850	22751	11979	11991	15337	22842	53161
地方级收入	139559	13480	18801	15635	50179	7524	8957	4073	4153	6498	8746	1513
(一)国内增值税	307340	24479	32646	17306	130894	17787	23073	9395	9257	15151	22708	4644
中央级收入	211329	15560	21712	12030	92886	12196	15377	5928	6292	9969	15896	3483
地方级收入	96011	8919	10934	5276	38008	5591	7696	3467	2965	5182	6812	1161
(二)国内消费税	51658	93	2720	46910	482	28	41	16	1166	38	164	
(三)企业所得税	108931	11466	19670	25898	30430	4831	3152	1512	2967	3290	4837	878
中央级收入	65383	6905	11803	15539	18259	2898	1891	906	1779	1974	2903	526
地方级收入	43548	4561	7867	10359	12171	1933	1261	606	1188	1316	1934	352
(四)车辆购置税	90613			1	13172	7728	5442	5129	2754	3356	3879	49152
中央级收入	90613			1	13172	7728	5442	5129	2754	3356	3879	49152
二、出口退税	24208	1771	1621	3642	485	4276	7243	855	1091	1195	2029	

12-13 保险业务主要指标

单位：万元

年份	保险业务收入	财产保险费	人寿险保费	保险业务支出	财产险赔款	人寿险赔款
2007	121681	27724	93958	45796	14433	31364
2008	216743	39085	177657	55768	22635	33133
2009	267400	49706	217694	70642	30653	39989
2010	408998	65866	343132	73529	38489	35040
2011	521878	76104	445774	80381	40704	39677
2012	502995	97310	405685	101338	54510	46827
2013	500146	113571	386575	136452	66432	70020
2014	507530	124719	382811	172159	72193	99965
2015	585334	152222	433112	221241	74092	147149

注：以上数据取自河南省保监局。

主要指标解释

财政收入 国家财政参与社会产品分配所取得的收入，是实现国家职能的财力保证。财政收入所包括的内容几经变化，目前主要包括：

（1）各项税收 包括增值况、营业税、消费税、土地建设税、资源税、城市土地使用税、印花税、固定资产投资方向调节税、个人所得税、企业所得税、关税、农牧业税和耕地占用税等。

（2）专项收入 包括征收排污费、征收城市水资源费收入，教育费附加收入等。

（3）其他收入 包括基本建设贷款归还收入、国家能源交通重点建设基金收入、国家预算调节基金等。

（4）国有企业计划亏损补贴 这项为负收入，冲减财政收入。

财政支出 国家财政将筹集起来的奖金进行分配使用，以满足经济建设和各项事业的需要，主要包括：

（1）基本建设支出 指按国家有关规定，属于基本建设范围内的基本建设有偿使用、拨款、资本金支出以及经国家批准对专项和政策性基建投资贷款，在部门的基建投资额中统筹支付的贴息支出。

（2）企业挖潜改造资金 指国家预算内拨会的用于企业挖潜、革新和必造方面的资金。包括各部门企业挖潜改造资金和企业挖潜改造贷款资金，为农业服务的县办“五小”企业技术改造补助，挖潜改造贷款巾息支出。

（3）地质勘探费用 国家预算用于地质勘探单位的勘探工作费用，包括地质勘探管理机构及其事业单位经费、地质勘探经费。

（4）科技三项费用 国家预算用于科技支出的费用，包括新产品试制费、中间试验费、重要科学研究补助费。

（5）支援农村生产支出 国家财政支援农村集体（户）各项生产的支出。包括对农村举办的小型农田水利和打井、喷灌等的补助费；对农村水土保持措施了补助费；对农村举办的小水电站的补助费；特大抗旱的补助费；农村开荒补助费；扶持乡镇企业资金；农村农技推广和植保补助费；农村草场和畜禽保护补助费；农村造林和林木保护补助费；农村水产补助费；发展粮食生产专项资金。

（6）农林水利气象等部门的事业费用 国家财政用于家垦、农场、农业、畜牧、农机、林业、森工、水利、水产、气象、乡镇企业的技术推广、良种推广（示范）、植物（畜禽、森林）保护、水质监测、勘探设计、资源调查、干部训练等项费用，园艺特产场补助费，中等专业学校经费，飞播牧草试验补助费，营林机构、气象象机构经费，渔政费以及农业管理事业费等。

（7）工业交通商业等部门的事业费 国家预算支付的工交商各部门用于事业发展的经费。包括勘探设计费、中等专业学校经费、技并学校经费、干部训练费。

（8）文教科学卫生事业费 国家预算用于文化、出版、文物、教育、卫生、中医、公费医疗、体育、档案、地震、海洋、通讯、放手电影电视、计划生育、党政群干部训练、自然科学、社会科学、科协等项事业的经费支出和高技术研究专项经费。主要包括工资、补助工资、福得费、离退休费、助学金、公务费、设备购置费、修缮费、业务费、差额补助费。

（9）抚恤和社会福利救济费 国家预算用于抚恤和社会福利救济事业的经费，包括由民政部门开支的列士家属和牺牲病帮人员家属的一次性、定期抚恤金，革命伤残人员的抚恤金，各种伤残补助费、烈军属、复员退伍军人生活补助费、退伍军人安置费，优抚事业单位经费，烈士纪念建筑物管理、维修费，自然灾害救济事业费和特大自然灾害灾后重建补助费等。

（10）国防支出 国家预算用于国防建设和保卫国家安全的支出，包括车防费、国防科研事业费、民兵建设以及专项工程支出等。

（11）行政管理费 包括我管理支出，党派团体补助支出，外交支出，公安安全支出，司法支出，法院支出，检察院支出和公检法办案费用补助。

（12）价格补贴支出 经国家批准，由国家财政拨会的政策性补巾支出，主要包括粮食加价款，粮、棉、油差价补巾，棉花帐购价外奖励款，副食品风险基金，市镇居民的肉食价格补巾，平抑市价肉良，蔬菜价差补贴等以及经国家批准的沉重课本、报刊新闻纸等价格补贴。

中央财政收入和地方财政收入 按财政体制划分的中央本级收入和地方本级收入。1994 年分税制财政体制以后，属于中央财政和收入包括关税、海关代征消费税和增值税，消费税，中央企业所得税，地方银行和外资银行及非银行金融企业所得税，铁路、银行总行、保险总公司等集中缴纳的营业税、所得税、利润和城市维护建设税，增值税的 75% 部分，海洋石油资源税和证券（印花）税 50% 部分。属于地方财政的收入包括营业税，地方企业所得税，个人所得税，城镇土地使用税，固定资产投资方向调节税，城镇维护建设税，房产税，车船使用税，印花税，屠宰税，农牧业税，农业特产税，耕地占用税，契税，增值铁 25% 部分，证券交易税（印花税）的 50% 部分和除海洋石油资源税以外的其他资源税。

中央财政支出和地方财政支出 根据政府在经济和社会活动中的不同职责，划分中央和地方政府的事权，按照政府的事权划分确定的支出。中央财政支出包括国防支出，武装警察部队支出，中央级行政管理费和各项事业费，重点建设支出以及中央政府调整国民经济结构、协调地区发展，实施宏观调控的支出。地方财政支出主要包括地方行政管理和各项事业费，地方统筹的基本建设、技术改造支出，支援农村生产支出，城市维护和建设经费，价格补贴支出等。

预算外资金收支 预算外资金是有关单位凭借国家权力或由国家授权而取得的没有纳入国家预算管理的财政性资金。其收入包括地方财政部门的各项附加收入，集中事业收入，专项收入等，事业行政单位的专用基金，经营性服务纯收入，行政事业性收费，专项资金，中小学勤工俭学收入，税收分成等。其支出包括固定资产投资支出，城市维护支出，福利奖励支出，行政事业支出等。

信贷资金 国家银行用于发放贷款的资金叫信贷资金。中国人民银行信贷资金的来源有各项存款、对国际金融机构负债、流通中货币、银行自有资金及当年结益等。信贷资金的运用有各项贷款、黄金占款、外汇占款、财政借款及在国际金融机构中的资产等。

存款 企业、机关、团体或居民根据可以收回的原则，把货币资金存入银行或其他信用机构保管并取得一定利息的一种信用活动形式。根据存款对象的不同可划分为企业存款、财政存款、机关团体存款、基本建设存款、城镇储蓄存款、农村存款等科目。它是银行信贷资金的主要来源。

贷款 银行或其他信用机构根据必须归还的原则，按一定利率，为企业、个人等提供资金的一种信用活动形式。我国银行贷款，分流动资金贷款、固定资产贷款、城乡个体工商户贷款以及农户贷款等科目。

承保额 又叫保险金额。它是保险人对被保险人负提损失补偿或约定给付的金额。它是保险合同上的最高责任额，也是计算保费的依据。

保费 又叫保险费。是保险人根据保险合同的有关规定，为被保险人取得因约定危险事故发生所造成的经济损失补偿（或给付）权利，付给保险人的代价。包括财产险和人身险储金收入。

赔款 保险事故发生后，经查证确属保险责任范围以内的保险标的损失，保险人根据保险合同的规定履行赔偿义务，给予被保险人的款项叫做赔款。赔款可分为已决赔款和未决赔款两种。

教育、文化、科技

● 资料整理：宋 静 王 越

13-1 各级各类教育事业基本情况(2015年)

项目	学校数(所)	学生数(人)				教职工数(人)	
		毕业生数	招生数	在校学生数	预计毕业生数	总计	其中:专任教师
总计	**3678**	**460456**	**546640**	**1704822**	**463818**	**121111**	**102064**
一、高等教育	6	21645	28921	84205	23950	6326	4826
本科教育(学生)	3	8863	11979	41916	10451	3799	2958
专科教育(学生)	3	12782	16942	42289	13499	2527	1868
二、中等职业教育	38	28004	20750	57892	20287	3426	2694
普通中等专业学校	6	10907	11460	31434	10111	799	560
成人中等专业学校	10	1199	555	1785	770	610	489
职业高中	22	15898	8735	24673	9406	2017	1645
附设中职班	(6)	2282	6078	13768	—	—	—
三、基础教育	3634	410807	496969	1562725	419581	111359	94544
(一)普通中学	436	163496	167768	496464	165757	40343	34615
1. 普通高中	32	56470	55929	166102	57417	10300	8738
2. 普通初中	404	107026	111839	330362	108340	30043	25877
(二)职业初中							
(三)小学	2151	117170	135395	730969	110308	50133	46329
其中:教学点	(936)	7929	16835	72052	6968	—	—
(四)学前教育	1037	129988	193570	334225	143321	20545	13294
(五)特殊教育(含特教班)	10	153	236	1067	195	338	306
另有:随班就读			3	32	2		

注:加“()”号的数字表示按规定不记入相应的合计数,加“—”号表示该数字在我市实际中不存在。

13-2 各级各类中初等教育基本指标变化情况

项目	学校数(所、处)			毕业生数(人)			招生数(人)		
	2014	2015	2015比2014增减	2014	2015	2015比2014增减	2014	2015	2015比2014增减
1.普通中学	436	436	0	156062	163496	7434	173743	167768	-5975
普通初中	403	404	1	100974	107026	6052	119660	111839	-7821
普通高中	33	32	-1	55088	56470	1382	54083	55929	1846
2.小学	2179	2151	-28	119310	117170	-2140	137883	135395	-2488
3.幼儿教育	861	1037	176	127931	129988	2057	186581	193570	6989
4.特殊教育学校	10	10	0	114	153	39	172	236	64
5.中等专业学校	6	6	0	10656	10907	251	12799	11460	-1339
6.职业高中	23	22	-1	18652	15898	-2754	8055	8735	680
7.成人中专	10	10	0	667	1199	532	480	555	75

13-2续　各级各类中初等教育基本指标变化情况

项　目	在校学生数(人)			教职工数(人)			其中:专任教师(人)		
	2014	2015	2015比2014增减	2014	2015	2015比2014增减	2014	2015	2015比2014增减
1. 普通中学	517370	496464	1215	40112	40343	166	34722	34615	-107
普通初中	346279	330362	5337	29968	30043	-171	26030	25877	-153
普通高中	171091	166102	-4122	10144	10300	337	8692	8738	46
2. 小学	768364	730969	-6328	50675	50133	-1175	47680	46329	-1351
3. 幼儿教育	305428	334225	20400	17257	20545	1290	11292	13294	2002
4. 特殊教育学校	1105	1067	-49	325	338	-1	299	306	7
5. 中等专业学校	35492	31434	3121	803	799	35	563	560	-3
6. 职业高中	30202	24673	-15310	2100	2017	-218	1683	1645	-38
7. 成人中专	1679	1785	-187	607	610	-33	488	489	1

13-3 普通高等院校基本情况（2015年）

学校名称	学校数（所）	学生数(人)			教职工数(人)				
		毕业生数	招生数	在校学生数	教育部门办	其他部门办	社会力量办	合计	其中：专任教师
合　计	**6**	**21645**	**28921**	**84205**	**3673**	**463**	**2190**	**6326**	**4826**
1. 商丘师范学院	1	6378	7256	24888	1609			1609	1197
普通本科		5531	6090	21848					
普通专科		847	1166	3040					
2. 商丘学院	1	3786	7000	20581			1383	1383	632
普通本科		2622	3796	13365					
普通专科		1164	3204	7216					
3. 商丘职业技术学院	1	3905	3676	10778	1193			1193	840
普通专科		3905	3676	10778	871				
4. 商丘工学院	1	2373	4842	12953			807	807	1129
普通本科		710	2093	6703					
普通专科		1663	2749	6250					
5. 商丘医学高等专科学校	1	4271	4059	11155				871	688
普通专科		4271	4059	11155					
6. 永城职业学院	1	932	2088	3850		463		463	340
普通专科		932	2088	3850					

13-4 直属学校基本情况（2015年）

学校名称	班数(个)	学生数(人)			教职工数(人)	
		毕业生数	招生数	在校学生数	合计	其中：专任教师
总　计	**870**	**19263**	**17540**	**58244**	**3646**	**3048**
1.商丘市第一高级中学	125	3307	3121	9794	603	486
2.商丘市实验中学	160	2084	2509	7878	549	506
高中	85	864	1318	4158		266
初中	75	1220	1191	3720		240
3.商丘市回民中学	145	3565	3004	7540	553	552
高中	131	3242	2847	6939		487
初中	14	323	157	601		65
4.商丘市第一中学	90	1786	1772	5315	357	247
5.商丘市第三高级中学	54	1134	877	2771	148	111
高中	40	818	734	2059		74
初中	14	316	143	712		37
6.商丘市第一实验小学	89	623	1012	5117	332	307
7.商丘市文化路小学	53	361	585	2983	129	125
8.商丘市外国语实验小学	42	277	499	2277	110	97
9.商丘市实验幼儿园	41	443	689	1615	168	116
10.商丘市特殊教育学校	16	90	72	147	41	39
11.商丘市行知学校	28	303	341	1478	64	46
初中	9	152	128	467		17
小学	19	151	213	1011		29
12.商丘中等专业学校	17	2494	302	2161	209	128
中专		2314	180	1379		
高中	10	120	100	590		
小学	6	55	22	187		
幼儿园	1	5		5		
13.商丘幼儿师范学校		1428	1830	6240	191	151
14.商丘职业教育中心	10	1368	927	2928	192	137
中专		1308	743	2744		
幼儿园	10	60	184	184		

13-5 各县(市、区)普通高中基本情况(2015年)

县(市、区)	学校数(所)			班数(个)	毕业生数(人)	招生数(人)
	合计	教育部门和集体办	民办			
全　市	**32**	**25**	**7**	**2470**	**56470**	**8738**
梁园区	3	3		256	4924	1169
睢阳区	4	3	1	340	9824	1225
民权县	3	2	1	238	5360	498
睢　县	3	3		300	6126	1130
宁陵县	2	2		128	2807	496
柘城县	4	2	2	256	5881	873
虞城县	3	2	1	266	7020	954
夏邑县	5	4	1	338	7240	1029
永城市	4	4		313	6708	1094
示范区	1		1	35	580	270

13-5续　各县(市、区)普通高中基本情况（2015年）

县(市、区)	在校学生数(人)						毕业班学生数(人)	教职工(人)	
	合计	其中:女	其中:寄宿生	一年级	二年级	三年级		合计	其中:专任教师
全　市	**166102**	**81193**	**129263**	**55929**	**52756**	**57417**	**57417**	**10300**	**8738**
梁园区	13156	6873	7834	4899	3831	4426	4426	1250	1169
睢阳区	24385	11919	19399	7604	7719	9062	9062	1388	1225
民权县	18003	9499	10701	6488	6121	5394	5394	610	498
睢　县	17698	8840	17698	6078	5638	5982	5982	1267	1130
宁陵县	8608	4413	7490	2863	2796	2949	2949	575	496
柘城县	18448	7841	13994	5982	5925	6541	6541	1010	873
虞城县	19701	9787	16921	6560	6264	6877	6877	1214	954
夏邑县	22112	9678	18096	7251	6679	8182	8182	1394	1029
永城市	21928	11362	15067	7611	6933	7384	7384	1235	1094
示范区	2063	981	2063	593	850	620	620	357	270

13-6 各县(市、区)普通初中基本情况(2015年)

县(市、区)	学校数(所)			班数(个)	毕业生数	招生数	教职工(人)	
	合计	教育部门和集体办	民办				合计	其中:专任教师
商丘市	**404**	**342**	**62**	**6530**	**107026**	**111839**	**30043**	**25877**
梁园区	25	25		551	10119	9873	1973	1756
睢阳区	40	35	5	520	8256	9643	2312	2194
民权县	53	48	5	638	11784	10887	3379	3112
睢　县	48	40	8	640	9918	10929	2848	2634
宁陵县	29	22	7	415	6330	7010	1843	1530
柘城县	56	47	9	720	12653	11743	3635	3214
虞城县	48	36	12	1002	16539	16942	5755	4078
夏邑县	39	34	5	774	13637	12475	3394	3112
永城市	55	46	9	1014	13869	18074	3872	3380
示范区	11	9	2	256	3921	4263	1032	867

13-6续 各县(市、区)普通初中基本情况(2015年)

单位:人

县(市、区)	在校学生数						毕业班学生数
	合计	其中:女	其中:寄宿生	一年级	二年级	三年级	
商丘市	**330362**	**152294**	**201022**	**111839**	**110183**	**108340**	**108340**
梁园区	29356	14017	7890	9873	9734	9749	9749
睢阳区	27686	12797	18399	9643	9355	8688	8688
民权县	31637	14754	16405	10887	10578	10172	10172
睢　县	31227	14499	15454	10929	10611	9687	9687
宁陵县	31222	9423	10979	7010	7203	7009	7009
柘城县	37145	16386	22369	11743	12124	13278	13278
虞城县	52206	23813	47570	16942	17734	17530	17530
夏邑县	38022	17995	21788	12475	12555	12992	12992
永城市	48467	22365	28218	18074	15577	14816	14816
示范区	13394	6245	11950	4263	4712	4419	4419

13-7 各县(市、区)普通小学基本情况(2015年)

县(市、区)	学校数(所)			教学点数(个)	班数(个)	毕业生数(人)	招生数(人)		在校学生数(人)		毕业班学生数	教职工(人)	
	合计	教育部门和集体办	民办				合计	其中:受过学前教育	合计	其中:寄宿生		合计	其中:专任教师
商丘市	**2151**	**2008**	**143**	**936**	**22369**	**117170**	**135395**	**135284**	**730969**	**76347**	**110308**	**50133**	**46329**
梁园区	162	161	1	4	1547	9376	11718	11672	60571	446	9344	3791	3503
睢阳区	248	233	15	43	2133	11978	13037	13023	71793	3325	11165	4881	4460
民权县	189	166	23	160	2269	12150	14848	14848	70139	4663	10320	4516	4292
睢　县	246	240	6	32	1958	10948	11899	11899	63296	5603	10580	3964	3788
宁陵县	141	120	21	62	1552	7405	10803	10792	55400	7314	7194	4092	3671
柘城县	221	203	18	139	2325	11336	12672	12672	70521	9090	11337	6301	6066
虞城县	307	287	20	104	3094	20490	15258	15228	92795	23715	16466	7712	6726
夏邑县	208	196	12	193	2782	12737	15966	15963	81118	3530	11539	6029	5900
永城市	364	337	27	191	4195	17276	26221	26214	148609	16487	19570	7819	6962
示范区	65	65		8	514	3474	2973	2973	16727	2174	2793	1028	961

13-8 各县(市、区)幼儿教育基本情况（2015年）

单位:人

县(市、区)	园数(所)			班数(个)	入园(班)人数		在园(班)人数		离园(班)人数		教职工数		
	合计	教育部门和集体办	民办		合计	其中:女	合计	其中:女	合计	其中:女	合计	其中:园长	其中:专任教师
商丘市	**1037**	**249**	**785**	**11188**	**193570**	**91079**	**334225**	**157078**	**129988**	**61447**	**20545**	**1321**	**13294**
梁园区	46	3	40	546	9355	4311	16309	7413	5749	2773	1624	62	912
睢阳区	151	31	120	1143	17631	8475	33390	15784	11895	5615	3259	209	1763
民权县	140	80	60	1144	13833	6443	29319	13472	11864	5434	1848	168	1260
睢　县	72	10	62	736	18025	8411	24833	11550	10932	5142	1461	101	886
宁陵县	159	41	118	1173	14779	6678	36259	16865	8288	4073	1997	210	1210
柘城县	82	23	59	1026	20361	9534	29421	13647	15964	7430	1403	93	988
虞城县	113	12	101	1457	24777	12042	46096	22373	15641	7795	2371	137	1622
夏邑县	89	38	51	1379	24479	11297	39521	18525	16300	7644	1794	100	1429
永城市	165	9	156	2353	44661	21205	72394	34277	30922	14372	4163	213	2904
示范区	20	2	18	231	5669	2683	6683	3172	2433	1169	625	28	320

13-9 各县(市、区)特殊教育基本情况(2015年)

县(市、区)	校数(所)		班数(个)	毕业生数(人)	招生数(人)	在校学生数(人)			教职工(人)	
	合计	教育部门和集体办				合计	总计中:女	总计中:寄宿生	合计	其中:专任教师
商丘市	**10**	**10**	**120**	**153**	**236**	**1067**	**418**	**253**	**338**	**306**
梁园区	2	2	41	90	89	317	119		69	67
睢阳区	1	1	12	11	71	153	59		48	47
民权县	1	1	8	6	16	52	21	52	41	39
睢　县	1	1	7	4	7	38	14	37	25	23
宁陵县	1	1	8	25	18	81	27	36	27	22
柘城县	1	1	9		4	68	24		17	12
虞城县	1	1	11	7	2	128	60	128	26	25
夏邑县	1	1	12	10	11	118	53		48	40
永城市	1	1	12		18	112	41		37	31

13-10 各县(市、区)中等职业教育基本情况(2015年)

单位:人

县(市、区)	学校数(所)	毕业生数	招生数	在校学生数					预计毕业生学生数	教职工	
				合计	其中:女	一年级	二年级	三年级		合计	其中:专任教师
商丘市	**38**	**28004**	**20750**	**57892**	**28860**	**20750**	**19278**	**17864**	**20287**	**3426**	**2694**
梁园区	5	2114	1158	4088	2279	1158	1106	1824	1924	396	269
睢阳区	7	4062	5997	19999	12387	5997	7131	6871	6871	552	465
民权县	3	2554	1352	3858	1906	1352	1397	1109	1109	450	292
睢　县	3	2267	1597	4987	2307	1597	1517	1873	1873	359	309
宁陵县	2	314	392	1125	602	392	348	385	385	158	142
柘城县	2	1967	692	2955	1240	692	951	1312	1312	206	170
虞城县	4	4863	1543	6024	2888	1543	2122	2359	2359	618	476
夏邑县	3	2162	744	2423	1113	744	919	760	760	266	219
永城市	9	6939	5636	9885	3187	5636	3070	1179	2925	421	352
示范区		762	1639	2548	951	1639	717	192	769		

13-11 各县(市、区)初中和小学学龄人口入学情况(2015年)

单位:人

县(市、区)	初级中学								
	总计			总计中:女生			总计中:农村		
	校内外学龄人口总数	在校学龄人口总数	入学率(%)	校内外学龄人口总数	在校学龄人口总数	入学率(%)	校内外学龄人口总数	在校学龄人口总数	入学率(%)
商丘市	**325703**	**323821**	**99.42**	**150303**	**149435**	**99.42**	**82367**	**81724**	**99.22**
梁园区	39078	39078	100.00	18590	18590	100.00	8234	8234	100.00
睢阳区	27146	27146	100.00	12540	12540	100.00	8675	8675	100.00
民权县	31889	31251	98.00	14857	14540	97.87	10244	10039	98.00
睢　县	31227	31227	100.00	14499	14499	100.00	10932	10932	100.00
宁陵县	19025	18650	98.03	8487	8319	98.02	5775	5661	98.03
柘城县	37783	37029	98.00	16690	16356	98.00	13777	13502	98.00
虞城县	53218	53218	100.00	24362	24362	100.00	10903	10903	100.00
夏邑县	38050	38022	99.93	18004	17995	99.95	7576	7557	99.75
永城市	48287	48200	99.82	22274	22234	99.82	6251	6221	99.52

13-11续 各县(市、区)初中和小学学龄人口入学情况(2015年)

单位:人

县(市、区)	小学								
	总计			总计中:女生			总计中:农村		
	校内外学龄人口总数	在校学龄人口总数	入学率(%)	校内外学龄人口总数	在校学龄人口总数	入学率(%)	校内外学龄人口总数	在校学龄人口总数	入学率(%)
商丘市	**730252**	**730252**	**100.00**	**338203**	**338203**	**100.00**	**347822**	**347822**	**100.00**
梁园区	73583	73583	100.00	33089	33089	100.00	26048	26048	100.00
睢阳区	71783	71783	100.00	32976	32976	100.00	30313	30313	100.00
民权县	70101	70101	100.00	31753	31753	100.00	37088	37088	100.00
睢　县	63296	63296	100.00	28791	28791	100.00	36217	36217	100.00
宁陵县	54930	64930	100.00	24942	24942	100.00	25504	25504	100.00
柘城县	70441	70441	100.00	32173	32173	100.00	40402	40402	100.00
虞城县	96391	96391	100.00	46932	46932	100.00	43373	43373	100.00
夏邑县	81118	81118	100.00	38504	38504	100.00	43657	43657	100.00
永城市	148609	148609	100.00	69043	69043	100.00	65220	65220	100.00

13-12 各县(市、区）普通高中专任教师学历情况（2015年）

单位：人

县（市、区）	学历情况				占专任教师总数的比例(%)		
	合计	研究生	本科毕业	专科毕业	研究生毕业	本科毕业	专科毕业
商丘市	**8070**	**310**	**6550**	**1206**	**3.84**	**81.16**	**14.94**
梁园区	827	13	800	14	1.57	96.74	1.69
睢阳区	1225	58	1167		4.73	95.27	
民权县	454	24	393	37	5.29	86.56	8.15
睢　县	1130	3	501	626	0.27	44.34	55.4
宁陵县	496	18	368	106	3.63	74.19	21.37
柘城县	873	16	750	107	1.83	85.91	12.26
虞城县	873	27	764	82	3.09	87.51	9.39
夏邑县	995	23	746	226	2.31	74.97	22.71
永城市	1079	116	955	8	10.75	88.51	0.74
示范区	118	12	106		10.17	89.83	

13-13 各县(市、区）普通初中专任教师学历情况（2015年）

单位：人

县（市、区）	学历情况					占专任教师总数的比例(%)			
	合计	研究生毕业	本科毕业	专科毕业	高中阶段毕业	研究生毕业	本科毕业	专科毕业	高中阶段毕业
商丘市	**24595**	**213**	**15868**	**8365**	**149**	**0.87**	**64.52**	**34.01**	**0.61**
梁园区	2069	25	1783	26	5	1.21	86.18	12.37	0.24
睢阳区	2053	2	1344	693	14	0.1	65.47	33.76	0.68
民权县	2769	8	1711	1041	9		61.79	37.59	0.33
睢　县	2507	1	1344	1138	24	0.04	53.61	45.39	0.96
宁陵县	1454	5	939	486	24	0.34	64.58	33.43	1.65
柘城县	3105	15	1759	1313	18	0.48	56.65	42.29	0.58
虞城县	3512	14	1787	1682	29	0.4	50.88	47.89	0.83
夏邑县	2971	5	1767	1185	14	0.17	59.47	39.89	0.47
永城市	3294	99	2741	443	11	3.01	83.21	13.45	0.33
示范区	861	39	693	128	1	4.53	80.49	14.87	0.12

13-14 广播、电视事业基本情况

项　　目	单位	2010年	2011年	2012年	2013年	2014年	2015年
全部职工人数	人	2896	2935	2945	2791	2791	2791
广播台	座	1	1	1	1	1	1
广播发射台及转播台	座	9	9	9	9	9	9
广播节目套数	套	2	2	2	2	2	2
平均每日广播节目播出时间	小时:分	99:50:00	99:45:00	99:45:00	101:09:00	102:10:00	102:10:00
平均每日自办广播节目时间	小时:分	53:37:00	59:32:00	59:32:00	58:52:00	59:52:00	59:52:00
广播人口覆盖率	%	100	100	100	100	100	100
电视台	座	1	1	1	1	1	1
电视发射台及转播台	座	8	8	8	8	8	8
电视节目套数	座	3	3	3	3	3	3
平均每周自办电视节目时间	小时:分	335:01:00	380:00:00	380:00:00	1000:71:34	1000:71:34	1000:71:34
电视人口覆盖率	%	100	100	100	100	100	100
县、乡电视台（站）	个	7	7	7	7	7	7

13-15 独立科研开发和信息机构、人员、经费情况

项　　目	单位	2010年	2011年	2012年	2013年	2014年	2015年
机构数	个	13	13	12	12	12	12
职工人数	人	545	547	533	542	555	516
#专业技术人员	人	313	322	430	406	398	396
#高级	人	48	58	53	52	51	52
中级	人	80	128	151	151	152	175
其他	人	185	136	226	203	195	169
经费收入	千元	19465	19451	28182	26185	24068	27174
#政府拨款	千元	16815	15451	24883	24272	18502	20404
技术收入	千元	50	7	168	168	880	1689
生产收入	千元	610	198	452	152	262	152
其他收入	千元	1990	3698	2679	1593	4424	4929
经费支出	千元	18263	19534	27185	25364	23424	26504
#工资	千元	10227	6494	14070	12116	12297	12196
其他支出	千元	6268	9941	3936	5082	1016	12283
科研业务	千元	1768	3099	9179	8166	10111	2025
固定资产原值	千元	20917	22024	17111	21667	23946	18050

13-16 科技成果、专利申请情况

项　　目	单位	2010年	2011年	2012年	2013年	2014年	2015年
一、科技成果							
获省市科技进步奖	项	48	4	6	64	63	62
1. 市级奖	项	43	60	53	60	59	60
一等奖	项	14	20	12	12	14	20
二等奖	项	29	40	41	48	45	40
2. 省级奖	项	5			4	4	2
二、专利							
专利申请受理量	件	597	675	843	1132	1302	1360
专利授权量	件	410	505	536	638	783	977

主要指标解释

普通高等学校 指按照国家规定的设置标准和审批程序批准举办，通过国家统一招生考试，招收高中毕业生为主要培养对象，实施高等教育的全日制大学、独立设置的学院和高等专科学校、短期职业大学。

成人高等学校 指按照国家有关规定审批，招收通过全国成人高教统一招生考试的具有高中毕业或同等学历的在职从业人员利用脱产、半脱产、业余或函授等多种形式对其实施高等学历教育，培养高等教育专科或本科毕业水平的专门人才，修业年限、课程设置和总学时数均按高等学历教育要求付诸实施的学校。包括广播电视大学、职工高等学校、农民高等学校、管理干部学院、教育学院、独立设置的函授学院等。

小学学龄儿童入学率 指调查范围内已入小学学习的学龄儿童占校内外学龄儿童总数（包括弱智儿童在内，但不包括盲聋哑儿童）的比重。计算公式：

小学学龄儿童入学率 =（已入学的小学学龄儿童数 ÷ 校内外小学学龄儿童总数）× 100%

表中情况说明：表中所用“–”号表示该数字在我市实际不存在；“…”号表示该数不详；加“（ ）”号的数字表示按规定不计入相应合计数中；学校名称前标注“O”号者，表示按统计规定该学校不计算校数。凡未注明计算单位的表格、栏目，计算单位一律为“人”。

本年度统计报表：高中与初中教职工在一起，无法区分高中教职工数与初中教职工数，只有专任教师才能分开。

独立研究与开发机构 指有明确的任务和研究方向，有一定学术水平的业务骨干和一定数量的研究人员，具有研究、开发、开展学术工作的基本条件，主要进行科学研究与技术开发活动，并且在行政上有独立的组织形式，财务上独立核算盈亏，有权与其他单位签订合同，在银行有单独户头的单位。包括国务院各部门、中国科学院、中国社会科学院和各省、自治区、直辖市以及地（市）以上〔含地（市）〕各部门所属的国有独立的科学研究与技术开发机构。

独立研究与开发机构职工 指在科学研究与技术开发机构工作，并由其支付工资的各种人员。包括长期职工和临时职工，不包括编制以外的离休、退休人员和停薪留职人员，但包括招聘人员。

研究与发展经费支出 指报告期内用于研究与试验发展课题活动（基础研究、应用研究、试验发展）的全部实际支出。包括用于研究与发展课题活动的直接支出，还包括间接用于研究与发展活动的一切支出（院、所管理费、维持院、所正常运转的必需费用和与研究发展有关的基本建设支出）。

其他科技人员 指大专、中专毕业和具有初级职称的从事科技活动人员。

专业技术人员 指已取得科学技术职称，或大学、中专的理、工、农、医科系毕业，以及国民经济各部门从工作实践中提拔，从事理、工、农、医等自然科学技术的研究、教学、生产的专业人员和在机关、企业、事业中从事科学技术业务管理工作的专业人员。

工程技术人员 指在国民经济各行业从事工程技术工作的自然科学技术专业人员，包括：高级工程师、工程师、助理工程师、技术员和未评定职称的技术人员。

农业技术人员 指在国民经济各行业从事农业技术工作的自然科学技术专业人员，包括：高级农艺师、农艺师、助理农艺师、技术员和未评定职称的技术人员。

科学研究人员 指在国民经济各行业从事科学技术活动的自然科学技术专业人员，包括：正副研究员、助理研究员、研究实习员、技术员和未评定职称的技术人员。

发明 专利法及其实施细则所称的发明是指对有关产品、方法或其改进所提出的新的技术方案。

文化事业机构 指从事专业文化工作和为专业文化工作服务的独立建制的单独核算的单位。不包括这些单位另外举办独立核算的其他机构和各部门的业余文化组织。

艺术表演团体 指从事戏曲、音乐、舞蹈、杂技等专业艺术表演，有独立帐户，实行单独核算的团体。不包括半工半艺、半农半艺和民间职业剧团。

物 价

● 资料整理：张　坤

14-1 各种物价总指数

（上年＝100）

年份	居民消费价格总指数	商品零售价格总指数
2000	99.0	98.6
2001	101.0	100.8
2002	100.0	100.0
2003	101.5	100.9
2004	104.8	104.5
2005	102.0	101.1
2006	101.1	100.3
2007	104.7	103.9
2008	107.0	107.0
2009	99.1	98.6
2010	103.4	103.6
2011	105.5	105.5
2012	102.4	101.8
2013	102.3	101.5
2014	101.7	100.9
2015	100.8	99.8

14-2 各县(区)各种物价指数

(上年=100)

县(区)	2013年			2014年			2015年		
	居民消费价格指数	商品零售价格指数	农业生产资料价格指数	居民消费价格指数	商品零售价格指数	农业生产资料价格指数	居民消费价格指数	商品零售价格指数	农业生产资料价格指数
商丘市	**102.3**	**101.5**	**100.4**	**101.7**	**100.9**	**99.2**	**100.8**	**99.8**	**99.6**
民权县	102.2	101.3	96.0	101.9	101.6	99.7	100.3	99.5	100.4
睢　县	102.3	101.6	99.0	102.5	101.0	97.7	100.6	99.8	98.8
宁陵县	101.4	101.4	101.6	101.4	101.1	99.3	100.4	99.9	99.3
柘城县	102.4	101.8	97.4	101.4	101.7	96.6	100.8	100.1	100.0
虞城县	101.5	101.1	101.1	101.6	101.2	100.0	100.6	100.3	101.3
夏邑县	102.5	101.3	103.6	102.1	100.9	100.5	100.9	100.0	98.2

14-3 居民消费价格指数

（上年＝100）

项目名称	2013年			2014年			2015年		
	全市	城市	农村	全市	城市	农村	全市	城市	农村
居民消费价格总指数	102.3	102.3	102.2	101.7	101.5	102.0	100.8	100.9	100.7
非食品价格指数	100.6	100.4	100.9	100.8	100.7	100.9	100.8	101.1	100.4
服务项目价格指数	101.5	101.5	101.5	101.6	101.6	101.6	101.3	101.3	101.3
工业品价格指数	100.2	99.8	100.7	100.4	100.3	100.5	100.5	101.0	99.9
扣除食品和能源价格指数	100.8	100.7	100.9	100.9	101.0	100.9	101.1	101.5	100.6
扣除鲜菜鲜果总指数	101.9	101.9	101.9	101.8	101.5	102.2	100.5	100.6	100.5
消费品价格指数	102.5	102.6	102.4	101.8	101.5	102.2	100.7	100.8	100.5
一、食品	106.0	106.6	105.1	103.8	103.2	104.6	100.8	100.6	101.2
1.粮食	104.8	103.2	106.9	105.4	105.0	106.0	100.8	100.2	101.7
2.淀粉及制品	101.9	101.0	103.7	102.3	101.1	104.8	103.8	105.6	99.7
3.干豆类及豆制品	108.6	111.6	103.5	105.3	103.5	108.6	106.7	108.9	102.8
4.油脂	99.2	98.3	100.3	97.6	96.4	99.0	92.5	89.7	95.8
5.肉禽及其制品	105.4	105.1	105.8	102.3	102.3	102.4	101.7	100.7	102.8
6.蛋	103.8	103.9	103.7	115.8	116.7	114.8	85.9	84.1	87.9
7.水产品	102.3	104.9	98.2	104.0	103.4	105.1	103.0	102.7	103.6
8.菜	112.3	113.2	111.1	91.1	90.1	92.8	110.7	111.7	109.2
9.调 味 品	102.2	102.2	102.2	101.9	101.9	101.9	100.6	99.9	101.8
10.糖	100.5	101.5	99.4	99.3	98.6	100.0	102.5	103.0	102.1
11.茶及饮料	101.1	101.3	100.7	101.1	101.5	100.4	103.5	105.3	100.2
12.干鲜瓜果	105.0	104.4	106.1	114.2	116.9	109.0	99.1	99.9	97.5
13.糕点饼干	104.5	105.8	102.0	102.2	102.7	101.3	101.1	100.8	101.8
14.液体乳及乳制品	103.7	103.6	103.8	106.4	106.2	106.9	101.2	101.2	101.0
15.在外用膳食品	109.6	111.6	104.6	107.5	104.8	114.4	100.6	100.1	101.9
16.其他食品	100.1	100.0	100.3	100.4	100.0	100.9	100.6	100.5	100.6
二、烟酒及用品	100.5	100.2	101.1	100.1	100.0	100.3	102.5	102.6	102.5
1.烟草	100.6	101.0	99.8	100.0	100.0	100.0	104.4	104.3	104.5
2.酒	100.5	99.6	102.3	100.1	100.0	100.5	101.1	101.3	100.7

14-3续　居民消费价格指数

（上年=100）

项目名称	2013年			2014年			2015年		
	全市	城市	农村	全市	城市	农村	全市	城市	农村
三、衣着	100.4	99.5	101.9	100.5	99.9	101.6	101.4	101.6	101.1
1.服　　装	100.7	99.8	102.4	100.4	99.7	101.8	101.5	101.7	101.2
2.衣着材料	100.6	101.2	100.3	100.2	100.5	100.0	100.2	100.5	100.0
3.鞋袜帽	99.8	99.0	100.9	100.6	100.0	101.5	100.3	100.0	100.8
4.衣着加工服务费	96.5	93.7	100.1	103.6	105.9	100.8	114.2	123.1	102.6
四、家庭设备用品及维修服务	101.0	101.0	101.1	101.3	101.7	100.8	101.5	101.9	100.9
1.耐用消费品	100.7	101.0	100.2	101.0	101.4	100.4	101.1	101.8	100.0
2.室内装饰品	100.0	100.0	100.0	102.0	103.0	100.1	100.1	100.0	100.4
3.床上用品	100.0	100.0	100.0	100.0	100.0	100.0	100.0	100.0	100.0
4.家庭日用杂品	101.0	101.3	100.4	101.3	102.0	100.0	101.0	101.5	100.1
5.家庭服务及加工维修服务	106.7	101.7	114.7	105.7	103.7	108.3	109.2	107.7	111.2
五、医疗保健和个人用品	101.1	101.2	101.1	102.6	103.1	101.6	103.8	105.2	101.4
1.医疗保健	101.1	101.2	100.9	103.0	104.0	101.3	104.4	106.2	101.3
2.个人用品及服务	101.2	101.1	101.5	101.6	101.1	102.3	102.4	103.0	101.5
六、交通和通信	98.9	98.0	100.1	99.7	99.3	100.3	98.4	98.1	98.9
1.交通	99.0	97.9	100.6	101.1	101.0	101.2	98.9	99.2	98.4
2.通信	98.7	98.2	99.5	97.8	97.0	99.1	97.8	96.5	99.5
七、娱乐教育文化用品及服务	101.5	101.6	101.3	101.1	101.4	100.4	101.4	102.1	100.2
1.文娱用耐用消费品及服务	98.3	97.8	99.0	96.1	94.7	98.4	97.3	96.1	99.2
2.教育	102.6	102.9	102.1	103.1	104.5	101.0	100.7	100.9	100.2
3.文化娱乐类	102.5	103.1	101.2	100.0	99.7	100.8	104.2	104.9	102.1
4.旅游	100.4	100.0	101.0	100.5	100.8	100.1	106.5	110.3	99.9
八、居住	100.9	101.1	100.6	100.2	99.9	100.6	99.2	98.4	100.0
1.建房及装修材料	100.8	102.3	99.8	100.7	101.2	100.4	98.6	97.4	99.4
2.租房	101.1	100.0	103.0	101.7	100.0	104.5	100.4	100.0	101.0
3.自有住房	101.8	102.6	100.6	100.7	100.6	100.7	100.4	100.0	101.1
4.水、电、燃料	99.8	98.6	102.0	99.0	97.9	100.8	98.2	97.1	100.0

14-4 商品零售价格指数

（上年＝100）

项目名称	2013年			2014年			2015年		
	全市	城市	农村	全市	城市	农村	全市	城市	农村
商品零售价格总指数	101.5	101.2	101.7	100.9	100.4	101.3	99.8	99.7	99.8
一、食品	105.3	105.9	104.8	103.6	103.1	104.1	101.0	100.8	101.1
1.粮食	106.0	103.7	107.8	106.9	106.7	107.0	101.5	100.1	102.5
2.淀粉及制品	101.8	101.0	102.5	103.3	101.1	105.3	102.8	105.6	100.2
3.干豆类及豆制品	108.1	112.6	103.9	106.1	103.0	109.3	106.7	109.6	104.0
4.油脂	100.2	98.9	101.2	99.5	97.4	101.0	94.8	92.3	96.6
5.肉禽及其制品	104.9	104.4	105.2	100.9	100.6	101.0	102.1	101.5	102.6
6.蛋	103.8	103.9	103.7	115.2	115.9	114.6	86.8	84.8	88.2
7.水产品	101.3	104.4	98.6	104.2	103.2	105.1	103.5	104.6	102.6
8.菜	110.2	111.3	109.3	92.6	91.7	93.4	111.2	113.0	109.7
9.调味品	102.6	102.3	102.8	102.1	102.0	102.2	100.7	99.8	101.4
10.糖	99.6	101.6	98.3	99.0	98.4	99.4	102.6	102.8	102.4
11.干鲜瓜果	106.1	105.2	106.9	113.5	118.8	109.6	98.1	99.6	96.9
12.糕点饼干面包	103.3	105.4	102.0	101.8	102.7	101.2	101.3	100.6	101.9
13.液体乳及乳制品	103.9	103.3	104.5	106.0	106.1	106.0	101.0	101.5	100.4
14.在外用膳食品	107.7	111.8	103.6	107.3	103.9	110.9	100.6	100.1	101.1
15.其他食品	100.5	100.0	100.9	100.6	100.0	100.9	100.6	100.5	100.7
二、饮料、烟酒	100.8	100.5	100.9	100.1	100.0	100.2	102.1	102.6	101.7
1.茶及饮料	101.3	101.4	101.3	101.0	101.5	100.3	102.9	105.7	99.7
2.烟草	100.2	101.0	99.7	100.0	100.0	100.0	103.0	101.8	103.7
3.酒	101.0	99.6	101.9	99.9	99.1	100.4	100.8	101.3	100.6
三、服装、鞋帽	100.9	99.6	102.1	100.9	100.0	101.8	101.0	100.9	101.1
1.服装	101.3	99.7	102.8	100.9	99.6	102.1	101.3	101.3	101.3
2.鞋袜帽	100.0	98.9	101.0	100.8	100.0	101.4	100.4	100.0	100.7
3.其他	101.0	102.5	100.0	103.1	107.5	100.0	100.0	100.0	100.0
四、纺织品	100.7	100.5	100.7	100.2	100.2	100.1	100.1	100.2	100.0
1.衣着材料	101.3	101.3	101.3	100.3	100.5	100.2	100.1	100.5	100.0
2.床上用品	100.0	100.0	100.0	100.0	100.0	100.0	100.0	100.0	100.0

14-4续 商品零售价格指数

（上年=100）

项目名称	2013年			2014年			2015年		
	全市	城市	农村	全市	城市	农村	全市	城市	农村
五、家用电器及音像器材	99.4	99.3	99.4	99.3	98.9	99.6	99.6	99.6	99.6
1.家庭设备	99.8	99.1	100.3	100.4	100.0	100.7	101.1	102.5	100.2
2.文娱用耐用消费品	98.6	99.6	97.8	97.6	97.4	97.8	97.2	95.6	98.7
3.音像器材	100.0	100.0	100.0	100.0	100.0	99.9	99.9	100.0	99.8
六、文化办公用品	100.2	100.1	100.2	96.5	94.5	100.1	98.4	97.6	99.9
七、日用品	100.8	100.4	101.0	101.0	101.8	100.4	101.3	102.9	100.2
1.日用百货	100.7	100.8	100.6	101.7	103.7	100.3	100.1	100.1	100.0
2.日用杂品	100.5	100.6	100.4	100.0	100.0	100.0	100.2	100.0	100.3
3.洗涤用品	101.3	100.0	102.3	100.6	100.0	101.1	102.7	105.8	100.4
4.其他日用品	100.3	100.3	100.2	101.0	102.3	100.0	102.5	105.4	100.0
八、体育娱乐用品	100.5	101.0	100.0	100.2	100.5	100.0	100.1	100.2	100.0
1.体育用品	100.8	102.1	100.0	100.4	101.1	100.0	100.2	100.5	99.9
2.娱乐用品	100.0	100.0	100.0	100.0	100.0	100.0	100.0	100.0	100.0
九、交通、通信用品	96.0	93.3	99.0	95.2	92.6	98.1	97.6	96.2	99.1
1.交通运输机械	96.5	94.6	100.0	97.6	96.2	100.0	98.0	96.8	99.9
2.通信器材	95.3	90.8	98.3	92.4	85.4	96.7	97.2	94.8	98.5
十、家具	101.2	102.5	100.0	101.2	102.5	99.9	99.9	100.2	99.6
十一、化妆品	101.9	101.6	102.1	101.4	102.7	100.4	100.5	101.1	100.0
十二、金银珠宝	92.4	93.0	91.9	95.3	97.3	93.3	93.9	92.0	95.8
十三、中西药品及医疗保健用品	101.7	101.9	101.5	103.8	105.9	101.8	105.0	108.6	101.4
1.医疗器具及用品	100.0	100.0	100.1	101.8	102.9	100.7	106.8	108.1	105.2
2.中药材及中成药	103.0	103.3	102.7	104.0	105.1	103.0	100.4	101.0	99.8
3.西药	101.3	101.4	101.1	104.1	106.8	101.3	107.2	111.9	102.0
4.保健品及器具	99.9	100.4	99.6	102.5	105.8	99.6	111.5	119.9	103.8
十四、书报杂志及电子出版物	101.2	102.1	100.6	101.3	103.0	100.0	104.5	107.4	102.1
1.教材及参考书	101.8	104.3	100.2	103.1	107.6	100.1	100.1	100.2	100.0
2.书报杂志	100.9	100.9	101.0	100.0	100.0	100.0	109.1	114.9	104.3
3.电子音像制品	100.0	100.0	100.0	100.0	100.0	100.0	100.0	100.0	100.0
十五、燃料	98.7	97.2	100.1	97.3	95.7	98.7	89.3	87.5	90.8
1.煤炭及制品	97.1	88.2	101.5	96.9	90.1	99.9	96.7	87.5	100.3
2.石油及制品	99.4	99.7	99.1	97.4	97.0	97.9	86.0	87.5	84.2
十六、建筑材料及五金电料	99.4	99.9	99.1	99.2	98.6	99.7	97.2	95.7	98.3
1.建筑装璜材料	99.1	99.4	98.8	99.0	98.0	99.6	96.4	94.1	97.9
2.五金电料	100.8	101.6	100.0	100.1	100.3	100.0	100.1	100.2	100.0

主要指标解释

居民消费价格指数　简称CPI（consumer price index）是指城乡居民购买支付生活消费品和服务项目的价格，是社会产品和服务项目的最终价格，同人民生活密切相关，在整个国民经济价格体系中具有极为重要的地位。

居民消费价格指数是一个反映居民家庭一般所购买的消费商品和服务价格水平变动情况的指标。是通过一组代表性消费品及服务项目随着时间的变动，反映在居民家庭购买消费品及服务价格水平变动情况的相对数（指数的基期数值定为一百）。居民消费价格指数度量指定的一篮子消费商品和服务随着时间的变动，价格发生的变动。它是进行经济分析和决策、价格总水平监测和调控及国民经济核算的重要指标。其按年度计算的居民消费价格指数变动率通常被用来作为反映通货膨胀或紧缩程度的指标。一般来讲，物价全面地、持续地上涨被认为发生了通货膨胀。

商品零售价格指数　是反映城乡商品零售价格变动趋势的一种经济指数。零售物价的调整变动直接影响到城乡居民的生活支出和国家的财政收入，影响居民购买力和市场供需平衡，影响消费与积累的比例。因此，计算零售价格指数，可以从一个侧面对上述经济活动进行观察和分析。

卫生、体育、民政

● 资料整理：代克斌　李祥玉

15-1　卫生机构、床位、人员数（2015年）

机构类别	机构数（个）	实有床位数（张）	人员合计（人）	卫生技术人员（人）	执业（助理）医师	注册护士	药师（士）	其他	其他技术人员	管理人员	工勤人员
总　　计	**6468**	**32766**	**58040**	**36563**	**13671**	**12176**	**2020**	**6401**	**3556**	**2944**	**5914**
一、医院	80	21056	25331	20362	6466	8990	1233	2327	1290	1221	2458
综合医院	61	15913	19793	15803	4925	6989	831	2015	1107	985	1898
中医医院	13	3624	4294	3560	1205	1527	346	261	154	164	416
中西结合医院	3	390	520	443	209	156	26	17	16	11	50
专科医院	3	1129	724	556	127	318	30	34	13	61	94
二、基层医疗卫生机构	6166	10213	23340	11450	5826	2037	630	2399	991	487	1349
社区卫生服务中心(站)	73	655	1100	805	369	249	36	108	61	78	156
社区卫生服务中心	16	635	814	528	224	143	33	87	59	72	155
社区卫生服务站	57	20	286	277	145	106	3	21	2	6	1
卫生院	191	9548	10932	8411	3806	1419	589	2090	930	409	1182
乡镇卫生院	191	9548	10932	8411	3806	1419	589	2090	930	409	1182
中心卫生院	32	2086	1950	1631	715	274	135	393	82	71	166
乡卫生院	159	7462	8982	6780	3091	1145	454	1697	848	338	1016
村卫生室	5684	0	10912	1849	1535	314	0	0	0	0	0
门诊部	16	10	153	145	64	50	5	18	0	0	8
诊所、卫生所、医务室	202	0	243	240	52	5	0	183	0	0	3
诊所	174	0	209	207	38	3	0	166	0	0	2
卫生所、医务室	28	0	34	33	14	2	0	17	0	0	1
三、专业公共卫生机构	148	1497	8221	4328	1283	1108	131	1448	1061	987	1845
疾病预防控制中心	10	0	2383	1098	422	195	19	326	534	151	600
专科疾病防治院(所、站)	3	241	161	111	43	24	6	26	19	10	21
健康教育所(站、中心)	1	0	24	5	3	0	0	1	0	9	10
妇幼保健院(所、站)	9	1256	2442	1780	612	723	81	254	123	106	433
采供血机构	1	0	102	81	13	31	1	22	10	1	10
卫生监督所(中心)	10	0	981	578	0	0	0	578	102	135	166
计划生育技术服务机构	114	0	2128	675	190	135	24	241	273	575	605
四、其他卫生机构	74	0	1148	423	96	41	26	227	214	249	262
医学在职培训机构	9	0	440	194	35	21	12	122	83	56	107
其他	65	0	708	229	61	20	14	105	131	193	155

注：本表人员合计中包括乡村医生8208人和卫生员855人，不含乡镇卫生院在村卫生室工作的执业（助理）医师、注册护士数。

15-2 各县（市、区）卫生人员数（2015年）

县（市、区）	合计	卫生技术人员								乡村医生和卫生院	其他技术人员	管理人员	工勤技能人员
		小计	执业（助理）医师	执业医师	注册护士	药师（士）	技师（士）	检验师（士）	其他				
商丘市	**58040**	**36563**	**13671**	**8097**	**12176**	**2020**	**2295**	**1267**	**6401**	**9063**	**3556**	**2944**	**5914**
梁园区	9080	6661	2282	1829	2973	275	391	245	740	475	413	636	895
睢阳区	5752	3036	1059	637	920	231	196	100	630	834	690	459	733
民权县	4247	2481	1105	683	866	118	126	94	266	841	90	236	599
睢　县	5573	3474	1098	657	1186	248	282	164	660	1024	210	332	533
宁陵县	4861	3172	1102	603	723	313	226	110	808	888	262	198	341
柘城县	6926	4198	1702	953	1394	202	213	127	687	1350	477	250	651
虞城县	6495	4118	2091	788	840	233	254	133	700	809	492	269	807
夏邑县	6868	3726	1340	782	1222	158	217	119	789	1532	496	286	828
永城市	8238	5697	1892	1165	2052	242	390	175	1121	1310	426	278	527

15-3 体育事业基本情况

项　目	单位	2010年	2011年	2012年	2013年	2014年	2015年
一、举办各类运动会次数	次	18	25	26	19	21	23
市　级	次	3	7	7	5	5	8
县（区）级	次	15	18	19	14	16	15
参加运动员人数	人	2200	2500	3000	2600	2500	2600
市　级	人	200	300	500	600	500	600
县（区）	人	2000	2200	2500	2000	2000	2100
二、参加省以上运动会次数	次	11	23	21	23	14	30
在比赛中获奖牌数	枚	55	140	163	141	151	96
获金牌数	枚	15	46	47	39	44	35
获银牌数	枚	23	43	48	46	44	21
获铜牌数	枚	17	51	68	56	63	40
三、年末实有各类专职教练员	人	13	13	13	13	20	25
四、年末实有各类等级裁判员	人	55	126	151	278	461	602
国家级	人						
一级	人			1	1	2	2
二级	人	55	126	150	277	460	600
五、业余体校	所	1		1	1	1	1
在校学生	人			350	330	500	500
六、举办大型比赛	次			2	2	2	4

15-4 各县（区）社会福利机构情况（2015年）

县（区）	敬老院		福利院		社会养老院	
	机构数（个）	入住人数（人）	机构数（个）	入住人数（人）	机构数（个）	入住人数（人）
商丘市	**147**	**17304**	**9**	**201**	**32**	**4601**
市 直			1	0	1	380
梁园区	8	890	1	45	11	1520
睢阳区	15	945	1	20	1	120
民权县	18	1739	1	8	2	380
睢 县	21	1904	1	0	4	396
宁陵县	13	984	1	15	2	250
柘城县	17	2528	1	45	2	500
虞城县	24	3803	1	23	3	295
夏邑县	25	4079	1	45	4	600
示范区	6	432	0		2	160

15-5　各县（区）社会救济人员情况（2015年）

单位：人

县（区）	低保人数	农村	城市	城市“三无”老人	农村“五保”老人
商丘市	**398578**	**322561**	**76017**	**766**	**39552**
梁园区	38306	17213	21093	74	2286
睢阳区	33260	24220	9040	63	3559
民权县	38401	37638	763	0	3160
睢　县	45880	40967	4913	11	3825
宁陵县	41811	33941	7870	18	2760
柘城县	63684	54403	9281	0	6505
虞城县	60311	51376	8935	69	8143
夏邑县	60696	52017	8679	529	8088
示范区	16229	10786	5443	0	1226

主要指标解释

等级运动员人数 指经考核正式批准授予等级运动员称号的人数。运动员等级分为国际级运动健将、运动健将、一级运动员、二级运动员、三级运动员、少年级运动员。

等级裁判员人数 指经考核正式批准授予等级裁判员称号的人数。裁判员等级分为国际裁判、国家级裁判、一级裁判、二级裁判、三级裁判。

医院 指名称为医院，设有固定床位能收容病人住院并能为病人提供医疗、护理服务的医疗机构。包括县及县以上医院、农村乡卫生院、其他医院三部分。按所属性质分为卫生部门、工业及其他部门，集体经济单位三类。其中县及县以上医院按业务性质分为综合医院和专科医院。

卫生技术人员 指卫生事业机构支付工资的全部固定职工和合同制职工中现任职务为卫生技术工作的专业人员。包括中医师、西医师、中西医结合高级医师、护师、中药师、西药师、检验师、其他技师、中医士、西医士、护士、助产士、中药剂士、西药剂士、检验士、其他技士、其他中医、护理员、中药剂员、西药剂员、检验员，其他初级卫生技术人员。

医生 指经卫生部门审查合格，从事医疗工作的专业人员。分为中医医生和西医医生。包括卫生技术人员中的中医师、西医师、中西结合高级医师、中医士、西医士和其他中医。

社会福利事业单位 指集中收养社会孤老、残、幼的机构。包括由民政部门管理的社会福利院、儿童福利院、精神病人福利院和城镇集体办的福利院，以及农村集体举办的敬老院。

社会福利事业单位收养人数 包括民政部门管理的和城镇及农村集体举办的社会福利事业单位中收养的老人、少年儿童、缺乏生活自理能力的残疾人员和精神病人。

社会福利企业单位 指以安置城镇有一定劳动能力的盲、聋、哑和肢体残疾人员就业为目的，享受国家减免税待遇的国有或集体经济性质的企业。包括福利工厂、福利商业服务业、假肢厂和安置农场等单位。

农村五保户 指农村中既无劳动能力，又无经济来源的老、弱、孤、残的农民生活由集体供养，实行保吃、保穿、保住、保医、保葬（孤儿保教），简称："五保"。享受五保待遇的家庭叫五保户。

环境保护

● 资料整理：宋 静

16-1　各县（区）污染物排放总量(2015年)

指标名称	计量单位	商丘市	梁园区	睢阳区	民权县	睢县
一、废水污染物排放总量						
废水	万吨	18873.03	3415.42	2850.32	2149.81	1851.45
化学需氧量	吨	97092.67	10478.95	14537.00	9384.76	11532.43
氨氮	吨	8193.23	1020.03	1396.75	735.87	933.57
总氮	吨	38815.46	2804.35	5907.79	3451.09	4487.74
总磷	吨	4312.96	284.88	633.40	389.77	484.28
石油类	吨	49.87	3.62	36.62	0.00	0.00
挥发酚	千克	119.55	0.15	60.00	8.00	3.40
氰化物	千克	3.00	0.00	1.80	0.22	0.00
废水砷	千克	2.99	0.00	1.80	0.00	0.07
废水铅	千克	8.98	0.00	5.40	0.88	0.20
废水镉	千克	1.83	0.00	0.90	0.10	0.03
废水汞	千克	0.54	0.00	0.00	0.03	0.01
废水总铬	千克	221.29	19.84	1.80	0.22	0.07
废水六价铬	千克	3.60	0.00	0.00	0.00	0.00
二、废气污染物排放总量						
二氧化硫	吨	25520.26	2556.16	4324.13	5060.88	3877.49
氮氧化物	吨	34967.21	538.72	3490.87	5346.12	1002.28
烟（粉）尘	吨	22369.25	3061.99	3693.89	2681.26	1987.46

注：1.机动车的烟（粉）尘对应为总颗粒物排放量。
　　2.氮氧化物排放量包括机动车排放量，因机动车排放量无法分解到各县（区），各县（区）氮氧化物排放量不包括机动车氮氧化物排放量。

16-1续　各县（区）污染物排放总量（2015年）

指标名称	计量单位	宁陵县	柘城县	虞城县	夏邑县	开发区
一、废水污染物排放总量						
废水	万吨	1176.13	1846.94	2308.774	3030.33	243.85
化学需氧量	吨	9848.74	7374.66	18528.353	14699.19	708.59
氨氮	吨	772.50	825.91	1115.122	1303.15	90.32
总氮	吨	3794.09	4305.58	9094.813	4823.83	191.16
总磷	吨	453.60	414.08	1178.661	439.67	34.63
石油类	吨	0.29	6.02	0.07	2.74	0.50
挥发酚	千克	10.00	8.00	10	20.00	0.00
氰化物	千克	0.19	0.02	0.33	0.44	0.00
废水砷	千克	0.19	0.16	0.33	0.44	0.00
废水铅	千克	0.57	0.50	0.99	0.44	0.00
废水镉	千克	0.10	0.10	0.16	0.44	0.00
废水汞	千克	0.02	0.00	0.04	0.44	0.00
废水总铬	千克	162.19	36.40	0.33	0.44	0.00
废水六价铬	千克	0.00	3.60	0	0.00	0.00
二、废气污染物排放总量						
二氧化硫	吨	1524.27	1962.45	2003.59	3979.92	231.36
氮氮化物	吨	724.68	590.83	650.63	2060.12	89.83
烟（粉）尘	吨	1859.41	1570.25	1436.29	3775.76	316.30

16-2 工业污染排放及处理利用情况（2015年）

指标名称	计量单位	数值	指标名称	计量单位	数值
一、企业基本情况			10蒸吨之下的	台/蒸吨	179
工业企业数	个	423	工业窑炉数	座	100
工业总产值（当年价格）	亿元	258.80	二、工业废水		
工业用水总量	万吨	16312.10	废水治理设施数	套	73
其中：取水量	万吨	6081.92	废水治理设施处理能力	万吨/日	12.69
重复用水量	万吨	10230.18	废水治理设施运行费用	万元	3172.40
煤炭消耗量	万吨	300.03	工业废水处理量	万吨	1746.76
其中：燃料煤消耗量	万吨	300.03	工业废水排放量	万吨	3779.29
燃料煤平均含硫量	%	0.93	其中：直接排入环境的	万吨	3526.84
燃料煤平均灰分	%	26.90	排入污水处理厂的	万吨	252.45
燃料煤平均干燥无灰基挥发分	%	20.03	化学需氧量产生量	吨	20022.96
燃料油消费量（不含车船用）	万吨	0.01	化学需氧量排放量	吨	7018.49
燃料煤平均含硫量	%	0.96	氨氮产生量	吨	1158.29
其他燃料消耗量	万吨标准煤	0.00	氨氮排放量	吨	283.39
用电量	亿吨标准煤	13.72	石油类产生量	吨	101.80
工业锅炉数	台/蒸吨	217.00	石油类排放量	吨	49.30
其中:35蒸吨及以上的	台/蒸吨	8	挥发酚产生量	千克	3.55
20（含）-35蒸吨之间的	台/蒸吨	3	挥发酚排放量	千克	3.55
10（含）-20蒸吨之间的	台/蒸吨	21			

16-2续 工业污染排放和处理利用情况（2015年）

指标名称	计量单位	数值
总铬产生量	千克	1391.00
总铬排放量	千克	218.04
三、工业废气	—	
工业废气排放量	亿立方米	706.56
废气治理设施数	套	349
其中：脱硫设施数	套	20
脱硝设施数	套	4
除尘设施数	套	317
废气治理设施处理能力	万立方米/时	966.64
其中：脱硫设施处理能力	千克/时	7368.67
脱硝设施处理能力	千克/时	2597.00
除尘设施处理能力	千克/时	1722047.98
废气治理设施运行费用	万元	15312.40
其中：脱硫设施运行费用	万元	7249.60
脱硝设施运行费用	万元	5120.50
除尘设施运行费用	万元	2661.80
二氧化硫产生量	吨	51883.10
二氧化硫排放量	吨	20659.63
氨氮化物产生量	吨	20222.63
氨氮化物排放量	吨	12182.35
烟（粉）尘产生量	吨	264034.85
烟（粉）尘排放量	吨	16987.50
四.工业固体废物	—	
一般工业固体废物产生量	万吨	203.31
一般工业固体综合利用量量	万吨	202.04
其中：综合利用往年贮存量	万吨	0.08
一般工业固体废物处置量	万吨	1.35
危险废物产生量	万吨	0.02
危险废物综合利用量	万吨	0.01

注：无烟（粉）去除量，原则上烟粉尘去除量=烟粉尘产生量-烟尘排放量。

16-3 各县（区）工业污染排放及处理利用情况（2015年）

指标名称	计量单位	梁园区	睢阳区	民权县	睢县	宁陵县	柘城县	虞城县	夏邑县	开发区
一、企业基本情况										
工业企业数	个	47	28	47	43	27	55	80	89	9
工业总产值（当年价格）	亿元	38.61	12.52	40.64	32.59	69.68	8.94	33.08	18.02	4.72
工业用水总量	万吨	1287.83	1040.07	11160.42	515.48	260.98	456.69	349.40	1174.50	21.74
其中：取水量	万吨	710.70	419.53	2249.43	503.24	217.63	426.06	366.23	1174.50	14.59
重复用水量	万吨	577.13	620.53	8910.99	12.24	43.34	30.63	28.16	0.00	7.15
煤炭消耗量	万吨	8.47	11.88	210.22	20.56	14.94	9.50	5.63	17.76	1.07
其中：燃料煤消耗量	万吨	8.47	11.88	210.22	20.56	14.94	9.50	5.63	17.76	1.07
燃料煤平均含硫量	%	0.98	0.75	0.96	0.75	0.75	1.27	0.94	0.86	0.72
燃料煤平均灰分	%	22.15	30.01	29.32	21.79	16.62	22.32	17.39	19.24	13.61
燃料煤平均干燥无灰基挥发分	%	28.17	9.56	19.20	26.14	28.07	29.95	24.77	12.78	12.19
其他燃料消耗量	万吨标准煤	0.01	2.19	0.00	0.00	0.00	0.00	0.20	0.00	0.00
用电量	亿吨标准煤	0.79	2.32	4.22	1.77	1.22	0.59	2.03	0.47	0.30
工业锅炉数	台/蒸吨	27	32	37	17	16	11	34	36	7
工业窑炉数	座	3	4	0.00	17	35	0.00	5	36	0.00
二、工业废水										
废水治理设施数	套	8	6	4	18	12	8	10	2	5
废水治理设施处理能力	万吨/日	2.15	1.36	0.80	3.60	1.14	1.32	1.85	0.22	0.26
废水治理设施运行费用	万元	461.60	124.70	200.00	1504.00	96.10	422.70	230.30	8.30	124.70

16-3续　各县（区）工业污染排放及处理利用情况（2015年）

指标名称	计量单位	梁园区	睢阳区	民权县	睢县	宁陵县	柘城县	虞城县	夏邑县	开发区
工业废水处理量	万吨	481.96	73.99	170.00	404.60	125.00	304.48	163.79	9.55	13.40
工业废水排放量	万吨	592.48	308.54	6104.02	411.96	132.09	388.72	341.79	976.00	13.67
直接排入环境的	万吨	592.48	308.54	6104.02	161.15	132.09	388.72	341.79	976.00	12.03
排入污水处理厂的		0.00	0.00	0.00	250.81	0.00	0.00	0.00	0.00	1.64
化学需氧量产生量	吨	4805.08	1816.78	1523.59	1854.14	1163.77	4602.00	969.26	3041.28	247.06
化学需氧量排放量	吨	597.64	527.28	1397.79	308.62	232.30	788.18	430.71	2719.88	16.09
氨氮产生量	吨	247.82	49.07	29.30	368.15	56.68	302.71	58.89	43.05	6.61
氨氮排放量	吨	27.25	27.05	18.61	26.03	21.10	75.51	46.19	40.55	1.10
石油类产生量	吨	13.77	36.92	0.00	0.00	25.36	22.52	0.00	2.65	0.57
石油类排放量	吨	3.62	36.26	0.00	0.00	0.25	6.02	0.00	2.65	0.50
废水总铬产生量	千克	188.00	0.00	0.00	0.00	162.00	1041.00	0.00	0.00	0.00
废水总铬排放量	千克	19.84	0.00	0.00	0.00	162.00	36.20	0.00	0.00	0.00
三、工业废气										
工业废气排放量	亿立方米	39.01	44.11	259.08	17.97	250.21	37.34	7.81	41.13	9.87
废气治理设施数	套	81	28	57	19	60	15	29	32	18.00
废气治理设施处理能力	万立方米/时	42.72	122.45	294.01	41.52	420.00	5.63	11.48	13.83	15.00
废气治理设施运行费用	万元	728.60	108.30	13084.10	149.30	297.10	371.00	320.20	17.80	186.00
二氧化硫产生量	吨	2749.36	2774.17	3431.05	3797.45	1934.46	1934.83	1231.79	2828.14	319.85
二氧化硫排放量	吨	2251.36	2764.17	4430.38	3660.99	1438.74	1838.91	1231.68	2828.14	215.25
氮氮化物产生量	吨	575.71	2723.90	12860.32	884.09	707.91	574.74	316.92	1492.37	86.67
氮氮化物排放量	吨	494.83	2723.90	4913.79	879.37	707.91	566.59	316.92	1492.37	86.67
烟（粉）尘产生量	吨	46452.73	42115.09	82936.67	12804.12	56945.33	2654.41	2150.61	3408.44	14567.46
烟（粉）尘排放量	吨	2654.99	3060.16	2218.37	1756.50	1686.17	1325.61	901.65	3099.35	284.71

规模以上工业企业科技状况

● 资料整理：丁雪梅

17-1 规模以上工业企业科技基本情况（2015年）

类别	企业数（个）	有R&D活动企业数（个）	有科技机构数（个）	年末从业人员（人）	工业总产值（万元）	主营业务收入（万元）
总计	**1119**	**90**	**64**	**353416**	**22393136**	**21529774**
一、按企业规模分组						
大型	32	17	12	76462	4848654	4752905
中型	376	50	38	191674	11662414	11157998
小型	654	23	14	84190	5574758	5355967
微型	57			1090	307310	262903
二、按登记注册类型分组						
内资企业	1103	84	60	336849	21630576	20779181
国有企业	9			3730	351760	285321
集体企业	7			1705	124560	131028
股份合作企业	1			90	7197	7197
有限责任公司	513	37	23	141470	8259014	7977316
国有独资公司	3	1	1	2294	125044	121319
其他有限责任公司	510	36	22	139176	8133970	7855996
股份有限公司	46	8	6	23222	1924224	1830593
私营企业	497	37	31	157923	10342667	9924018
私营独资企业	92	1		16522	1116003	1043837
私营合伙企业	5			1029	170936	170671
私营有限责任公司	362	33	28	120622	8020307	7625062
私营股份有限公司	38	3	3	19750	1035422	1084447
其他企业	30	2		8709	621155	623709
港、澳、台商投资企业	7	4	3	14157	617852	612022
合资经营企业(港或澳、台资)	4	2	1	11570	513541	516150
港、澳、台商独资经营企业	2	1	1	2522	93150	84262
港、澳、台商投资股份有限公司	1	1	1	65	11161	11610
外商投资企业	9	2	1	2410	144708	138571
中外合资经营企业	2	1	1	648	44791	41911
外资企业	4	1		1306	51072	55210
外商投资股份有限公司	2			276	44042	36646
其他外商投资企业	1			180	4803	4803

17-1续 规模以上工业企业科技基本情况（2015年）

指标名称	企业数（个）	有R&D活动企业数（个）	有科技机构数（个）	年末从业人员（人）	工业总产值（万元）	主营业务收入（万元）
总　计	**1119**	**90**	**64**	**353416**	**22393136**	**21529774**
三、按国民经济行业大类分组						
制造业	1103	90	64	347353	21827076	20985743
农副食品加工业	132	8	6	32117	2542797	2422595
食品制造业	70	9	6	29045	1783339	1644693
酒、饮料和精制茶制造业	42	5	2	11552	713549	676717
纺织业	62	4	3	35609	1911729	1859780
纺织服装、服饰业	155	2	2	60694	2518535	2507272
皮革、毛皮、羽毛及其制品和制鞋业	36	2	2	16769	733002	715899
木材加工和木、竹、藤、棕、草制品业	59	2	2	10767	524267	506918
家具制造业	10			863	36719	42159
造纸和纸制品业	14	1	1	6329	207614	210123
印刷和记录媒介复制业	22			5225	217495	230478
文教、工美、体育和娱乐用品制造业	17	2	1	7253	399731	364719
石油加工、炼焦和核燃料加工业	2			380	19043	20147
化学原料和化学制品制造业	53	6	5	12344	1382790	1298294
医药制造业	36	7	4	11086	1018084	1000053
化学纤维制造业	2			251	24114	20327
橡胶和塑料制品业	38	4	2	9320	393501	366954
非金属矿物制品业	106	9	5	21747	1714641	1681586
黑色金属冶炼和压延加工业	20	1	2	7740	696538	681458
有色金属冶炼和压延加工业	8	2	2	925	222057	190523
金属制品业	33	1	1	4662	221037	229214
通用设备制造业	33	4	1	7788	676077	699919
专用设备制造业	25	8	5	3933	193095	152572
汽车制造业	17	3	3	5021	640818	635854
铁路、船舶、航空航天和其他运输设备制造业	15	1	1	5180	316862	304022
电气机械和器材制造业	39	4	3	19847	1162239	1009315
计算机、通信和其他电子设备制造业	11	2	1	6784	505361	470351
仪器仪表制造业	37	3	4	12473	949184	961713
其他制造业	6			879	34305	34693
废弃资源综合利用业	3			770	68554	47397
电力、热力、燃气及水生产和供应业	16			6063	566061	544031
电力、热力生产和供应业	11			4255	528053	493603
燃气生产和供应业	1			136	28974	28930
水的生产和供应业	4			1672	9034	21498

17-2　规模以上工业企业R&D人员情况（2015年）

类　别	R&D人员合计（人）	全时人员	非全时人员	R&D人员折合全时当量合计（人年）	试验发展人员
总　计	**4184**	**2833**	**1351**	**2495**	**2435**
一、按企业规模分组					
大型	1352	923	429	1006	1006
中型	2422	1655	767	1260	1200
小型	410	255	155	229	229
三、按登记注册类型分组					
内资企业	3804	2589	1215	2238	2179
有限责任公司	1305	939	366	826	822
国有独资公司	197	172	25	135	132
其他有限责任公司	1108	767	341	691	691
股份有限公司	210	154	56	121	121
私营企业	2017	1278	739	1144	1088
私营独资企业	35	6	29	32	32
私营有限责任公司	1798	1205	593	1025	969
私营股份有限公司	184	67	117	88	88
其他企业	272	218	54	148	148
港、澳、台商投资企业	165	137	28	153	153
合资经营企业(港或澳、台资)	139	114	25	135	135
港、澳、台商独资经营企业	19	17	2	17	17
港、澳、台商投资股份有限公司	7	6	1	1	1
外商投资企业	215	107	108	104	104
中外合资经营企业	120	21	99	30	30
外资企业	95	86	9	74	74

17-2续　规模以上工业企业R&D人员情况（2015年）

类　别	R&D人员合计（人）	全时人员	非全时人员	R&D人员折合全时当量合计（人年）	试验发展人员
总　计	**4184**	**2833**	**1351**	**2495**	**2435**
三、按国民经济行业大类分组					
制造业	4184	2833	1351	2495	2435
农副食品加工业	181	128	53	45	44
食品制造业	237	84	153	145	145
酒、饮料和精制茶制造业	232	204	28	170	170
纺织业	345	251	94	184	184
纺织服装、服饰业	146	123	23	138	138
皮革、毛皮、羽毛及其制品和制鞋业	40	25	15	34	34
木材加工和木、竹、藤、棕、草制品业	35	22	13	34	34
造纸和纸制品业	15	11	4	14	14
文教、工美、体育和娱乐用品制造业	30	15	15	17	17
化学原料和化学制品制造业	315	211	104	168	167
医药制造业	217	140	77	168	168
橡胶和塑料制品业	94	74	20	79	79
非金属矿物制品业	325	166	159	283	283
黑色金属冶炼和压延加工业	138	44	94	64	64
有色金属冶炼和压延加工业	68	8	60	18	18
金属制品业	14	13	1	11	11
通用设备制造业	318	238	80	243	201
专用设备制造业	180	139	41	63	63
汽车制造业	215	154	61	31	19
铁路、船舶、航空航天和其他运输设备制造业	19	17	2	9	9
电气机械和器材制造业	395	315	80	284	280
计算机、通信和其他电子设备制造业	238	127	111	148	148
仪器仪表制造业	387	324	63	147	147

17-3 规模以上工业企业R&D经费情况（2015年）

类　　别	R&D经费内部支出合计(万元)	试验发展支出	经常费支出	资产性支出	政府资金	企业资金	其他资金
总　　计	**72932**	**70868**	**58495**	**14437**	**1227**	**69890**	**1815**
一、按企业规模分组							
大型	23124	23124	18325	4800	33	22026	1066
中型	41028	38964	32904	8124	570	39708	750
小型	8780	8780	7266	1513	624	8156	
省(自治区、直辖市)	507	507	287	220		507	
地(区、市、州、盟)	4964	4964	4915	49	81	4393	491
县(区、市、旗)	9090	9090	7452	1638	244	8847	
街道	1409	1409	909	500	500	909	
乡	3665	3665	1796	1869	40	3625	
其他	53297	51233	43137	10160	362	51610	1325
二、按登记注册类型分组							
内资企业	66787	64723	53549	13239	1217	63756	1815
有限责任公司	23767	23735	20494	3272	731	22344	692
国有独资公司	1139	1107	1139			1139	
其他有限责任公司	22628	22628	19356	3272	731	21206	692
股份有限公司	4253	4253	2928	1325	232	4021	
私营企业	35189	33157	28434	6755	254	33812	1123
私营独资企业	990	990	772	218		990	
私营有限责任公司	29684	27652	24191	5493	254	28307	1123
私营股份有限公司	4515	4515	3471	1044		4515	
其他企业	3578	3578	1692	1886		3578	
港、澳、台商投资企业	3081	3081	2862	219		3081	
合资经营企业(港或澳、台资)	2676	2676	2514	162		2676	
港、澳、台商独资经营企业	340	340	310	30		340	
港、澳、台商投资股份有限公司	65	65	38	27		65	
外商投资企业	3063	3063	2084	979	10	3053	
中外合资经营企业	1505	1505	1416	89	10	1495	
外资企业	1558	1558	668	890		1558	

17-3续　规模以上工业企业R&D经费情况（2015年）

类　别	R&D经费内部支出合计(万元)	试验发展支出	经常费支出	资产性支出	政府资金	企业资金	其他资金
总　计	**72932**	**70868**	**58495**	**14437**	**1227**	**69890**	**1815**
三、按国民经济行业大类分组							
制造业	72932	70868	58495	14437	1227	69890	1815
农副食品加工业	4464	4347	4024	440	10	4454	
食品制造业	4042	4042	3225	817		3783	259
酒、饮料和精制茶制造业	3662	3662	2085	1576	10	3652	
纺织业	5622	5622	3208	2413	3	5619	
纺织服装、服饰业	2370	2370	1795	576		2370	
皮革、毛皮、羽毛及其制品和制鞋业	1314	1314	1122	192		1314	
木材加工和木、竹、藤、棕、草制品业	914	914	795	119		914	
造纸和纸制品业	596	596	423	173		596	
文教、工美、体育和娱乐用品制造业	1217	1217	1092	125	20	1197	
化学原料和化学制品制造业	7214	6984	5748	1467	23	7191	
医药制造业	3789	3789	2941	848	90	3498	202
橡胶和塑料制品业	2011	2011	1442	568		2011	
非金属矿物制品业	4833	4833	3793	1040	160	4673	
黑色金属冶炼和压延加工业	2334	2334	1840	494		2334	
有色金属冶炼和压延加工业	726	726	453	273	10	716	
金属制品业	445	445	333	112		445	
通用设备制造业	5412	4656	4909	502		5412	
专用设备制造业	5174	5174	4504	670	615	4069	491
汽车制造业	4352	3424	3609	744	35	4317	
铁路、船舶、航空航天和其他运输设备制造业	60	60	60			60	
电气机械和器材制造业	4865	4833	3897	968	211	4654	
计算机、通信和其他电子设备制造业	3207	3207	3118	89	10	3197	
仪器仪表制造业	4309	4309	4079	230	30	3415	864

17-4　规模以上工业企业全部R&D项目情况（2015年）

类　别	项目数（项）	参加项目人员（人）	全部项目经费内部支出（万元）
总　计	**190**	**3986**	**64378**
一、按企业规模分组			
大型	59	1246	21495
中型	106	2350	35304
小型	25	390	7579
二、按隶属关系分组			
省(自治区、直辖市)	2	11	507
地(区、市、州、盟)	13	237	4677
县(区、市、旗)	23	435	8713
街道	1	15	902
乡	5	261	3175
其他	146	3027	46405
三、按登记注册类型分组			
内资企业	174	3606	58555
有限责任公司	74	1265	20357
国有独资公司	15	194	1139
其他有限责任公司	59	1071	19218
股份有限公司	11	202	3991
私营企业	84	1867	31046
私营独资企业	1	32	772
私营有限责任公司	80	1654	25873
私营股份有限公司	3	181	4400
其他企业	5	272	3161
港、澳、台商投资企业	12	165	3058
合资经营企业(港或澳、台资)	9	139	2676
港、澳、台商独资经营企业	2	19	340
港、澳、台商投资股份有限公司	1	7	42
外商投资企业	4	215	2766
中外合资经营企业	3	120	1416
外资企业	1	95	1350

17-4续　规模以上工业企业全部R&D项目情况（2015年）

类　别	项目数（项）	参加项目人员（人）	全部项目经费内部支出（万元）
总　计	**190**	**3986**	**64378**
四、按国民经济行业大类分组			
制造业	190	3986	64378
农副食品加工业	14	180	3960
食品制造业	10	138	3732
酒、饮料和精制茶制造业	7	229	3310
纺织业	7	338	4981
纺织服装、服饰业	9	146	1884
皮革、毛皮、羽毛及其制品和制鞋业	5	40	1314
木材加工和木、竹、藤、棕、草制品业	3	35	914
造纸和纸制品业	2	15	596
文教、工美、体育和娱乐用品制造业	2	30	1157
化学原料和化学制品制造业	21	300	5908
医药制造业	10	203	2138
橡胶和塑料制品业	7	94	1959
非金属矿物制品业	12	304	3812
黑色金属冶炼和压延加工业	1	136	2300
有色金属冶炼和压延加工业	3	60	720
金属制品业	2	14	445
通用设备制造业	17	318	5412
专用设备制造业	8	175	4556
汽车制造业	7	214	3609
铁路、船舶、航空航天和其他运输设备制造业	1	19	60
电气机械和器材制造业	22	389	4599
计算机、通信和其他电子设备制造业	9	238	3118
仪器仪表制造业	11	371	3895

17-5 规模以上工业企业科技机构情况（2015年）

类 别	机构数（个）	机构人员合计（人）				机构经费支出（万元）	仪器和设备原价（万元）
			博士毕业	硕士毕业	本科毕业		
总 计	**84**	**1936**	**63**	**162**	**1095**	**26852**	**31712**
一、按企业规模分组							
大型	12	416	22	46	227	8594	4661
中型	50	1261	27	82	753	15559	24556
小型	22	259	14	34	115	2699	2495
二、按隶属关系分组							
省(自治区、直辖市)	1	7			6	507	99
地(区、市、州、盟)	4	130	3	9	72	1808	166
县(区、市、旗)	22	329	13	23	116	4946	2914
街道	1	15		1	13	709	500
乡	1	5			5	51	144
其他	55	1450	47	129	883	18832	27889
三、按登记注册类型分组							
内资企业	80	1873	59	161	1066	24081	30358
有限责任公司	29	599	25	59	333	8272	5334
国有独资公司	2	51	3	8	40	59	472
其他有限责任公司	27	548	22	51	293	8213	4862
股份有限公司	13	195	7	10	61	2898	1319
私营企业	38	1079	27	92	672	12912	23705
私营有限责任公司	35	892	25	75	554	8512	22679
私营股份有限公司	3	187	2	17	118	4400	1026
港、澳、台商投资企业	3	23	4		12	1356	496
合资经营企业(港或澳、台资)	1	10			6	974	420
港、澳、台商独资经营企业	1	6			4	340	30
港、澳、台商投资股份有限公司	1	7	4		2	42	46
外商投资企业	1	40		1	17	1416	858
中外合资经营企业	1	40		1	17	1416	858

17-5续　规模以上工业企业科技机构情况（2015年）

类　别	机构数（个）	机构人员合计（人）	博士毕业	硕士毕业	本科毕业	机构经费支出（万元）	仪器和设备原价（万元）
总　计	**84**	**1936**	**63**	**162**	**1095**	**26852**	**31712**
四、按国民经济行业大类分组							
制造业	84	1936	63	162	1095	26852	31712
农副食品加工业	7	161	5	7	96	2680	726
食品制造业	6	75		3	56	2007	964
酒、饮料和精制茶制造业	2	87		1	13	939	740
纺织业	3	80		5	47	2217	1247
纺织服装、服饰业	2	30	9	8	10	1030	758
皮革、毛皮、羽毛及其制品和制鞋业	2	16			10	1314	450
木材加工和木、竹、藤、棕、草制品业	2	12			8	914	342
造纸和纸制品业	1	8			7	596	112
文教、工美、体育和娱乐用品制造业	1	4			4	46	178
化学原料和化学制品制造业	6	74	1	7	38	1880	1387
医药制造业	6	112	3	14	50	1390	644
橡胶和塑料制品业	2	16			12	1139	235
非金属矿物制品业	10	112	3	14	78	220	721
黑色金属冶炼和压延加工业	3	156	7	16	98	2417	586
有色金属冶炼和压延加工业	7	83	6	8	54	225	401
金属制品业	1	10			8	445	45
通用设备制造业	1	31	2	3	24	5	502
专用设备制造业	7	129	5	22	58	1797	1498
汽车制造业	4	154	1	13	62	1312	1177
铁路、船舶、航空航天和其他运输设备制造业	1	19			13	57	43
电气机械和器材制造业	5	132	15	29	60	1084	16736
计算机、通信和其他电子设备制造业	1	40		1	17	1416	858
仪器仪表制造业	4	395	6	11	272	1724	1362

17-6 规模以上工业企业自主知识产权及相关情况（2015年）

类　别	专利申请数（件）	发明专利	有效发明专利数（件）	发表科技论文（篇）	拥有注册商标数（件）
总　计	**130**	**73**	**114**	**18**	**78**
一、按企业规模分组					
大型	38	17	27	10	21
中型	54	26	66	7	25
小型	38	30	21	1	32
三、按登记注册类型分组					
内资企业	116	71	98	18	78
有限责任公司	45	37	44	8	48
国有独资公司	3	2	10	4	
其他有限责任公司	42	35	34	4	48
股份有限公司	3	2			
私营企业	68	32	54	10	30
私营有限责任公司	62	26	53	10	30
私营股份有限公司	6	6	1		
港、澳、台商投资企业	14	2	10		
合资经营企业(港或澳、台资)	10		10		
港、澳、台商投资股份有限公司	4	2			
外商投资企业			6		
中外合资经营企业			6		
四、按国民经济行业大类分组					
制造业	130	73	114	18	78
农副食品加工业	17	11	1		
食品制造业	6	3	10		3
酒、饮料和精制茶制造业					1
纺织业	3	3			1
纺织服装、服饰业			3		
化学原料和化学制品制造业	16	6	7		
医药制造业	7	7	14	3	46
非金属矿物制品业	9	4	15	4	
黑色金属冶炼和压延加工业	3	3	1		
有色金属冶炼和压延加工业	3	2			
通用设备制造业	3	1	2		
专用设备制造业	16	15	16	1	
汽车制造业	13	6	10	3	15
电气机械和器材制造业	16	7	7	7	9
计算机、通信和其他电子设备制造业	10		16		
仪器仪表制造业	8	5	12		3

17-7 规模以上工业企业新产品开发、生产及销售情况（2015年）

类别	新产品开发项目数（项）	新产品开发经费支出（万元）	新产品产值（万元）	新产品销售收入（万元）	
					出口
总计	**159**	**61578**	**271031**	**223848**	**2217**
一、按企业规模分组					
大型	55	19888	118757	80009	13
中型	77	33104	134091	124206	911
小型	27	8586	18184	19633	1293
三、按登记注册类型分组					
内资企业	145	56187	249489	204340	2212
有限责任公司	74	22543	33279	31873	2063
国有独资公司	14	1107			
其他有限责任公司	60	21436	33279	31873	2063
股份有限公司	10	3653	20088	17457	
私营企业	56	26414	196122	155010	149
私营独资企业	1	990			
私营有限责任公司	54	23089	162539	151441	149
私营股份有限公司	1	2334	33584	3569	
其他企业	5	3578			
港、澳、台商投资企业	12	3081	21512	19478	
合资经营企业(港或澳、台资)	9	2676	11780	9817	
港、澳、台商独资经营企业	2	340	9600	9400	
港、澳、台商投资股份有限公司	1	65	132	261	
外商投资企业	2	2310	31	30	5
中外合资经营企业	1	751	31	30	5
外资企业	1	1558			

17-7续　规模以上工业企业新产品开发、生产及销售情况（2015年）

类　别	新产品开发项目数（项）	新产品开发经费支出（万元）	新产品产值（万元）	新产品销售收入（万元）	出口
总　计	**159**	**61578**	**271031**	**223848**	**2217**
四、按国民经济行业大类分组					
制造业	159	61578	271031	223848	2217
农副食品加工业	11	4542	8469	6871	
食品制造业	8	2850	24489	23146	
酒、饮料和精制茶制造业	7	3662			
纺织业	5	3443	2976	2975	770
纺织服装、服饰业	8	2088	1850	1760	
皮革、毛皮、羽毛及其制品和制鞋业	5	1314	21380	19217	
木材加工和木、竹、藤、棕、草制品业	2	739	13735	9810	
造纸和纸制品业	2	596	14370	9780	
文教、工美、体育和娱乐用品制造业	2	1217			
化学原料和化学制品制造业	6	3899	19554	17356	
医药制造业	11	3793	7135	8787	
橡胶和塑料制品业	7	2011	18711	16340	
非金属矿物制品业	12	4833	6		
黑色金属冶炼和压延加工业	2	2832	31598	1800	
有色金属冶炼和压延加工业	2	180	137	117	
金属制品业	2	445	6500	5500	
通用设备制造业	13	3679	4574	4257	
专用设备制造业	5	3591	7073	6717	1293
汽车制造业	5	3424	45952	45824	
铁路、船舶、航空航天和其他运输设备制造业	1	60			
电气机械和器材制造业	21	4833	38107	39470	
计算机、通信和其他电子设备制造业	9	2456	314	313	5
仪器仪表制造业	13	5092	4103	3807	149

17-8　规模以上工业企业技术获取和技术改造情况（2015年）

类　别	技术改造经费支出（万元）
总　计	**1401**
一、按企业规模分组	
大型	798
中型	602
小型	0
二、按登记注册类型分组	
内资企业	1401
有限责任公司	34
国有独资公司	12
其他有限责任公司	22
私营企业	1367
私营有限责任公司	1367
三、按国民经济行业大类分组	
制造业	1401
食品制造业	326
酒、饮料和精制茶制造业	472
纺织业	22
非金属矿物制品业	12
汽车制造业	568

主要指标解释

研究与试验发展(R&D)　指在科学技术领域，为增加知识总量，以及运用这些知识去创造新的应用进行的系统的创造性的活动，包括基础研究、应用研究、试验发展三类活动。国际上通常采用R&D活动的规模和强度指标反映一国的科技实力和核心竞争力。

R&D人员　指参与研究与试验发展项目研究、管理和辅助工作的人员，包括项目(课题)组人员，企业科技行政管理人员和直接为项目(课题)活动提供服务的辅助人员。反映投入从事拥有自主知识产权的研究开发活动的人力规模。

R&D人员全时当量　指全时人员数加非全时人员按工作量折算为全时人员数的总和。

R&D经费内部支出合计　指调查单位用于内部开展R&D活动(基础研究、应用研究和试验发展)的实际支出。

能 源

● 资料整理：杨月茹　张 璋

18-1 能源消耗指标

年份	万元地区生产总值能耗上升或降低(±%)	万元地区生产总值电耗上升或降低(±%)	万元工业增加值能耗上升或降低(±%)
2006	-1.4	-8.68	-4.82
2007	-4.03	8.38	-7.64
2008	-5.41	-4.36	-10.42
2009	-5.50	9.74	-10.15
2010	-4.38	-0.72	-11.96
2011	-3.55	2.77	-10.97
2012	-5.14	-8	-14.10
2013	-3.42	1.22	-8.61
2014	-9.07	-10.01	-16.56
2015	-7.70	-14.94	-15.47

18-2 各县（市、区）单位GDP能耗

县（市、区）	2011年	2012年	2013年	2014年	2015年
	比上年升降(±%)	比上年升降(±%)	比上年升降(±%)	比上年升降(±%)	比上年升降(±%)
商丘市	**-3.55**	**-5.14**	**-3.42**	**-9.07**	**-7.70**
梁园区	-3.80	-3.97	-4.57	-10.93	-8.70
睢阳区	-3.93	-3.91	-4.11	-4.59	-7.36
民权县	-3.94	-4.16	-4.06	-10.85	-8.39
睢　县	-3.46	-4.56	-3.10	-3.52	-3.66
宁陵县	-3.02	-4.33	-3.41	-4.07	-5.49
柘城县	-3.70	-3.95	-3.46	-3.92	-5.13
虞城县	-3.57	-3.95	-3.41	-4.46	-5.21
夏邑县	-3.40	-3.88	-3.64	-4.58	-3.38
永城市	-1.50	-6.12	-3.12	-7.50	-6.50

18-3 各县（市、区）规模以上工业综合能源消费量及万元工业增加值能耗降低率（2015年）

单位:吨标准煤

县（市、区）	规模以上工业能源消费量		万元工业增加值能耗上升或下降（%）
	绝对值	增速（%）	
商丘市	**5517200**	**-7.6**	**-15.5**
梁园区	166800	-30.9	-36.8
睢阳区	144572	-25.3	-31.7
民权县	930998	-4.6	-13.0
睢　县	75765	-4.8	-13.0
宁陵县	38102	-14.7	-21.7
柘城县	32543	-16.7	-22.2
虞城县	57216	-17.9	-25.3
夏邑县	76172	-14.5	-21.8
永城市	3971100	-5.7	-13.6
示范区	23892	-18.9	-25.7
#物流集聚区	6458	-9.3	-15.4
#开发区	17434	-22.0	-28.5

18-4 全社会用电量情况（2015年）

单位：万千瓦时

指标名称	用电量	增速（%）	占全社会用电量的比重%
全社会用电总计	**1580242**	**-7.6**	**100.0**
A、全行业用电合计	1246242	-10.2	78.9
第一产业	19900	-80.9	1.3
第二产业	1061096	-7.8	67.2
第三产业	165246	24.7	10.5
B、城乡居民生活用电合计	334000	3.7	21.1
城镇居民	137730	2.4	8.7
乡村居民	196270	4.7	12.4
全行业用电分类	1246242	-10.2	78.9
一、农、林、牧、渔业	19900	-80.9	1.3
二、工业	1048230	-7.6	66.3
轻工业	162800	-14.5	10.3
重工业	885430	-6.2	56.0
（一）采矿业	46364	131.1	2.9
1.煤炭开采和洗选业	46346	131.2	2.9
2.石油和天然气开采业	17	47.6	0.0
3.其他采矿业	2	1775.0	0.0
（二） 制造业	809637	-10.8	51.2
（三）电力、燃气及水的生产和供应业	192229	-7.2	12.2
三、建筑业	12866	-22.4	0.8
四、交通运输、仓储和邮政业	35244	1.1	2.2
五、信息传输、计算机服务和软件业	8320	12.5	0.5
六、商业、住宿和餐饮业	74977	39.1	4.7
1.批发和零售业	68670	78.1	4.4
2.住宿和餐饮业	6307	-58.9	0.4
七、金融、房地产、商务及居民服务业	9346	-1.4	0.6
八、公共事业及管理组织	37360	39.0	2.4

注：表中数据包含永城。

18-5 各县（区）规模以上工业企业水消费情况（2015年）

单位：万立方米

县（区）	取水量		外供水量		用水量	
	绝对值	增速（%）	绝对值	增速（%）	绝对值	增速（%）
商丘市	**7955.2**	**6.9**	**3637.4**	**8.0**	**4317.8**	**6.1**
梁园区	3771.5	8.7	3453.0	8.6	318.5	10.3
睢阳区	170.8	-56.6			170.8	-56.6
民权县	1291.5	21.3			1291.5	21.3
睢　县	490.7	13.2			490.7	13.2
宁陵县	1455.5	8.7			1455.5	8.7
柘城县	55.5	-6.9			55.5	-6.9
虞城县	138.6	4.4			138.6	4.4
夏邑县	206.1	20			206.1	20
示范区	375.0	-0.5	184.4	-2.5	190.6	1.6
#物流集聚区	2.3	9.5			2.3	9.5
#开发区	372.7	-0.5	184.4	-2.5	188.3	1.5

注：表中数据不含永城。

18-6 工业企业用水情况

单位：万立方米

指标名称	取水量		外供水量		用水量	
	2015	2014	2015	2014	2015	2014
合　计	**7955.2**	**7441.7**	**3637.4**	**3368.2**	**4317.8**	**4071.1**
地表淡水	3304.8	3227.3				
地下淡水	3503.9	3532.2				
自来水	370.0	300.8	3637.4	3368.2		
矿井水	0.8	0.7				
再生水（中水）	775.1	377.4				
其他水	0.7	0.7				
外排水量	962.6	1085.2				
重复用水量	41949.4	46199.8				
污水处理企业污水处理量	46.2	1.7				

注：表中数据不含永城。

18-7 主要耗能工业企业单位产品能源消耗情况（2015年）

指标名称	计量单位	指标值	增速（%）
吨原煤生产综合能耗	千克标准煤/吨	6.0	14.2
吨原煤生产耗电	千瓦时/吨	28.8	9.5
选煤电力单耗	千瓦时/吨	6.4	4.1
吨纱(线)混合数综合能耗	千克标准煤/吨	391.0	0.1
吨纱(线)混合数生产用电量	千瓦时/吨	2170.0	0.0
吨水泥综合能耗	千克标准煤/吨	3.8	0.1
吨水泥综合电耗	千瓦时/吨	30.7	1.0
每重量箱平板玻璃综合能耗	千克标准煤/重量箱	14.1	-0.2
每重量箱平板玻璃耗电	千瓦时/重量箱	7.2	4.8
吨钢综合能耗	千克标准煤/吨	156.0	13.2
吨钢耗电	千瓦时/吨	776.8	35.0
单位电解铝综合能耗	千克标准煤/吨	1683.2	0.0
单位铝锭综合交流电耗	千瓦时/吨	13743.0	0.3
电厂火力发电标准煤耗	克标准煤/千瓦时	305.1	-0.3
发电厂用电率	%	6.2	-1.8

注：表中数据含永城市。

主要指标解释

能源生产总量 指一定时期内全国（地区）一次能源生产量的总和，是观察全国（地区）能源生产水平、规模、构成和发展速度的总量指标。一次能源生产量包括原煤、原油、天然气、水电及其他动力能（如风能、地热能等）发电量。不包括低热值燃料生产量、生物质能、太阳能等的利用和由一次能源加工转换而成的二次能源产量。

能源消费总量 指一定时期内全国（地区）物质生产部门、非物质生产部门和生活消费的各种能源的总和，是观察能源消费水平、构成和增长速度的总量指标，能源消费总量包括原煤和原油及其制品、天然气、电力。不包括低热值燃料、生物质能和太阳能等的利用。能源消费总量分为三部分，即终端能源消费量、能源加工转换损失量和损失量。

（1）终端能源消费量　指一定时期内全国（地区）物质生产部门、非物质生产部门和生活消费的各种能源在扣除了用于加工转换二次能源消费量和损失量以后的数量。

（2）能源加工转换损失量　指一定时期内全国（地区）投入加工转换的各种能源数量之和与产出各种能源产品之和的差额。它是观察能源在加工转换过程中损失量变化的指标。

（3）能源损失量　指一定时期内能源在输送、分配、储存过程中发生的损失和由客观原因造成的各种损失量。不包括各种气体能源放空、放散量。

能源生产弹性系数 是研究能源生产量的增长与国民经济增长之间关系的指标。计算公式：

能源生产弹性系数＝能源生产总量年平均增长速度 ÷ 国民经济年平均增长速度

国民经济年平均增长速度，可根据不同的目的或需要，用国民生产总值，国民收入等指标来计算，本资料是采用国民生产总值指标计算的。

电力生产弹性系数 是研究电力生产量的增长与国民经济增长之间关系的指标。一般来说，电力的发展应当快于国民经济的发展，也就是说电力应超前发展。计算公式：

电力生产弹性系数＝电力生产量年平均增长速度 ÷ 国民经济年平均增长速度

能源消费弹性系数 是反映能源消费增长速度与国民经济增长速度之间比例关系的指标。计算公式：

能源消费弹性系数＝能源消费量年平均增长速度 ÷ 国民经济年平均增长速度

电力消费弹性系数 是反映电力消费增长速度与国民经济增长速度之间比例关系的指标。计算公式：

电力消费弹性系数＝电力消费量年平均增长速度 ÷ 国民经济年平均增长速度

能源加工转换效率 指一定时期内能源经过加工转换后，产出的各种能源产品的数量与同期内投入加工转换的各种能源数量的比率。它是观察能源加工转换装置和生产工艺先进与落后、管理水平高低等的重要指标。计算公式：

能源加工转换效率＝（加工转换产出量 ÷ 加工转换投入量）× 100%

单位 GDP 能耗 指一定时期内，一个国家或地区每生产一个单位的生产总值所消耗的能源。能源消费的核算范围既包括全部三次产业的生产、经营及其他活动用能，也包括居民生活用能。计算方法：

单位 GDP 能耗＝能源消费总量 /GDP（可比价）

单位 GDP 电耗　指一定时期内，一个国家或地区每生产一个单位的国内生产总值所消耗的电力。计算公式为：

单位 GDP 电耗＝全社会用电量 /GDP(可比价)

单位工业增加值能耗 指一定时期内，一个国家或地区每生产一个单位的工业增加值所消耗的能源。计算公式为：

单位工业增加值能耗＝工业能源消耗量 / 工业增加值

乡镇经济实力排序

● 资料整理：刘子书

19-1 乡镇综合实力评价结果（2015年）

（城关镇和涉农办事处）

单位名称	综合指数	位次
睢阳区新城办事处	0.674782	1
民权县城关镇	0.611528	2
睢阳区宋城办事处	0.599628	3
梁园区平原办事处	0.571744	4
柘城县城关镇	0.516740	5
示范区平台办事处	0.475933	6
示范区平安办事处	0.469789	7
睢阳区古宋办事处	0.466450	8
睢县城关镇	0.382709	9
梁园区建设办事处	0.379037	10
虞城县城关镇	0.353492	11
睢阳区东方办事处	0.352332	12
柘城县新城办事处	0.340622	13
夏邑县城关镇	0.337603	14
睢阳区文化办事处	0.314780	15
示范区中州办事处	0.308861	16
宁陵县城关镇	0.297344	17
睢阳区古城办事处	0.285082	18

19-2　乡镇综合实力评价结果(2015年)

(不含城关镇和涉农办事处)

单位名称	综合指数	位次
柘城县邵园乡	0.466817	1
虞城县城郊乡	0.412338	2
柘城县梁庄乡	0.394343	3
睢县城郊乡	0.387348	4
睢阳区闫集镇	0.363865	5
虞城县利民镇	0.356521	6
睢县董店乡	0.344418	7
民权县孙六镇	0.319029	8
夏邑县会亭镇	0.290321	9
民权县花园乡	0.286962	10
睢阳区路河镇	0.284591	11
民权县北关镇	0.271757	12
示范区张阁镇	0.25995	13
宁陵县石桥镇	0.257441	14
睢阳区冯桥镇	0.254835	15
梁园区王楼乡	0.253276	16
夏邑县曹集乡	0.252878	17
虞城县乔集乡	0.251355	18
民权县庄子镇	0.250902	19
民权县人和镇	0.249773	20
柘城县起台镇	0.247105	21
宁陵县城郊乡	0.245376	22
宁陵县柳河镇	0.245231	23
虞城县站集镇	0.242434	24
民权县龙塘镇	0.241704	25
虞城县稍岗镇	0.241451	26
夏邑县火店镇	0.239782	27
虞城县杜集镇	0.238943	28

19-2续1　乡镇综合实力评价结果　（2015年）

（不含城关镇和涉农办事处）

单位名称	综合指数	位次
睢阳区坞墙镇	0.237338	29
民权白云寺镇	0.236757	30
民权县伯党回族乡	0.233848	31
民权县林七乡	0.230584	32
梁园区李庄乡	0.228543	33
民权县王桥镇	0.227152	34
夏邑县车站镇	0.226816	35
虞城县谷熟镇	0.225909	36
虞城县芒种桥乡	0.225848	37
睢阳区宋集镇	0.225008	38
梁园区谢集镇	0.223196	39
睢阳区毛固堆镇	0.222954	40
虞城县镇里堌乡	0.221739	41
虞城县大侯乡	0.219856	42
夏邑县胡桥乡	0.217649	43
民权县野岗乡	0.217527	44
夏邑县中峰乡	0.21524	45
夏邑县北岭镇	0.214226	46
虞城县刘店乡	0.211157	47
睢阳区临河店乡	0.209094	48
宁陵县张弓镇	0.208008	49
夏邑县太平镇	0.207835	50
虞城县闻集乡	0.207705	51
虞城县大杨集镇	0.207	52
睢县平岗镇	0.20699	53
民权县程庄镇	0.20696	54
睢县蓼堤镇	0.206943	55
梁园区刘口乡	0.206846	56

19-2续2　乡镇综合实力评价结果（2015年）

（不含城关镇和涉农办事处）

单位名称	综合指数	位次
夏邑县李集镇	0.205895	57
睢县潮庄镇	0.205801	58
民权县褚庙乡	0.205766	59
宁陵县阳驿乡	0.205477	60
民权县双塔乡	0.205176	61
宁陵县逻岗镇	0.205003	62
睢阳区郭村镇	0.20458	63
夏邑县济阳镇	0.20448	64
柘城县张桥乡	0.203472	65
虞城县黄冢乡	0.203332	66
宁陵县华堡镇	0.202128	67
夏邑县歧河乡	0.202094	68
虞城县界沟镇	0.200902	69
夏邑县郭店乡	0.200541	70
宁陵县赵村乡	0.200387	71
睢县尚屯镇	0.200212	72
夏邑县何营乡	0.200149	73
虞城县古王集乡	0.199848	74
民权县王庄寨镇	0.199786	75
示范区贾寨镇	0.198401	76
柘城县牛城乡	0.198388	77
民权县老颜集乡	0.198322	78
虞城县沙集乡	0.198054	79
示范区周集乡	0.197896	80
梁园区双八镇	0.197151	81
梁园区孙福集乡	0.197006	82
柘城县远襄镇	0.196805	83
虞城县李老家乡	0.195618	84

19-2续3　乡镇综合实力评价结果（2015年）

（不含城关镇和涉农办事处）

单位名称	综合指数	位次
睢县河集乡	0.1954	85
虞城县店集乡	0.195377	86
柘城县胡襄镇	0.195254	87
柘城县岗王镇	0.195211	88
虞城县张集镇	0.195181	89
虞城县郑集乡	0.195171	90
夏邑县罗庄镇	0.19503	91
柘城县老王集乡	0.194187	92
夏邑县杨集镇	0.194047	93
虞城县刘集乡	0.193486	94
睢阳区包公庙乡	0.193243	95
宁陵县黄岗镇	0.192488	96
虞城县木兰镇	0.191796	97
睢县孙聚寨乡	0.191786	98
梁园区水池铺乡	0.191776	99
柘城县慈圣镇	0.191769	100
柘城县洪恩乡	0.191508	101
睢县匡城乡	0.191502	102
柘城县安平镇	0.191482	103
虞城县田庙乡	0.191264	104
睢县尤吉屯乡	0.190803	105
柘城县大仵乡	0.190466	106
夏邑县骆集乡	0.189575	107
夏邑县王集乡	0.188305	108
睢县周堂镇	0.187391	109
睢县白庙乡	0.187329	110
柘城县惠济乡	0.187291	111
柘城县李原乡	0.187077	112

19-2续4　乡镇综合实力评价结果（2015年）

（不含城关镇和涉农办事处）

单位名称	综合指数	位次
夏邑县马头镇	0.187067	113
梁园区观堂乡	0.186321	114
柘城县皇集乡	0.186252	115
柘城县申桥乡	0.185706	116
夏邑县韩道口镇	0.183264	117
柘城县陈青集镇	0.183218	118
柘城县伯岗乡	0.182541	119
睢县胡堂乡	0.18037	120
夏邑县业庙乡	0.180078	121
睢县涧岗乡	0.179748	122
睢县西陵寺镇	0.177715	123
睢阳区李口镇	0.177648	124
民权县胡集回族乡	0.177219	125
宁陵县程楼乡	0.177179	126
夏邑县桑堌乡	0.176262	127
夏邑县孔庄乡	0.176188	128
宁陵县孔集乡	0.175869	129
柘城县马集乡	0.175718	130
睢县后台乡	0.175609	131
睢县长岗镇	0.174293	132
宁陵县乔楼乡	0.171908	133
睢县河堤乡	0.170606	134
夏邑县刘店集乡	0.169034	135
睢阳区高辛镇	0.164574	136
宁陵县刘楼乡	0.163627	137
睢阳区勒马乡	0.15593	138
睢县白楼乡	0.149198	139
睢阳区娄店乡	0.149071	140

乡镇综合实力评价监测说明

为了深入贯彻十八大精神，全面落实科学发展观，客观反映和评价我市各乡镇综合实力，促进乡镇经济社会更好更快发展，市统计局按照上年的《商丘市乡镇综合实力评价方案》对2015年的乡镇综合实力进行了评价监测。现将评价监测情况说明如下：

一、评价指标体系的设置和权数分配

2015年乡镇综合实力评价指标体系共包括八大类30项指标，具体指标和权数分配情况列表如下：

乡镇综合实力评价指标体系和权重

指标	单位	权重
综合指数		100
一、经济规模		20
1、 经济总收入	万元	50
2、 财政一般预算收入	万元	30
3、 税收收入	万元	20
二、经济结构		10
4、税收收入占财政一般预算收入的比重	%	50
5、二三产业收入占经济总收入的比重	%	50
三、人均经济发展水平		15
6、人均经济总收入	元	25
7、人均财政一般预算收入	元	20
8、人均税收收入	元	20
9、农民人均纯收入	元	20
10、人均居民储蓄存款余额	元	15
四、社会发展水平		15
11、万人拥有教师人数	人	20
12、万人拥有医生人数	人	20
13、人口政策生育率	%	20
14、新型农村合作医疗参合率	%	20
15、新型农村社会养老保险参保率	%	20
五、招商成果		10
16、招商引资到位资金额	万元	50
17、招商引资5000万元以上的项目个数	个	15
18、工业项目到位资金占总到位资金的比重	%	35
六、新型城镇化水平		10
19、乡镇政府所在地面积	平方公里	20
20、乡镇政府所在地常住人口	人	20
21、新型农村社区建成面积	平方米	30
22、新型农村社区入住人口占乡镇总人口比重	%	30
七、新型工业化水平		10
23、规模以上工业用电量	千瓦时	30
24、规模以上工业企业个数	个	20
25、规模以上工业企业销售收入	万元	20
26、规模以上工业企业实交税金	万元	30
八、新型农业现代化水平		10
27、粮食平均亩产水平	公斤	25
28、农业机械总动力	万千瓦	25
29、专业经纪合作社个数	个	25
30、土地规模经营面积占耕地面积的比重	%	25

二、评价方法

按照差比法计算出个体指数、类指数和综合指数，根据综合指数的大小把全市乡镇分为两类进行评价，一是将城关镇和涉农办事处分为一类，二是将不含城关镇和涉农办事处的其他乡镇分为一类分别进行评价。

淮海经济区主要统计指标

● 资料整理：宋　静

20-1　淮海经济区各市生产总值(2015年)

地区	地区生产总值		第一产业增加值		第二产业增加值		第三产业增加值	
	绝对量(亿元)	增长(%)	绝对量(亿元)	增长(%)	绝对量(亿元)	增长(%)	绝对量(亿元)	增长(%)
江苏省								
徐 州 市	5319.88	9.5	504.76	3.5	2355.06	9.8	2460.06	10.2
连云港市	2160.64	10.8	282.69	3.6	959.00	11.1	918.95	12.4
淮 安 市	2745.09	10.3	307.67	3.6	1176.66	10.9	1260.76	11.3
盐 城 市	4212.50	10.5	516.53	3.6	1923.47	10.5	1772.50	12.5
宿 迁 市	2126.19	10.0	258.11	3.4	1031.33	10.9	836.75	11.1
山东省								
菏 泽 市	2400.96	9.3	270.09	3.0	1267.43	10.0	863.44	10.1
聊 城 市	2663.62	8.8	316.39	4.5	1360.25	10.0	986.98	7.9
枣 庄 市	2031.00	7.1	154.11	4.0	1070.19	6.7	806.70	8.3
济 宁 市	4013.12	8.4	454.19	4.1	1896.13	7.6	1662.80	10.7
泰 安 市	3158.40	8.1	269.10	4.1	1461.80	7.2	1427.50	9.9
日 照 市	1670.80	7.5	140.60	4.0	813.06	8.0	717.14	7.4
莱 芜 市	665.83	6.6	52.72	3.4	344.16	6.6	268.95	7.1
临 沂 市	3763.20	7.1	346.50	4.5	1687.10	6.5	1729.60	8.4
德 州 市	2750.94	7.6	283.71	4.3	1358.00	7.1	1109.23	9.1
安徽省								
亳 州 市	942.60	9.1	195.00	4.4	370.20	10.0	377.40	10.5
淮 南 市	770.60	2.8	69.20	4.2	398.00	0.5	303.40	7.4
蚌 埠 市	1253.05	10.2	188.55	4.7	641.95	10.5	422.56	12.2
淮 北 市	760.40	4.4	59.30	4.4	460.90	2.6	240.20	9.0
阜 阳 市	1267.40	9.5	286.30	4.7	526.40	10.3	454.80	11.3
宿 州 市	1235.83	8.9	268.30	4.7	506.50	8.5	461.00	11.7
滁 州 市	1305.70	9.9	221.50	4.3	694.90	10.7	389.30	11.5
六 安 市	1143.40	7.0	222.80	4.1	527.00	6.3	393.60	9.6
河南省								
周 口 市	2082.38	9.0	454.02	4.4	964.39	9.6	663.97	11.3
商 丘 市	**1812.16**	**8.8**	**376.97**	**4.5**	**757.24**	**8.2**	**677.96**	**12.7**
信 阳 市	1877.75	8.9	453.86	4.5	754.53	9.1	669.36	11.5

注：商丘市生产总值及各产业增加值、进出口、实际利用外资、邮电、财政、金融、教育、卫生、人口、城乡居民收入指标数据包含永城，其他指标数据不含永城。

20-2 淮海经济区各市人均生产总值和三次产业结构(2015年)

地区	人均地区生产总值(元)	地区生产总值中三次产业比重(%)
江苏省		
徐州市	61511	9.5:44.3:46.2
连云港市	48416	13.1:44.4:42.5
淮安市	56460	11.2:42.9:45.9
盐城市	58299	12.3:45.7:42.0
宿迁市	43853	12.1:48.5:39.4
山东省		
菏泽市	28350	11.2:52.8:36.0
聊城市	44743	11.9:51.0:37.1
枣庄市	52692	7.6:52.7:39.7
济宁市	48529	11.3:47.3:41.4
泰安市	56490	8.5:46.3:45.2
日照市	58110	8.4:48.7:42.9
莱芜市	49377	7.9:51.7:40.4
临沂市	36656	9.2:44.8:46.0
德州市	48062	10.3:49.4:40.3
安徽省		
亳州市	18771	20.7:39.3:40.0
淮南市	32298	9.0:51.6:39.4
蚌埠市	38267	15.1:51.2:33.7
淮北市	35057	7.8:60.6:31.6
阜阳市	16121	22.6:41.5:35.9
宿州市	22415	21.7:41.0:37.3
滁州市	32634	17.0:53.2:29.8
六安市	19885	19.5:46.1:34.4
河南省		
周口市	23644	21.8:46.3:31.9
商丘市	**24940**	**20.8:41.8:37.4**
信阳市	29321	24.2:40.2:35.6

20-3 淮海经济区各市主要农产品产量(2015年)

地区	粮食总产量		油料总产量		棉花总产量		肉类总产量		水产品产量	
	绝对量(万吨)	增长(%)	绝对量(万吨)	增长(%)	绝对量(万吨)	增长(%)	绝对量(万吨)	增长(%)	绝对量(万吨)	增长(%)
江苏省										
徐州市	470.92	0.4	11.20	5.5	2.60	-19.8	101.45	1.7	18.79	1.0
连云港市	362.15	0.8	11.42	0.3	0.15	-10.3	29.93	-2.4	75.28	-1.0
淮安市	467.22	0.0	8.88	-3.1	0.01	1.2	30.48	-2.6	26.35	1.0
盐城市	708.06	0.7	28.17	-5.7	3.02	-52.8	89.62	-1.3	116.80	2.2
宿迁市	386.63	-0.6	4.58	0.3	0.06	-43.3	33.61	-1.3	26.61	0.9
山东省										
菏泽市	741.06	5.5	25.55	-2.4	16.76	-5.0	69.52	2.5	13.10	0.1
聊城市	504.95	-0.9	10.22	1.0	4.05	-6.1	58.04	5.9	8.42	4.7
枣庄市	168.00	-1.5	9.58	-0.6	0.49	-0.2	26.40	1.4	9.10	-3.1
济宁市	586.00	1.2	16.90	-0.6	8.50	-19.0	72.40	-9.6	31.50	0.6
泰安市	276.80	-1.7	23.40	0.1	0.83	-2.4	47.80	3.4	9.20	-1.1
日照市	93.22	-6.9	22.97	-3.4	0.25	12.3	26.12	24.0	59.56	1.9
莱芜市	25.95	5.1	1.96	0.9	0.16	11.4	6.27	-2.2	0.35	-1.6
临沂市	482.70	-0.2	81.57	0.5	0.90	-9.3	76.60	0.7	15.20	2.7
德州市	871.40	0.3	2.40	14.6	6.60	-22.7	67.90	-5.6	8.60	-14.4
安徽省										
亳州市	485.20	3.8	5.30	-0.7	1.90	-0.8	32.50	1.7	5.70	4.8
淮南市	144.20	3.4	1.60	5.2	0.11	-38.8	9.30	2.3	8.00	3.0
蚌埠市	285.59	4.0	40.01	-1.2	0.96	-38.5	34.59	6.2	12.41	3.4
淮北市	129.78	3.8	0.48	6.1	0.08	-15.8	9.48	4.4	2.90	1.9
阜阳市	570.30	4.0	7.70	-4.2	1.00	-33.4	65.20	3.3	10.50	5.0
宿州市	412.26	3.9	25.21	3.4	2.58	-0.7	52.90	3.2	4.49	3.3
滁州市	445.08	3.3	19.65	-2.0	0.96	2.4	39.68	1.9	34.77	4.1
六安市	478.10	3.2	17.70	2.3	1.71	-8.6	55.30	1.5	31.20	3.2
河南省										
周口市	829.56	2.9	56.59	13.8	2.28	-34.4	75.10	-3.3		
商丘市	**558.38**	**4.4**	**35.97**	**-4.1**	**1.71**	**-29.1**	**54.67**	**-4.8**	**8.81**	**3.2**
信阳市	596.99	0.8	69.00	2.8			65.62	-1.9	26.87	5.7

20-4 淮海经济区各市规模以上工业主要统计指标(2015年)

地区	规模以上工业企业个数(个)	规模以上工业增加值		规模以上工业主营业务收入		规模以上工业利税合计		规模以上工业利润总额	
		绝对量(亿元)	增长(%)	绝对量(亿元)	增长(%)	绝对量(亿元)	增长(%)	绝对量(亿元)	增长(%)
江苏省									
徐州市	2853	2708.74	9.3	12234.92	7.7	1788.79	9.3	984.01	9.3
连云港市	1637	1156.50	12.9	5451.56	13.3	678.33	10.9	420.87	13.0
淮安市	2511	1483.25	11.5	6608.73	16.6	653.66	21.2	384.60	27.0
盐城市	3156	2061.27	11.5	8010.89	11.0	864.06	6.3	473.89	1.6
宿迁市	2474	994.22	11.5	3714.77	37.2			374.85	12.4
山东省									
菏泽市	3011		13.1	7051.30	9.8	895.58	6.1	548.03	5.5
聊城市	2867		12.8	9087.24	4.7	871.80	5.7	609.59	5.1
枣庄市	1459		6.8	3727.83	3.2	331.74	-9.8	171.47	-11.7
济宁市	2631		8.0	5510.68	-3.6	537.72	-3.8	311.75	-7.4
泰安市	1970	1243.80	7.5	6751.00	0.2	724.00	-3.6	438.80	-3.9
日照市	624	586.90	8.4	2502.05	-6.6	109.88	-11.6	66.70	22.8
莱芜市	611	296.84	6.5	1832.68	-4.7	37.17	-34.5	13.93	-51.7
临沂市	4053	2040.60	6.7	10115.00	-0.4	784.10	-3.9	507.60	-4.5
德州市	2930	1823.80	8.0	9566.10	7.1	989.80	3.0	556.60	2.4
安徽省									
亳州市	793	249.60	10.9	853.50	9.9	77.70	15.6	46.30	19.2
淮南市	543	331.80	-0.4	828.60	-7.6	54.90	-3.6	14.70	-33.5
蚌埠市	929	679.80	10.8	2168.66	10.0	159.72	5.2	67.21	5.0
淮北市	799	422.90	2.3	2328.40	-2.6	103.30	-8.9	32.30	-21.4
阜阳市	1549		10.8	1772.50	11.3	170.20	-2.4	78.70	4.3
宿州市	1169	382.86	8.4	1556.70	12.7	98.90	24.4	66.31	30.2
滁州市	1391		11.1	2474.20	11.0	379.50	9.5	257.00	7.4
六安市	1079	429.00	4.8	1529.70	-0.3	97.70	-2.2	65.28	1.1
河南省									
周口市	1204	927.31	10.7	3970.65	11.5	102.03	4.1	430.53	12.3
商丘市	**991**	**491.44**	**9.3**	**2143.40**	**12.0**			**117.74**	**2.9**
信阳市	1268	571.55	10.1	2406.23	10.4	225.54	17.5	153.97	20.0

20-5 淮海经济区各市投资、贸易和价格指数(2015年)

地区	固定资产投资		房地产开发投资		社会消费品零售总额		居民消费价格总指数（以上年为100）
	绝对量(亿元)	增长(%)	绝对量(亿元)	增长(%)	绝对量(亿元)	增长(%)	
江苏省							
徐 州 市	4266.12	16.5	470.22	0.3	2358.45	12.4	101.5
连云港市	2077.35	21.0	205.42	8.5	830.71	12.4	101.8
淮 安 市	2203.24	22.7	283.69	-20.7	970.74	12.3	101.5
盐 城 市	3372.89	22.6	367.68	-3.2	1468.60	11.9	101.6
宿 迁 市	1838.97	17.9	362.53	-3.9	626.64	11.0	101.6
山东省							
菏 泽 市	1073.35	14.1	258.48	12.2	1352.11	11.3	101.1
聊 城 市	2100.82	14.6	190.42	12.0	1060.22	10.5	101.2
枣 庄 市	1625.93	13.8	186.64	-13.5	805.40	10.8	101.0
济 宁 市	2891.00	13.9	308.50	-13.4	1910.98	10.5	100.8
泰 安 市	2618.20	13.9	145.20	1.4	1331.60	10.8	100.8
日 照 市	1407.81	14.0	108.85	18.4	603.87	10.3	101.2
莱 芜 市	619.07	13.5	31.85	8.9	320.88	10.5	101.1
临 沂 市	3219.20	13.9	392.90	5.9	2235.00	10.7	101.2
德 州 市	2237.91	14.1	214.57	2.3	1257.41	10.7	101.3
安徽省							
亳 州 市	767.30	17.9	205.20	-1.9	436.40	12.4	101.6
淮 南 市	781.90	3.5	98.10	-11.2	381.30	9.5	100.9
蚌 埠 市	1457.97	17.2	428.60	5.3	570.65	12.7	101.4
淮 北 市	925.30	10.0	147.80	-3.0	283.40	12.1	100.8
阜 阳 市	1005.00	24.8	264.80	22.8	674.70	12.8	101.8
宿 州 市	1133.39	19.8	219.81	20.6	424.50	12.6	100.5
滁 州 市	1457.60	16.8	334.40	9.5	457.00	12.5	100.8
六 安 市	1131.30	12.7	200.00	9.7	562.60	10.9	101.1
河南省							
周 口 市	1607.30	16.9	192.29	-8.4	974.73	12.8	101.2
商 丘 市	**1458.54**	**13.2**	**217.84**	**26.4**	**666.21**	**13.1**	**100.8**
信 阳 市	2023.88	17.5	292.50	17.7	880.28	13.1	101.2

20-6 淮海经济区各市进出口和利用外资(2015年)

地区	进出口总额		#进口总额		#出口总额		实际利用外资	
	绝对量(亿美元)	增长(%)	绝对量(亿美元)	增长(%)	绝对量(亿美元)	增长(%)	绝对量(亿美元)	增长(%)
江苏省								
徐州市	54.13	-9.6	10.23	-22.0	43.89	-6.1	14.28	-13.9
连云港市	80.35	0.1	39.78	8.3	40.56	-6.9	8.01	-16.1
淮安市	41.30	0.6	11.20	18.7	30.10	-4.8	12.10	5.1
盐城市	81.19	8.0	29.95	-4.1	51.24	16.6	7.95	-24.1
宿迁市	25.99	-30.8	7.49	-8.1	18.50	-37.1	2.98	-55.0
山东省								
菏泽市	43.25	21.0	21.28	50.2	21.97	1.8	2.31	5.5
聊城市	50.73	-11.3	25.36	-23.9	25.37	6.3	0.57	-46.6
枣庄市	15.95	10.7	1.92	-33.1	14.03	21.6	1.00	-4.6
济宁市	54.37	3.9	20.02	2.0	34.35	5.1	0.90	3.4
泰安市	22.80	-23.2	5.30	-57.0	17.50	1.1	4.96	20.0
日照市	151.85	-56.3	110.51	-63.1	41.34	-13.7	5.78	1.0
莱芜市	18.97	-14.4	9.13	-29.5	9.84	6.9	1.35	120.0
临沂市	87.40	-19.0	26.90	-47.3	60.60	6.4	4.01	17.9
德州市	31.77	-9.2	9.68	-24.0	22.09	-0.7	1.19	-24.1
安徽省								
亳州市	5.00	35.9	0.50	11.6	4.50	39.3	6.60	10.0
淮南市	3.32	-25.7	0.46	-48.6	2.86	-19.9	2.08	3.5
蚌埠市	23.41	12.6	6.89	50.8	16.52	1.8	13.92	14.7
淮北市	5.77	5.3	0.31	8.8	5.46	5.1	6.00	102.0
阜阳市	15.00	-7.1	1.50	-9.1	13.50	-6.9	1.85	13.9
宿州市	7.59	17.0	0.96	27.3	6.63	15.7	6.76	14.7
滁州市	20.46	-7.1	6.04	-12.3	14.42	-4.7	10.60	14.7
六安市	6.17	-10.1	0.87	266.3	5.30	-20.0	3.87	10.0
河南省								
周口市	7.82	-8.1	1.63	104.3	6.19	-19.7	4.90	9.3
商丘市	**3.01**	**-11.7**	**0.34**	**-38.8**	**2.66**	**-6.3**	**3.43**	**11.2**
信阳市	6.43	-14.9	2.53	-28.1	3.90	-3.4	4.95	3.5

20-7 淮海经济区各市邮电主要统计指标(2015年)

地区	邮电业务总量		年末固定电话用户(万户)	年末移动电话用户(万户)
	绝对量(亿元)	增长(%)		
江苏省				
徐州市	98.89	19.3	123.22	901.28
连云港市	38.86	2.3	78.48	423.61
淮安市	35.95	3.4	67.97	368.57
盐城市	60.55	2.8	115.60	640.09
宿迁市	65.66	23.5	56.92	411.38
山东省				
菏泽市	56.55	10.5	19.70	680.40
聊城市	37.67	8.7	37.36	430.58
枣庄市	62.69	5.7	34.70	336.60
济宁市	45.88	-15.4	36.30	694.70
泰安市	37.90	4.1	80.80	583.40
日照市	23.45	23.4	25.84	267.56
莱芜市	8.21	-2.7	18.21	130.51
临沂市				
德州市	4.81	14.2	35.19	447.08
安徽省				
亳州市	34.10	31.2	27.20	283.70
淮南市	19.80	17.4	27.50	168.10
蚌埠市	31.23	16.6	41.77	248.09
淮北市	2.32	24.0	25.20	152.90
阜阳市	47.70	18.1	53.90	441.30
宿州市	31.45	16.2	53.12	473.91
滁州市	43.36	24.2	47.50	322.70
六安市	29.10	0.0	45.80	340.20
河南省				
周口市				
商丘市	**76.55**	**27.6**	**47.88**	**483.08**
信阳市	59.68	28.3	43.20	436.00

20-8 淮海经济区各市财政和金融主要指标(2015年)

地区	一般公共预算收入		一般公共预算支出		金融机构年末存款余额(亿元)	#城乡居民储蓄存款余额(亿元)	金融机构年末贷款余额(亿元)
	绝对量(亿元)	增长(%)	绝对量(亿元)	增长(%)			
江苏省							
徐州市	530.68	12.4	752.42	13.8	4747.01	2780.60	3069.90
连云港市	291.77	11.5	429.78	14.5	2163.92	1055.97	1827.40
淮安市	308.51	13.5	513.41	19.0	2356.91	1187.73	1879.29
盐城市	477.50	14.2	746.09	23.9	4414.84	2367.82	3077.48
宿迁市	235.67	12.2	405.70	17.4	1819.81	949.51	1696.70
山东省							
菏泽市	177.66	9.7	399.62	16.3	2550.47	1912.26	1635.43
聊城市	175.93	12.6	346.84	21.3	2571.93	1651.20	1845.65
枣庄市	149.31	8.3	236.41	8.8	1436.81	982.49	1081.13
济宁市	368.62	10.3	515.52	10.4	4097.45	2461.35	2723.80
泰安市	205.30	9.6	326.90	14.4	2705.00	1732.10	1800.60
日照市	121.65	9.5	185.39	10.5	1872.35	971.08	2159.30
莱芜市	50.17	1.2	83.84	4.7	829.35	489.44	619.60
临沂市	283.90	13.1	533.40	17.2	4734.20		3362.60
德州市	182.78	6.7	337.44	22.6	2470.31	1727.50	1546.00
安徽省							
亳州市	81.40	11.9	277.80	22.1	1260.10	866.30	783.00
淮南市	77.30	2.6	153.50	5.9	1401.60	771.30	970.50
蚌埠市	119.68	13.6	244.72	17.3	1616.54	803.31	1191.50
淮北市	60.20	14.0	131.40	13.3	1037.70	584.90	702.50
阜阳市	120.00	16.0	431.10	22.0	2452.70	1655.80	1187.00
宿州市	125.57	9.8	294.37	19.0	1487.98	1018.23	808.44
滁州市	143.70	16.3	302.60	12.8	1666.20	971.60	1202.30
六安市	103.30	8.9	361.40	13.1	1959.60	1200.10	1082.00
河南省							
周口市	100.42	10.4	441.28	15.4	2109.90	1731.80	917.90
商丘市	**110.71**	**9.9**	**382.84**	**8.7**	**1978.07**	**1459.20**	**1137.75**
信阳市	91.03	13.3	373.98	12.0	2375.36	1706.19	1290.94

20-9 淮海经济区各市教育和卫生情况(2015年)

地区	各级各类学校数(所)	各级各类学校在校学生数(万人)	卫生机构数(个)	卫生技术人员数(人)	卫生机构床位数(张)
江苏省					
徐州市	1264	136.78	4601	51700	47900
连云港市	650	77.51	2708	23056	19035
淮安市	982	86.24	800	30500	25966
盐城市	626	85.07	3242	39494	37169
宿迁市					
山东省					
菏泽市	1967	300.43	3849	48294	35800
聊城市	1353	96.16	552	28864	26280
枣庄市	1381	69.41	2457	21023	19150
济宁市	3427	147.40	6825	51827	44367
泰安市	731	61.70	4198	26330	29035
日照市	1026	52.97	644	14830	13632
莱芜市	188	16.19	312	7632	6509
临沂市					
德州市	1108	82.01	209	27600	22259
安徽省					
亳州市	1464	83.77	436	15035	16000
淮南市		67.31	1211	13896	14000
蚌埠市	1232	59.15	1413	17306	17804
淮北市	464	30.67	718	10796	11852
阜阳市	2150	134.70	2644	30067	31360
宿州市	1776	24.63	1880	21416	19471
滁州市	555	56.76	1655	15000	15226
六安市	1465	81.14	2343	18301	7614
河南省					
周口市	5788	209.14	7997	37888	36776
商丘市	**3678**	**170.48**	**6468**	**36563**	**32766**
信阳市	2094	121.17	4017	23921	22983

20-10 淮海经济区各市人口和城乡居民收入(2015年)

地区	年末户籍人口数（万人）	人口出生率（‰）	人口自然增长率（‰）	全体居民人均可支配收入		城镇居民人均可支配收入		农村居民人均可支配收入	
				绝对量（元）	增长（%）	绝对量（元）	增长（%）	绝对量（元）	增长（%）
江苏省									
徐州市	1028.70	14.80	9.00	20425	9.0	26219	8.9	13982	9.1
连云港市	530.56	12.89	4.93	19418	9.1	25728	9.0	12778	9.2
淮安市	564.45	11.50	3.99	20840	9.1	28105	8.9	13128	9.3
盐城市	828.05	11.78	4.39	22419	9.1	28200	9.1	15748	9.3
宿迁市	586.28	12.87	5.09	17342	9.1	22233	9.0	12772	9.4
山东省									
菏泽市	1003.06	18.52	13.55	14276	9.6	20370	8.5	9802	9.8
聊城市				15249	8.9	21570	7.9	10512	8.9
枣庄市	407.77	12.49	7.03	19075	8.4	25792	7.2	12038	8.0
济宁市				20120	9.1	27877	7.8	12570	9.1
泰安市				21377	8.9	28132	8.0	13322	9.5
日照市	295.95	14.44	8.12	19547	9.1	26217	8.2	12319	9.3
莱芜市	128.32	11.12	5.29	22924	7.8	30219	6.8	13714	8.9
临沂市	1124.04			19912	8.6	28627	7.5	10828	8.9
德州市		10.36	5.45	16020	9.5	21039	8.4	11269	9.6
安徽省									
亳州市	635.00	18.80	12.30	14202	9.6	23120	9.1	9738	8.6
淮南市	246.20	11.67	6.85	22376	7.8	28106	7.0	11433	8.4
蚌埠市	376.35	19.32	14.11	18717	10.0	26369	9.2	11552	9.9
淮北市	216.50	12.26	7.58	18937	8.8	25690	8.0	9882	8.4
阜阳市	1042.60	18.56	11.78	14095	9.7	23496	8.2	9001	9.6
宿州市	649.51	17.81	13.99	14222	9.3	23630	7.7	9140	9.7
滁州市	449.10	11.02	5.11	16444	10.2	24168	9.4	10070	9.8
六安市	717.70	13.74	10.33	14206	9.2	22238	7.9	9074	9.5
河南省									
周口市	1141.95	10.99	4.94	12906	11.0	21019	9.2	8576	9.9
商丘市	**909.47**	**11.17**	**5.26**	**14025**	**10.7**	**23572**	**8.4**	**8885**	**9.7**
信阳市	869.77	11.86	5.92	14842	10.8	22434	9.1	9844	9.9